konkursbuch extra

Frauen & Pornografie

konkursbuch VERLAG CLAUDIA GEHRKE

Frauen & Pornografie

konkursbuch extra

Herausgegeben von
Claudia Gehrke

Daumenkino:
Doris Lerche

konkursbuch VERLAG CLAUDIA GEHRKE

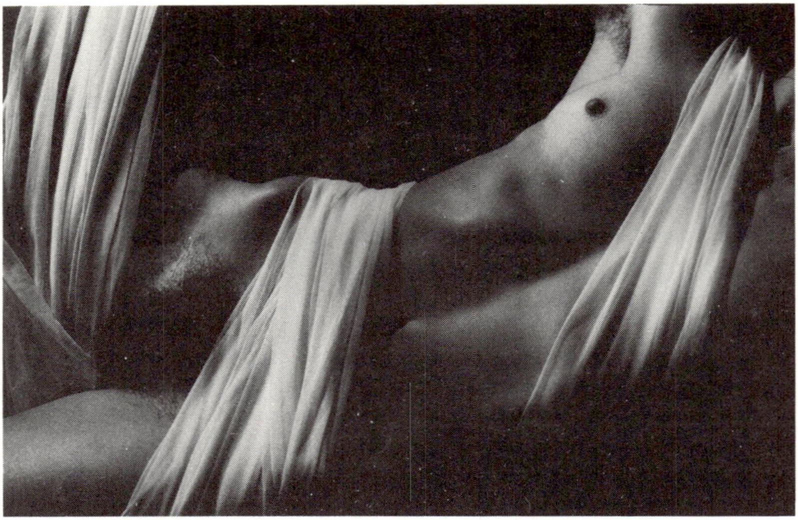

PF 1621 · 7400 Tübingen · Tel. 07071/66551
Satz & Typografie: VA Peter Großhaus, Berlin
Druck: Guldedruck, Tübingen
ISBN 3-88769-034-6

Inhaltverzeichnis

CLAUDIA GEHRKE · *Frauen und Pornografie* ■ 7 ■ HELGA GINEVRA · *Exhibitionen* ■ 34 ■ EVA PODULAKORTE · *Ein kreatives Potential* ■ 36 ■ FRIEDERIKE FREI · *Mein Pornio* ■ 61 ■ CORA STEPHAN · *Heim zu Mama · Eine Polemik* ■ 63 ■ KARIN RICK · *Jenseits der Scham* ■ 71 ■ JUTTA BAHR JENDGES · *Gesetze gegen Pornografie im männlichen Staat?* ■ 87 ■ ELFRIEDE JELINEK · *Der Sinn des Obszönen · Ein Ausschnitt aus »Lust«* ■ 101 ■ ADRIENNE GOEHLER / MARGRET HAUCH · *Der Porno im eigenen Kopf · Bruchstücke eines Unbehagens* ■ 106 ■ CHRISTEL DORMAGEN · *Wen kümmert's, wer spricht* ■ 114 ■ ULRIKE ZIMMERMANN · *Ein Beitrag zur Entmystifizierung der Pornografie* ■ 123 " NEDA BEI · *alles, was recht ist (oesterreichische verhaeltnisse)* ■ 145 ■ CORNELIA ARNHOLD · *Spermastory* ■ 159 ■ MARLIS GERHARDT · *Bildverbot & Bildersturm* ■ 170 ■ GERBURG TREUSCH-DIETER · *Das neue Sexgeheimnis. Pornografie. AIDS. Gentechnologie* ■ 174 ■ *Zum Weiterlesen und Weiterschauen · Kommentierte Bibliografie · Nachbemerkung · Autorinnenverzeichnis* ■ 192 ■

Claudia Gehrke
Frauen und Pornographie

Die EMMA-Aktion gegen Pornografie wird hier als Anlaß genommen, auf den verschiedensten Ebenen über das Verhältnis von Frauen zur Pornografie nachzudenken. Wobei zunächst geklärt werden müßte, was mit dem Wort Pornografie gemeint sein könnte. Frauen pflegen im EMMA-Diskussionszusammenhang gerne eine Trennung zu machen zwischen Erotik und Pornografie. Wobei Pornografie immer etwas »Böses« meint, etwas, wo Frauen grundsätzlich erniedrigt würden und Erotik grundsätzlich etwas »Gutes«, etwas, das z. B. auch wahre weibliche Sexualität ausdrücken kann. Daß auch die härtesten pornografischen Schriften Erotica genannt werden oder entsprechende Videos Super-Erotik ist diesen Frauen dabei wohl nicht bewußt. Ihre Begriffstrennung meint ebenfalls nicht, daß etwa Erotik das Angedeutete sei und Pornografie das Ausgeführte. Die sogenannt erotischen Phantasien von Frauen umfassen grundsätzlich auch »alles«. Mir erscheint eine Begriffstrennung mehr oder minder nach moralischen bzw. patriarchatskritischen Gesichtspunkten kaum möglich. Vielleicht ließe sich sagen, Erotik meint alles, was mit Sexuellem zu tun hat, von der dezenten Andeutung bis zur unverstellten Ausübung in jeder möglichen Form. Einschließlich aller dazugehörigen Gefühle und Empfindungen und Abbildungen und Philosophie. Und Pornografie meint nur die Abbildung der ausgeübten Sexualität. Ein Mensch habe eine erotische Ausstrahlung, läßt sich sagen, nicht aber, eine pornografische. Pornografie wäre also ein Teil der Erotik.

Pornografie im Wortsinn sei die Beschreibung von Huren, und von dem, was sie mit ihren Kunden tun. So begründet mit der griechischen Herkunft des Wortes EMMA den negativen Sinn. Wobei, wenn das Wort aus dem Griechischen kommt, die Geschlechtszuordnung sicher nicht so eindeutig ist. Es gab Liebesdiener und Liebesdienerinnen. Für Frauen und für Männer. Und die Bilderwelt zeigt gleichwertig nackte männliche und nackte weibliche Körper.

Natürlich hat die männliche Geschichtsschreibung auch aus der Antike vorwiegend männerbezogenes überliefert: die Männerliebe. Aber bei genauer Beschäftigung finden wir genauste Beschreibungen und bildliche Darstellungen auch von dem, was Frauen erotisch miteinander taten, finden wir philosophische Traktate von Frauen über Amazonenfreundschaft, an Sappho aus Lesbos sei nur am Rande erinnert. Was die Tempel-

kurtisanen miteinander tun konnten, und auch die Ehefrauen, wenn die Männer im Krieg waren, hat eine ähnliche Stellung wie Platons berühmte Männerliebe: von der Freundschaft bis zur Erotik. Und Liebesdienerinnen, Tempelkurtisanen hatten eine große Bedeutung in der griechischen Geschichte und Philosophie. Die Schutzbefohlenen Aphrodites: die als solche auch Porne genannt wurde. Also Porne, die Göttin aller Liebesdienerinnen. Porne, die Gesamtheit der Liebesdienerinnen und Liebesdiener. Natürlich gab es auch bei den Griechen Klassenunterschiede, die sich wie in allen gesellschaftlichen Gruppierungen auch innerhalb der Gruppe der Liebesdienerinnen auswirkten. Aber im Prinzip mußte der Beruf der Liebesdienerin oder des Liebesdieners, historisch oder utopisch gedacht, und unabhängig von patriarchalen Strukturen, zunächst mal noch nichts schlechtes sein. Warum sollte nicht – gegen irgendeine Art von Gegenleistung, z. B. in Form von Geld – für den Körper gesorgt werden können, und zwar auf allen Ebenen, auf der der Massage, aber auch auf der der sexuellen Lüste?

Liebe fehlt, oder erst einmal, die Verliebtheit, die gegenseitige Attraktion, die eigenartige Anziehung, die immer wieder das Sexuelle zwischen zwei Menschen in die Wege leitet – allen drohenden Gefahren zum Trotz. Und die das Sexuelle zwischen zwei Menschen so erregend und auch gefährlich machen kann. Zumindest sorgt diese Attraktion immer wieder für den jeweiligen Beginn einer Beziehung. Und natürlich gab es auch bei den Griechen Liebesdramen aller Art und in allen geschlechtlichen Kombinationen. Liebe als Gefühl.

Sie mag fehlen in jedem Liebesdienertum. Dafür aber gibt es Liebestechnik, Liebeskunst. Das Wort Erotik, was auch aus dem Griechischen kommt, meint zunächst Liebeskunst. Und zwar geht es in dieser Kunst hauptsächlich um Technik, um Können. Es hängt mit den Liebesdienerinnen und Liebesdienern zusammen, die diese Kunst gelernt haben und beherrschen. Die ersten bekannten Schriften über »Erotik« stammen von Frauen, von Hetären, Liebesdienerinnen. Eine von ihnen, Philänis, war eine berühmte Tribade. Eine, die Frauen liebt. Von ihr sind leidenschaftliche Liebesgeschichten mit Frauen überliefert. Weitere Frauen, die jene ersten Traktate über die Erotik verfaßten, sind z. B. Artynassa, eine Dienerin Helenas, und Elephantis. So könnte »Pornografie« auch heißen: die Schrift von Liebesdienerinnen und Liebesdienern, das, was Huren geschrieben haben über ihr Können, ihre Kunst. Es geht in diesen Schriften zur Erotik weniger um Gefühl, sondern zunächst um Technik, und um Philosophie. Z. B. geht es um Positionen, (im Traktat von Philänis u. a.), und zwar gleichberechtigt zwischen Mann und Frau, Mann und Mann,

Frau und Frau und mehr als zwei Personen. Und um Techniken. Nicht nur um Techniken, wie Frauen Männer oder Männer Frauen befriedigen können, sondern auch um Techniken, wie Frauen sich gegenseitig befriedigen können. Da taucht z. B. auch mal ein olisbos auf. Was das ist, laß ich lieber im Dunkeln, da nach EMMA-Gesetzesformulierung nicht mehr gern gesehen. Ich weiß, EMMA meint das anders, doch dazu gleich. Dieses technische Können im Hinterkopf nutzt auch der Leidenschaft. Also der mit unausweichlicher gegenseitiger Anziehung verknüpften Sexualität. Und es ist erst einmal grundsätzlich nichts »Erniedrigendes« daran, Liebestechnik zu lernen und weiterzugeben oder auch nichts grundsätzlich Unterdrückendes daran, sie gegen eine angemessene Gegenleistung zu erhalten. Im antiken Griechenland gab es vielfältig ausgebildete erotische Kulturen, die zur allgemeinen Kultur gehörten und nicht ausgegrenzt waren. Daß das Dirnendasein gegenwärtig nicht mehr viel von erotischer Kultur der Griechen hat und ebenso die »mainstream«-Pornografie absolut verarmt ist, davor möchte ich hier keinesfalls die Augen verschließen. Vielleicht, weil in Jahrhunderten christlicher Moral die gesamte Liebeskunst ausgeschlossen und Sexualität nur noch zusammen mit Zeugungswunsch und Liebe zweier auf ewig zusammengeschweißter verschiedengeschlechtlicher Personen toleriert wurde. Daß diese Moral irgendwo Unrecht hat, zeigt nicht zuletzt die Geschichte der Doppelmoral so vieler christlicher Männer. Die den Bereich der Liebeskunst als »bösen« Gegenbereich etablierte und pervertierte. So daß die Dirnen von den christlichen Patriarchen schon strukturell erniedrigt werden, da sie das nach christlichem Kodex Böse im Manne verkörpern. Und dieses Böse dann in allen Frauen gesehen wird. Und in der christlich-männlichen Darstellung der Fleischeslust dieses Modell strukturell beherrschend wird; die Frauen also immer die Verführenden, Gierigen, Unersättlichen sind, die nichts anderes wollen, als des Mannes böse Seite zum Vorschein zu bringen, der sie dann ja auch mit ewiger Potenz zu bedienen weiß. Fängt ja schon mit Eva an.

Aber daß »Pornografie« als Beschreibung der Liebeskunst, im Sinne von Können und derer, die sie sozusagen beruflich ausüben, vom Wortsinn her die Erniedrigung festschreibt, ist nicht richtig. Die Beschreibung der Liebeskunst war die Aufklärung für die Leidenschaft. Mit der Technik im Hintergrund wird auch Leidenschaft schöner.

Heute herrscht Armut – aller angeblichen sexuellen Aufklärung zum Trotz – gerade auch im pädagogischen Sinne. Welche Muster lernen Jugendliche beider Geschlechter? Nehmen wir vielleicht mal die intellektuellen Kinder feministischer Frauen aus – obwohl mich auch sehr interessieren würde, wonach die sich richten in einer Entwicklung erotischer *Kultur*. Laut geltendem Jugendschutz dürfen Kinder weder scharfe Scham-

lippen noch aufgerichtete Penisse sehen. (Darum haben die Playboymädels immer so einen unscharfen Fleck zwischen den Beinen) Jedes Kind hat ja bekanntlich seine ersten Begegnungen mit der Geschlechtlichkeit und Erotik. Seien es die Bücher aus den obersten Reihen, die mit aufeinandergestellten Stühlen nur zu erreichen waren, sei es der stockelige Striptease eines 50er-Jahre-Stummfilms aus des Vaters Geheimkiste, sei es der Penis des Nachbarjungen, der wie ein bleicher Daumen in der Kinderhand lag, deutlich erigiert – er stand vom Körper noch ab, als die Hand schon weg war, irgendwie lächerlich, oder seien es heutzutage heimlich angeguckte Videos aus der Väter dunklen Ecken. Kinder sind auf der Suche nach Obszönitäten. Gerade angesichts von AIDS sollte Jugendlichen eine kulturelle Vielfalt erotischer Möglichkeiten angeboten werden, so daß sie wirklich an Verhaltensmustern auswählen können – und nicht nur zwischen technisch-lächerlicher Aufklärung an der Schule oder den Pornoverhaltensmustern wählen können, die jene Rollen der ewig gierigen Frau und des Herrn mit dem ewig stehenden Dings ewig fortschreiben.

AIDS ist eine sehr ernstzunehmende Bedrohung. Aber daß sie bewirkt, daß Jugendliche sich nicht mehr auf die Suche nach sexuellen Erfahrungen, nach Liebespartnern machen, scheint ausgeschlossen. Und ebenfalls, daß sie gleich beim ersten Partner bleiben. Und in diesem Zusammenhang ist Können, ist Kunst wichtig. Es gibt so viele Möglichkeiten des Liebesspiels, die mit Fingerfertigkeit sozusagen zu tun haben und nicht mehr ausschließlich mit Penetration z. B. Aber wie sollen Jugendliche diese Kunst erlernen. An welchen Bildern können sie sich orientieren. Es gibt keine Schulen der Liebeskunst. Gelernt wird durch Erfahrung. Und, noch immer, Aufklärung. Die aber bietet wenig mehr als trockene unendlich langweilige und möglichst unplastische Theorie. Alles andere wäre ja Pornografie, und das in der Schule! Nichtsdestotrotz ist der medizinischen Forschung derzeit kaum mehr zu wünschen als diese Krankheit in den Griff zu bekommen. Und damit vielleicht auch die Gesamtheit der moralisch-politischen Begleiterscheinungen, wie etwa eine erneute Verteufelung der Homosexualität. Nach dem wenn auch unausgesprochenen Motto: wir Christen haben doch recht: Sexualität von Anfang an nur mit dem auserwählt Einen. Zwecks Fortpflanzung. Und auch wenn das demnächst nicht mehr vonnöten ist, dank neuer Technologie, bleibt die Moral. Inclusive Doppelmoral der Pfaffen, zuletzt die Komödie jener amerikanischen Priester, inclusive Verkörperung der bösen Versuchung in Form der Frau.

Und was Kinder betrifft: wenn der Pimpf, was heute dank 68er Eltern häufig zu sehen ist, an seinem Schwänzchen zupft öffentlich im Schwimmbad und das steht dann auch, darf das Kind das eigentlich nicht sehen: oder doch, es darf nur nicht sehen, was ein erwachsener Mann damit machen kann oder eine erwachsene Frau mit scharfen Schamlippen, meint das der Jugendschutz? Die wenigen Landkinder die es heute noch gibt, haben ja noch immer die Möglichkeit, zu sehen, wie's der Hund mit der Hündin... Und nehmen Sie nicht an, das Kind wäre so dumm, nicht vom Tier auf sich übertragen zu können. Daß wir theoretisch als Menschen etwas mehr KUNST damit verknüpfen, lernt es nicht. Das große Problem, daß, wenn Väter, Onkels und ähnliche Männer sich an Mädchen vergreifen, darüber nicht geredet wird und diese Männer drum auch nicht bestraft werden können, liegt vielleicht auch daran, daß Wissen über Sexualität so aus der Kinderwelt ausgeschlossen wird. Wenn selbstverständlich und genau darüber geredet würde, wenn Bilder der Sexualität nicht mehr im Schmuddelmilieu ausschließlich angesiedelt wären, könnten Mädchen auch eher darüber reden, was mit ihnen passiert, wenn es in dieser meiner unrealistischen Utopie denn noch so häufig passiert...

Und auch die Kinder der 68er-Freiheit lernten das im Grunde nicht. Was passierte, war im Prinzip, daß das primitive Modell aus der mainstream-Pornografie übernommen wurde: wenn ein Mann und eine Frau zusammen kommen, dann können sie auch. Das wurde als »Freiheit« proklamiert. Und was den Kindern im Sinne der Erziehung passierte, war vielleicht, daß sie beobachten konnten, wie ihre Eltern vögelten – möglichst in großen Gruppen-WG-Betten. Ganz natürlich. Und ab und an vögelte der Papi auch mal eine andere WG-Genossin und die Mami einen anderen. Die Sexualität sei absolut Natur, ein natürlicher Körperausdruck, etwa wie Scheißen, Essen und anderes. Es geht um die NATÜRLICHE Befriedigung NATÜRLICHER Bedürfnisse. Und von dem Rest an Unerklärbaren in der Sexualität, jener verdammten Attraktion, die soviel Theorie zunichte macht, war auch keine Rede mehr. Wenn das alles noch nicht so ganz klappte, lag das an bekanntem Widerspruch. Daß eben die Gesellschaft noch nicht so weit war. Und daß viele Frauen in ihrer Rolle blieben, also in der Sexualität den Genossen dienten, ist längst klar und ausführlich in der Frauenbewegung beschrieben.

Ich glaube, daß auch diese Ideologie noch eng verknüpft ist mit der patriarchal-christlichen. Auch in der christlichen Ideologie ist Sexualität bloße Notwendigkeit der *NATUR*: zwecks Fortpflanzung. Die »Liberalisierung« deutet das »Naturgemäße« nur weiter aus: indem sie das Ficken auf die Ebene der natürlichen Körperbedürfnisse erhebt. Daß Sexualität – jenseits aller Triebbefriedigungstheorien – etwas zutiefst Kulturelles ist, lehrt die gesamte Geschichte. In vorabendländischen Kulturen mit Religion und Magie verknüpft, bei den Griechen zur Kunst geworden, gleich-

wertig der Philosophie und anderen Künsten, und in unserer Kultur ausgeschlossen aus der Kultur, sozusagen zwangsweise zur Natur gemacht, von den christlichen Erklärungen der Sexualität, als Notwendigkeit der Natur zwecks Fortpflanzung bis hin zu den psychoanalytischen der Triebtheorie. Dafür ist die Sexualität – und somit doch wieder kulturell – sozusagen verquer allüberall präsent, im Gesprächs-bla-bla, in der therapeutischen Kultur. Und in jenen patriarchal-pornografischen trivialen Bilderwelten. Was nicht passierte mit besagter linker Liberalisierung, war, daß wirklich erotische KULTURen geschaffen wurden. Die Erotik überließ man i. A. dem großen Kapitalismus, der industriellen Pornosubkultur, den Illustriertenkonzernen. Es hat ja auch etwas mit Kapital zu tun, welche Bilder sich massenweise durchsetzen können, ganz platt mit Geld, was den normalen »Kulturschaffenden« einfach fehlt. Filmemacherinnen und Filmemacher sind auf öffentliche Förderungen angewiesen, und da gelten nun mal die Bundesrichtlinien für Filmförderung, die so etwas wie »Familienfreundlichkeit« vorschreiben, mit anderen Worten: Sexualität »familienfreundlich« hat noch immer mit Zeugung zu tun bzw. moderner, dient zur Bestätigung jener familiengerecht geordneten Liebe. Rechnen wir den Jugendschutz dazu, heißt das, daß Sexualität einfach ausgeblendet werden muß. Die Zensurschere im Kopf üben sich die deutschen Filmerinnen und Filmer in Andeutungen. Und überlassen den Rest der mainstream-Pornoindustrie, ausgeschlossen von der kritischen Diskussion, die ja immer anhand von »Kulturobjekten« z. B. in Feuilletons stattfindet. *Ulrike Zimmermann* äußert sich in ihrem Beitrag auch zu diesem Komplex.

Was infolge der 68er-Bewegung weit vorangetrieben wurde, ist die therapeutische Kultur. Doch auch hier sitzt die Auffassung von Sexualität als Natur tief. Sozusagen im Zentrum. Was ja sicher ein Teil der Wahrheit ist, das will ich gar nicht in Frage stellen, aber eben nur ein Teil. Der psychoanalytischen Theorie ist sehr viel an wichtiger Einsicht in menschliches Verhalten zu verdanken, und an kreativem Umgang mit diesen Erkenntnissen. So etwa die Befreiung der Sexualität – zumindest in der Theorie – aus den Fesseln christlicher Doppelmoral. Wenn ich nun im Folgenden unterstelle, daß der Sexualität fast unmerklich wieder neue, theoretisch sehr subtile, Fesseln angelegt wurden, meine ich damit nicht die psychoanalytische Praxis oder Originaltheorie, sondern jene starren Theoriegebäude, die sich auf sie berufen und die in jener weitverbreiteten therapeutischen »Trivialkultur« eine große Bedeutung bekommen. Naiv beschrieben sei hier folgendes Denkmodell: daß der Sexualtrieb sublimiert werden kann, bedeutet in einer Art energetischem Modell, daß sexuelle

Energie in kreative umgeleitet wird und die kreative Produktion dann die sexuelle Energie ableitet in Kunst. Mit anderen Worten: wenn die Kunst da ist, ist die Sexualität nicht mehr da. Kreative Energie, wunderbar, ist mir auch sehr wichtig, wir haben eine Unmenge Energie, die wir im Allgemeinen gar nicht richtig nutzen, daß aber die Sexualität sozusagen zum Grundtrieb wird, der alles, also auch die Produktion von Kunst erklärt, bedeutet, daß die Sexualität wieder nicht auf einer Ebene mit den Künsten gesehen wird, sondern als deren Grund sozusagen dahinter verschwindet. Sie wird einerseits übertrieben »erhöht« in ihrer Bedeutung, indem sie als innere Triebkraft *aller* kreativer Lebensäußerungen gesetzt wird, andererseits übertrieben »erniedrigt«, da sie, im Sinne des *einen* energetischen Stroms als Quelle hinter ihrem Ausdruck, der Kunst, Politik, Literatur oder was auch immer, verschwindet. Daß ich das gleiche Lustgefühl bei einer geglückten kreativen Produktion empfinde wie in einer geglückten sexuellen Begegnung, heißt noch lange nicht, daß das eine aus dem anderen kommt, oder das eine das andere ersetzt. Mit anderen Worten: wenn ich beim Schreiben eines Textes endlich in das Schreiben hereingekommen bin, das große quälende Loch zwischen einer Idee im Kopf und jenem Nach-Außen-Bringen endlich übersprungen habe, oder wenn sich in der Gestaltung eines Buches eine Idee die andere gibt, empfinde ich ein intensives Lustgefühl. Was vielleicht in seiner Intensität an Glück und auch Qual – in jenem Überspringen besagten Loches, dieses quälende Umschleichen des Schreibtisches und doch immer wieder Ausweichen – vergleichbar ist der Intensität an Glück und auch an Qual in sexuellen Erregungen. Wobei sich anbietet, diese Qual des Umschleichens der Vorlust gleichzusetzen und den erregenden Beginn des Schreibflusses dem Übertritt zum Höhepunkt. – Wobei es manchen Frauen besonders schwerfällt, den Zustand des Umschleichens auszuhalten, der auch mit Angst zu tun hat, sie brechen also vorher ab, und auch das ließe sich wieder in die Sexualität übertragen und auch hier historisch gewachsene Unterschiede zwischen Männern und Frauen konstatieren, wobei die einen häufiger in jener Vorphase stecken bleiben als die anderen: und dennoch: es IST ein körperlich jeweils anderes Gefühl, was die gleiche Intensität und das gleiche Glück birgt. Mit nochmal anderen Worten, platt: es ist mir immer und immer wieder erneut möglich, dieses kreative Lustgefühl zu haben und zwischendurch oder hinterher ins Bett zu verschwinden, die Finger unter der Bettdecke, zwischen die Schenkel, und mir einen Orgasmus zu machen. Es sind ZWEI Ausdrucksformen, ZWEI Energieströme. Und es ist natürlich umgekehrt genauso denkbar, daß Menschen nicht unbedingt Sexualität haben MÜSSEN oder kreatives produzieren MÜSSEN. Es gibt sicher auch Menschen, die zumindest zeitweise ohne beides gut & glück-

lich leben. Mit noch mal anderen Worten, größere Vielfalt wird vorsichtig vermutet, die Sexualität als *eine* menschliche Ausdrucksform unter anderen, gleichberechtigt also. Auch wenn sich derartige Vielfalt in Geschichte und Alltag nicht auf Anhieb finden läßt, sei sie unterstellt. Daß aus der Psychoanalyse vielschichtige und wichtige Theorieanregungen kommen, möchte ich noch mal betonen. Wovon ich spreche, ist das Trivialmodell von Psychoanalyse, was aber andererseits sozusagen alltagsgesellschaftlich die größere Bedeutung hat, größer als jene hochkomplexen Theoriegebilde einer Kristeva z. B. Der meiner Meinung nach recht komplexe Widerspruch, daß in unserer Kultur der Sexualität einerseits viel zu viel Bedeutung gegeben wird, und andererseits zu wenig, trägt natürlich auch dazu bei, daß im Zusammenhang mit der EMMA-Aktion allüberall unendlich gerne über dieses Thema geredet wird. *Christel Dormagen* denkt darüber nach. Ohne daß sich solche und andere komplizierten Widersprüche damit nuanciert betrachten ließen. Oder gar auflösen. Nicht daß die Auflösung aller Widersprüche überhaupt denkens- und wünschenswert wäre. Widersprüche treiben die Spannung des Lebens und das Denken voran. Wer von sich behauptet, einen Komplex wie diesen, das Verhältnis der Frauen zur Pornografie, ohne Widersprüche durchdenken zu können, dem glaube ich nicht.

Ich plädiere in diesem Sinne für immer mehr Versuche, wieder erotische Kultur zu schaffen, d. h. das Sexuelle nicht mehr aus dem »normalen« kulturellen Ausdruck, in Literatur, Kunst, Film, Theater auszuschließen, sondern einzubeziehen ohne jegliche Ausblendung und das Angebot auch an scheinbar reiner erotischer Kultur auszubauen, im Sinne einer erotischen Erziehung, und es nicht mehr aus dem Rahmen des Gesprächs, der Kritik, der Kultur, letztlich des Lebens, zu verbannen. Daß also auch solch eine Geschichte ganz alltäglich und »normal« sein kann: wenn eine Frau, die in ihrem Leben noch keine erotische Erfahrung mit Frauen hat und diese gerne bekommen möchte, damit aber nicht warten, bis sie sozusagen einer Frau auf der Ebene der Liebe begegnet mit all ihren Unsicherheiten diesbezüglich, die sie einführt – was ja bekanntlich, wenn wir es drauf anlegen, mit der Liebe, nie klappt – daß diese Frau zu einer Frau gehen kann, die sie sozusagen professionell einweist in die Kunst der Frauenlust. – Schlecken, sagt sie zu der Frau, die aussieht wie ein Wiener Wäschemädel, schlecken soll sie mich. – Oder daß sich eine Frau zur Steigerung ihrer Lust in der Phantasie entsprechendes Text- oder Bildmaterial besorgen kann und es auch findet. DAS Angebot ist noch nicht all zu groß. Oder daß es gute Sextheater gibt, wo neben der Kunst ein Funke authentischer Lust ins Publikum überspringt. Und daß es gute Liebhaberinnen & und Liebhaber gibt, Liebeskünstler, wer kennt nicht diese ungeschickten Liebespartner ... Über die Frage, wie das funktioniert mit der Lust, den Frauen, der Kreativität und dem Blick, schreibt in ihrem Text *Eva Podula Korte*.

Es wäre allerdings vermessen, der 68er-Bewegung keine Verdienste im Bereich lebenspraktischer Veränderungen einzuräumen. Es haben sich natürlich im Rahmen dieser Bewegung, und der dagegen und daraus hervorgegangenen »Neuen Frauenbewegung« (allerdings nur kleine) erotische SUBkulturen gebildet, wobei das SUB zu betonen wäre. Es gab auch Bücher wie Sexfront, Filme über den Orgasmus. Daß die Sexualität weder der paradiesische Raum ist, in dem sich jenseits realer Zwänge und Gegebenheiten so etwas wie Freiheit zelebrieren läßt, noch der einzige Raum, für den und in dem gekämpft werden muß, ist selbstverständlich. Aber daß sie ein Bereich ist, in dem sich so etwas wie Lebenslust für *alle* Menschen unabhängig von sozialer oder intellektueller Schicht und unabhängig vom Geschlecht zumindest theoretisch hineindenken läßt, macht diesen Bereich kulturell besonders bedeutsam. Daß sich erotische SubKULTURen vorwiegend in lesbischen und schwulen Zusammenhängen herausgebildet haben, liegt auf der Hand. Hier fällt die auf allen kulturellen, arbeitspraktischen und politischen Ebenen noch immer trotz aller Frauenquote und vieler einzelner kämpferischer Frauen grundsätzlich vorhandene Differenz zwischen den Geschlechtern weg. Was natürlich nicht heißt, das ist ja klar, daß es dort keine Macht und verteilte Rollen gäbe. Unter allgemein gesellschaftlichen Gesichtspunkten wäre die Ausbildung erotischer KULTUR und Erziehung gerade auch für heterosexuelle Zusammenhänge wichtig. Denn auf die Gesamtgesellschaft bezogen und nicht auf relativ kleine Avandgarden leben noch die meisten Menschen heterosexuell. Es müssen Bilder, Texte, Geschichten, Filme geschaffen werden, die auch in diesem Bereich eine Vielstimmigkeit ermöglichen. Es ist natürlich hier besonders heikel. Wenn im Buch »MEIN HEIMLICHES AUGE« das Bild eines dicken weiblichen Po's mit Striemen auftaucht, kommt sofort die Kritik: so was dokumentiert nur die herrschenden Machtverhältnisse auf besonders unangenehme Art. Ich weiß, daß die Frau, die das Bild einsandte, eine selbstbewußte Frau ist, die alleine lebt, seit langem einen Freund hat, und große Lust am Schmerz, am körperlichen Schmerz, der kurz ist und umkippt in erregende Hitze, empfindet. Und daß sie dieses Bild, zusammen mit einem Gedicht im Sinne erotischer Vielfalt abbilden wollte. Sie hat sich den Po extra für dieses Bild gestaltet. Und ich als Verlegerin drucke dieses Bild. Was ich durch die EMMADiskussion gelernt habe, ist, daß ich wahrscheinlich im nächsten Auge solche Bilder kommentiere. Denn ich verlege neben Theorie-Querdenkern, Literatur & Abenteuern auch – und das war das ästhetische wie inhaltliche Konzept der

Zeitschrift konkursbuch seit 10 Jahren, von Nr. 1 an, eben Theorie & Sinnlichkeit gleichwertig nebeneinander – erotische Bücher, von Frauen insbesondere und in der Reihe MEIN HEIMLICHES AUGE von Männern und Frauen. Und zwar mit meinem »missionarischen« Traum von erotischen Kulturen im Hinterkopf. Daß dieses Verlegen natürlich nicht mehr als eine Suche ist und nicht jedes einzelne Bild in den AUGEn meinem Traum entspricht, ist hoffentlich klar. Es gibt natürlich Bilder und Texte, die das klassische Machtverhältnis dokumentieren. Aber auch bei diesen Bildern muß genau hingeschaut werden. Denn es gibt etwas wie *sexuelle* Macht und Gewalt, die als sexuelles SPIEL verstanden werden kann. Und wer die AUGEn genau anschaut, d. h. alle Texte liest und Bilder und Texte im Zusammenhang sieht, wird sehen, daß es auch in den bisherigen AUGEn eine große Vielschichtigkeit gibt, die mit den Pornoshoppornos nichts zu tun hat. Und dort ja als zu intellektuell-harmlos nicht verkauft werden kann. Im Sinne einer erotischen Erziehung eher schade. Trotzdem, auch in den AUGEn finde ich für mich noch immer nur wenige Bilder, die ich wirklich erotisch und erregend finde. Ich betrachte diese Bilder/Textbände als Dokumentationen einer Suche, die ich durchaus zu verteidigen weiß, und nicht als Sammlungen *MEINER* Bilder – wiewohl sich eben einige davon auch darin befinden. Ich besitze eine, leider noch kleine, Sammlung erotischer pornografischer Bilder von Frauen, die mich sozusagen obsessiv beschäftigen, was aber eben Privatsache ist und nicht hierhergehört. Und, was mich besonders freut, beim dritten HEIMLICHEN AUGE, was im Entstehen ist, machen mehr Frauen mit als Männer. So daß sich die Prozentzahl des ersten Bandes, ⅓ Frauen, ⅔ Männer, vielleicht umdreht. Hetereosexuelle Frauen & Männer, Lesben, Schwule, Bisexuelle. Die Richtung Vielfalt wird weiter beschritten im dritten AUGE.

Pornografisches Material ist in diesem Sinne einerseits in seiner Vielfalt Lehrbuch für die Technik, für die erotische Kultur, andererseits steckt in den »gelungenen« Bildern auch etwas Imaginäres. Der plötzliche Zauber eines besonderes Bildes. Das nicht vergessen wird. Eine Mischung aus Attraktion, Leidenschaft und Technik bedingt die gelungene Liebe. Vielleicht auch das besondere Bild. Über »besondere Bilder« schreibt *Helga Ginevra*.

Gegen die Abbildung des Sexuellen will EMMA ja auch gar nicht kämpfen. Obwohl EMMA davon ausgeht, daß die Frauenköpfe kolonialisiert sind von Männerphantasien und daß, wenn Frauen ihre Sexualität abbilden, eben wieder Männerbilder herauskämen. Davor möchte auch ich die Augen nicht verschließen. Eine jahrhundertelange christlich-patriarchale Geschichte kann nicht ohne Spuren bleiben, in beiden Geschlechtern. Aber das durch eine Art Bilderverbot zu lösen, halte ich für unmöglich. Die ewige Suche nach ursprünglichen eigenen Bildern muß ergebnislos bleiben, denn jedes gefundene Bild läßt sich erneut in das patriarchale oder kapitalistische System integrieren. Es ist eine Teufelsspirale in Art einer unendlichen Selbstreinigung. Und als wahres Unentfremdetes bleibt zuletzt: NICHTS. Andrerseits, wie es EMMA vorschlägt, nur die Opferperspektive zum Kampf einzunehmen, halte ich für ebenso unmöglich. Also seinen gemeinsamen Kampf für bessere Verhältnisse nur in einem Kampf GEGEN Bilderwelten zu definieren.

Diese im Grunde zutiefst resignative Auffassung, daß alles so durchsetzt sei von dieser die Opferrolle festschreibenden Bildwelten, daß keine eigenen Bilder mehr möglich seien, zementiert diese Opferrolle. Abgesehen davon, daß es in jeder Geschichte auch Gegengeschichte gibt. Daß also die Ohnmacht mit Macht verknüpft war. Oder daß es auch viele kreative Ausdrucksformen von Frauen gegeben hat, die in männlicher Geschichtsschreibung untergegangen sind und jetzt mit Mühe von Historikerinnen und Kulturwissenschaftlerinnen rekonstruiert werden. Und abgesehen davon, daß sich manches aus dieser Geschichte auch positiv offensiv umdrehen läßt. Daß im Zusammenhang mit der Geschichte der Frau als Objekt von einer Entwicklung spezifisch weiblicher Schaulust gesprochen werden könnte, die kreativ zu nutzen wäre. Vielleicht gerade weil die Frau gelernt hat, sich selbst anzusehen, sie Lust an sich selber empfinden kann. Der Mann hat in besagter Geschichte nur gelernt, begehrlich auf das Andere, die Frau, zu schauen, und nur das Andere, das Objekt, mit Lust zu besetzen, während die Frau, die, negativ betrachtet, nur mit seinen Augen sieht und sich für ihn zum lustvollen Objekt gestaltet, dabei gleichzeitig, sozusagen nebenher, den Blick auf sich selbst mit Lust zu werfen gelernt hat. Und den eigenen Körper lustvoll zu besetzen. Ihr Begehren nach außen zu richten, muß sie erst lernen. Aber die Verdoppelung, daß der eigene Körper ein Anderer ist, ermöglicht ihr dennoch einen begehrlichen Blick. Um das Ganze noch einmal, historisch spekulativ, zu wenden, bildet sie in ihrer Phantasie dazu den Blick auf das aus, auf das sie nicht begehrlich blicken kann: sozusagen als innere Gegenbewegung, Gegenwelt: den Blick auf das Andere, das »Männliche«. In ihr drinnen, als Phantasie: das Andere. Und im Mann, seine Gegenbewegung, in seiner Innenwelt: er selbst. Der Mann blickt – auf das andere – nur nach außen... – und darin liegt vielleicht die Gefahr, von der Jutta Bahr-Jendges spricht, daß er deshalb auch eher die Grenze von der Phantasie zur Realität überschreitet. Er muß lernen, begehrlich auf sich zu blicken. Was Innerlichkeit betrifft, darin zumindest üben sich die männlichen Gegenwartsliteraten eifrig. Und umgekehrt habe ich aus meiner Ver-

legerinnensicht das Gefühl, daß Frauen in der momentanen historischen Situation ein ungeheures kreatives Potential haben, was nicht unbedingt mit Innerlichkeit mehr zu tun hat. Wenn sie den Sprung schaffen, den Sprung über die Leere vor dem ersten Wort, dann kommen die aufregendsten Spiegelbilder zustande, die über bloße Selbstbespiegelung weit hinausgehen. 1000 Dinge gleichzeitig zu sehen, ist in diesem Sinne eine der weiblichen Eigenarten, die ebenso positiv zu wenden wäre. Historisch erworben durch jenen umherschweifenden Blick, den die Frauen in die Familie, den Haushalt warfen, wo ihnen, den Müttern, nachgesagt wurde, »alles auf einmal zu sehen« – während die Männer historisch lernten, zu fixieren: also nur *eine* Sache – und die dafür genau – ins Auge zu fassen.

Und die Frauen haben eine große Kultur des Redens. Sie reden über alles. Und gerne auch über Obszönes und Intimes. In die sachlichen Gespräche mischt sich schnell: DER KLATSCH. Neugierig geben sie Intimitäten preis, um dann begierig die intimen Details der anderen zu hören. Weiblicher Voyeurismus ließe sich aus dieser Tradition ableiten. Das Sexuelle wird im Gerede der FRAUEN UNTEREINANDER keineswegs ausgespart. Klischee? Tradition? Voyeurismus & Exhibitionismus, historisch verdreht, und wieder positiv zu wenden. Die Kultur des Redens – etwas, das sich *verflüchtigt* – erschwert vielleicht auch den Schritt zur *Fixierung*. Zum Schreiben, Abbilden. Aber wenn es passiert, und es passiert, dann ist die Lust am Aussprechen groß. Schlüpfriges, Pornografisches schlüpft hinein in die Kunst. – Und, das glaube ich schon, die starren Schemen geraten unaussprechlich ins Wanken.

Natürlich muß jenem ersten Schritt des inspirativen Sprunges über die Leere die Arbeit folgen, die mühselige Arbeit am Text. Und nicht viele Frauen bewältigen die, ich möchte also gar nicht sagen, das ist ja klar, daß alles, was von Frauen kreativ produziert wird in dem Sinne revolutionär aufregend ist. Aber es ist das Potential, das gerade darin liegt, mal einige Minuten lang wenigstens nicht zu wissen, was gut ist, was schlecht, mal einige historische Minuten lang keine Normen zu haben, die den »Wert« des kreativen Produkts festlegen, bevor es überhaupt entstehen kann. Viele Frauen schaffen schon diesen ersten Schritt nicht, die Angst vor dem »nach-außen-Bringen« zu überwinden. Die Ideen formen sich in den Köpfen, die Bilder, auch die erotischen Bilder, aber die lange Leere vor dem ersten Schritt macht Angst, die schnell den kreativen Akt wieder beenden kann. Und genau da hinein stößt die Ansicht, daß jedes Bild von Sexualität, das sich Frauen machen könnten, aufgrund der einseitig festgelegten Geschichte von Frauen integriert ist in den Teufelskreis des patriarchalen

Blicks. Sie richtet jedes aggressive kreative Begehren von Frauen zurück in die bloße Abwehr angeblich männlicher Bilder. Und macht das Loch vor dem eigenen kreativen Akt schier unüberwindlich groß. Anstatt anzuregen, zu probieren, einfach aufs Geradewohl zu probieren. Anstatt anzuregen, die Angst auch lustvoll zu besetzen und so letztendlich zu überwinden. Immer wieder habe ich Angst, mich aufs Motorrad zu setzen, sagt *Karin Rick*, und doch tue ichs immer wieder und es ist unendlich aufregend. Immer wieder habe ich Angst vor dem nach-außen-Bringen von Ideen, vor dem Schreiben, vor der Reaktion der anderen. Aber doch tue ich es immer wieder, und tue es dazu so, daß es mich unweigerlich kompromittieren muß, und auch das macht ungeheure Lust, sagt sie weiter. Grundsätzlich unterschätzt die Auffassung von der Kolonalisierung der Köpfe die Einsicht, daß jede Möglichkeit zur Utopie immer in Phantasieproduktionen liegt und daß nur durch jenes immer-wieder-Ausprobieren, durch ins-Bild-Bringen, durch unermüdliche Versuche ins Unreine überhaupt Ideen entstehen, Ideen, die uns weiter in Richtung Glück bringen könnten.

Und unterschätzt wird eben, daß wir ein ungeheures kreatives Potential haben, was weitesgehend brach liegt. In jenen durchaus schmalen zierlichen Personen stecken Kräfte, steckt Ausdauer, die wir noch gar nicht kennen – die sich manchmal niederschlagen in weiblichen Phantasieproduktionen – die wir leider aufgrund besagter markttechnischer Gründe viel zu wenig kennen. (Schon in meinem Verlag tummeln sich einige dieser skurrilen Gestalten.) Daß natürlich jedes freie Herumprobieren Gefahren birgt, im Sinne der Wissenschaft, die auf diese Weise die Atombombe erfindet, ist klar. Dennoch möchte ich mich hier auf die objektiv vorhandene Wirkungslosigkeit der Kultur, von der ich spreche, zurückziehen. Was vielleicht unter utopischen Gesichtspunkten auch zu bedauern ist. Ein Bilderverbot käme einem Denkverbot gleich. Über Phantasie und Bilderverbot schreibt *Marlis Gerhardt*. Diese Gefahren des Denkens, das mit dem Guten immer auch das Böse schafft (wer will die medizinischen Fortschritte in Frage stellen, wer sich wirklich aus den Bequemlichkeiten der Zivilisation ausklinken), lassen sich niemals ausschließen. Grundsätzliche Denkverbote sind nicht möglich. Natürlich ist der Mensch und die Frau beeinflußbar, aber ich will mich dennoch nicht dieser traurigen Ansicht anschließen, daß sie nur beeinflußbar ist. Sondern, daß sich inmitten dieser beeinflußten Gehirne immer wieder positive phantastische Sprengkraft verbirgt, die den Produkten vielleicht erst beim zweiten Hinsehen anzusehen ist, weil der Blick immer nur gerne das Bekannte sehen möchte. Das verrufene, das abgelehnte Bild. *Die Unterschiede liegen in Nuancen.*

Diese abgelehnten Bilderfluten also zu unterlaufen durch massenweise Produktion eigener erotischer Bilder, wäre eine Strategie. Auch auf die

Gefahr hin, erst einmal durch die bekannten Bilder hindurchzugehen. Und auch wenn es »schlechte« Versuche geben wird. Ein bißchen mehr Klugheit ist, denke ich, in jedem Falle dabei. Diese dümmlichen Frauengesichter und absolut puppenperfekten Körper lassen sich von nicht-professionellen Bildermacherinnen kaum imitieren. Das ist ein großer Vorteil des Dilettantismus. Und auch in dem bestehenden Normalpornomaterial kann es, sozusagen aus Versehen, wirklich Erotisches dazwischen geben. Wir sollten uns nicht scheuen, das zu verwenden, wenn wir es finden, und kreativ, frech, provokant zu nutzen: für uns. Erotische Kultur kann nur aus Vielfalt bestehen. Das ENDGÜLTIGE Ergebnis wird dabei nicht entstehen. Aber der Weg dorthin ist erotische Kultur.

Die nicht erst seit der PorNOdiskussion immer wieder diskutierte Vorstellung von den männlichen Bildern in weiblicher Phantasie setzt, wenn dann doch probiert werden sollte, indirekt gleich wieder neue Normen in die Köpfe der Schreibenden, Malenden, Filmenden: nämlich nun eine »ganz andere« weibliche Erotik zu entwerfen – was dann oft zu unsäglichem Kitsch führt. Der, denke ich, genau dieser angestrengten Bemühung entstammt, *anders* zu sein. Und dann wieder gibt es angestrengte Bemühungen, als Gegenwehr, *anders* zu sein als besagter Kitsch. Und zum Schluß die unmögliche, jeden kreativen Akt verhindernde Norm: andere Erotik zu entwerfen als in der Männerpornografie und gleichzeitig anders zu schreiben als etwa Svende Merian. AndersAndersAnders. Ein Teufelskreislauf. *Anstatt einfach zu probieren*. Auch auf die Gefahr hin, *nicht anders* zu sein. Auch Kitsch *kann* schön sein. Ich gehe ja – *im Sinne der Animation zu kreativen Produktionen* gerade im Bereich der Erotik – in meiner historischen Spekulation so weit, anzunehmen, daß Frauen *theoretisch* die bessere erotische Literatur schreiben könnten – wiewohl *praktisch* es natürlich auch gute (und nicht nur die schlechte) erotische Literatur von Männern gibt und schlechte von Frauen – weil vielleicht aus dieser historischen LUST, den eigenen Körper zu begehren, herauskommen könnte: eine Figur aus diesem »typisch weiblichen« Spiegelblick heraus mit einer erotischen Spannung auszustatten, die einer Mischung aus Sich-Zeigen und Schauen entspringt. Und so auch das Machtgefälle jenes »typisch männlichen« Blickes unterläuft. Den männlich-voyeuristischen Blick zeichnet aus, daß die Person des Betrachters im Dunkeln bleibt, in sicherer Distanz zum Angeschauten. Er, der Betrachter, ist niemals sichtbar, nur das Betrachtete wird entkleidet, entkleidet sich,. Auch wenn der Betrachter einbezogen ist, bleibt jener stilistische Abstand, der Macht bedeutet. Vielleicht ist es das, was bei vieler Pornografie ein Gefühl der Kälte hinterläßt. Die Spannung der Mischung aus Sich-Zeigen und Schauen zieht mich als Leserin hinein in einen Sog: du bist es, die da ausgestellt wird und berührt, du berührst dich selbst, wenn du erregt wirst. Es geht nicht um die platte Identifikation, sondern um einen Sog, den derart gestaltete Figuren ausüben und der eine erotische Spannung erzeugt. Diese Figuren sind mir begegnet in »weiblicher« Literatur. Erotik besteht in der Kunst, eine spezifische Spannung zu erzeugen, die sich ausbreitet zwischen Intellekt und Körper.

Daß wir gegen reale Gewalt gegen Frauen kämpfen müssen, ist selbstverständlich. Das Anliegen der EMMA-Frauen ist in diesem Zusammenhang ernst zu nehmen. Frauen werden, nach EMMA, in der gesamten Bilderwelt dieser Gesellschaft, vorwiegend in Pornografie und Werbung, aber auch in Literatur und Kunst, »rassistisch« – aus den Gesichtspunkten des Patriarchats – dargestellt: als Sexualobjekt verfügbar, erniedrigt oder verherrlicht. Dagegen vorzugehen ist Anliegen der Aktion. Vorwiegend, weil die Grenzen zwischen imaginären Welten und der Realität durchlässig seien. Somit jene viel abgebildete Gewalt gegen Frauen durchaus direkt zu sexueller Gewalt führen kann, mit anderen Worten, zu Vergewaltigung und Mord. Es bleiben in diesem Zusammenhang viele Fragen: Machen die Videos die Männerphantasie der Vergewaltigung, die dann wirklich ausgeführt wird, oder ist es eine Struktur im Kopfe des Mannes, die durch das Video höchstens abgebildet wird? Wenn ein Vergewaltiger sagt, er habe einen Pornovideo gesehen und dann genau nach diesem Muster gehandelt, ist das wirklich so? Oder hat das ihm ein kluger Verteidiger eingeflüstert, weil er dann mildernde Umstände kriegt? Natürlich gibt es diese Männer in den Wohnblocks, die sich gemeinsam Videos anschauen, und von ihren Frauen dann erwarten, genauso zu sein. In diese Welt haben wir Intellektuellen wenig Einblick, und wenn ich – oder, wie ich denke – auch die EMMA-Redakteurinnen, mir darüber Gedanken mache, dann nur von außen, stellvertretend. Ein altes Problem politischer Bewegungen. *Jutta Bahr-Jendges* wird in ihrem Text ein wenig genauer auf diese Zusammenhänge eingehen. Auch schon ohne Videos gab es fürchterliche und viele sadistische Sexualverbrechen. Davon zeugen entsprechende Fallstudienbände vom Anfang dieses Jahrhunderts. Der historische Rahmen sollte bei derart vielschichtigen Diskussionen immer präsent sein. im 15., 16. Jahrhundert gehörten Hinrichtungen zur allgemeinen Volksbelustigung. Kleine Kinder konnten auf einer Art Volksfest sehen, wie gerädert (Ehebrecherinnen) und gehenkt (Ehebrecher) wurde. Live. Und in Japan ist abgebildete Gewalt kein Tabu. Die kleinsten Kinder sehen andauernd abgehackte Arme, zerrissene Körper, abgebildetes Blut – in Comics, Filmen. Sie sei dennoch nicht gewalttätig geworden, sagt Yoko Tawada. Phantasie und Realität. Wir haben ein eigenartiges Verhältnis zur abgebildeten Gewalt. Zur realen ein vielleicht umgekehrt

eigenartiges. Yoko Tawada glaubt zu beobachten, daß wir vor der realen Gewalt fast weniger erschrecken als vor der in Bildern. Oder so tun als ob zumindest. In Japan gibt es keinesfalls mehr »reale« Gewalttätigkeit als hier, eher im Gegenteil. Zwei Kulturen, zwei historische Epochen. Mithineindenken sollten wir sie dennoch. Desweiteren läßt sich mit Statistiken viel Schindluder treiben. Ich kann jederzeit Statistiken erstellen für das jeweilige Gegenteil irgendwelcher schwer belegbaren Zusammenhänge. Also etwa: mehr Pornografie, weniger Triebverbrechen. Dank der berühmten Ventilfunktion. Was auch wieder Quatsch ist. Der Männer sozusagen als Kessel sieht, die, egal wie, immer eine bestimmte Menge ablassen müssen. Aber auch die umgekehrte Theorie geht von einer gleichen absolut pawlowschen Dummheit der Männer aus: sie machen, was sie sehen. Als kennten männliche Hirne keine Grenze zwischen Phantasie, Bild und Realität. Der gesamte Komplex ist auf jeden Fall differenzierter zu betrachten. Dazu gehört auch, sich das inkriminierte Material genau anzuschauen. Was Frauen in diesem Diskussionszusammenhang gerne tun. Sich Pornovideos ausleihen und angucken. Die Richtung, in die EMMA-Beschreibungen gehen, führt zu einer Mystifizierung. Da muß irgendwie zerstückelt werden. Wenn das dann nicht passiert, sind die Frauen fast enttäuscht. Was dann schnell zu neuen Mystifizierungen führen kann. *Ulrike Zimmermann* versucht in ihrem Beitrag ein wenig zur Entmystifizierung dessen, was zur Zeit an pornografischen Material existiert, beizutragen. Grob lassen sich die Stereotypen beschreiben. Stereotypen betreffen BEIDE Geschlechter gleichermaßen, natürlich in verteilten Rollen. In der Werbung einerseits der Abenteurer-Marlborotyp, andererseits die verführerische Frau, die mit all ihren Reizen zum Konsumgegenstand lockt. Welcher Typus verwendet wird, hängt an der Art des zu verkaufenden Objekts. Zum Hobby-, Sport-, Autobereich paßt besser besagter Abenteurer, also zu allem, was den Hauch des Abenteuers tragen soll. Daß in jedem Herrenmagazin auch jene Marlboro/Cameltypen vorgestellt werden, fällt vielleicht weniger auf, da sie nicht nackt sind. Aber die Typisierung entspricht sich: markante wettergegerbte Gesichter gegen jene dümmlich-verführerisch blickenden Frauengesichter und Abenteuergeschichten gegen nackte Frauenkörper. Die Rolle des Abenteurers scheint zumindest attraktiver als die der nackten Frau – warum wohl wollen kleine Mädchen lieber Abenteurer sein als nackte Frauen. Aber das heißt noch lange nicht, daß jeder Mann Abenteurer sein möchte – oder? Und in der Pornografie in allen Variationen, auch sogenannt perversen, diese Frau, ewig bereit und unersättlich gierig auf dem Sofa, wartend, bis der Klemptner mit dem ewig stehenden Dings kommt und sie bis zum

Geht-Nicht-Mehr befriedigt. Sie ist glücklich und er ist stolz. Im Verlauf der Geschichte erfährt man nebenher, daß dieser Klemptner das schon ungefähr 20 mal am Tag gemacht hat und eigentlich schon ganz schlapp ist, aber er schafft es doch. Das ist das Trivial-Bild vom Mann. Der angesichts jener erniedrigten oder verherrlichten Frau zum spritzenden Tier oder schlimmstenfalls vergewaltigenden Monster degradiert wird. Zwar hängen diese, seine von ihm selbst geschaffenen, Bilder mit besagter patriarchaler Geschichte zusammen, aber sie sind ebenfalls »erniedrigend« oder »rassistisch«.

EMMA möchte diese stereotypen patriarchale Rollen festschreibenden Bilderwelten durch ein Gesetz bekämpfen. Auch wenn Alice Schwarzer sagt, das Gesetz sei nur ein kleiner Teil der Kampagne, viel wichtiger sei, darüber zu reden und Bewußtsein zu schaffen (was ich nur begrüßen kann, im Sinne meines Traums von erotischer Kultur), muß über den Gesetzesvorschlag nachgedacht und geredet werden. Nicht, daß er plötzlich, aus welchen Gründen auch immer, in der derzeitigen politischen Situation doch auf offene Ohren stößt und zu einem Gesetz wird. Und dann vielleicht Alice Schwarzer, wie heute Karasek, in 10 Jahren plötzlich sagt: oh Gott, das habe ich nicht gewollt. Nehmen wir also an, ein solches Gesetz wäre Wirklichkeit: Es ist kaum vorstellbar, daß jene riesigen Industriebereiche, die schon jetzt zum Teil aus dem Dunkel operieren, wie der Pornomarkt, wirklich getroffen würden durch massenweise Schadensersatzforderungen von Frauen. Was ja wohl EMMAs Utopie ist: daß durch die unendlich hohen Kosten, die so auf die Hersteller solchen Materials zukommen, die Produktion unrentabel wird. Und diese Bilderwelt auf diese Weise verschwindet. Nein, sie verschwindet höchstens noch mehr im Untergrund. Oder kommt aus dem Ausland. Besagtes Beispiel Prohibition scheint trotz zivilrechtlicher Zusammenhänge nicht aus der Luft gegriffen. Was aber am leichtesten zu greifen ist, sind Bilder und Texte aus den kleinen Kulturbereichen. Also z. B. auch die Versuche von Frauen, ihren sexuellen Selbstausdruck zu finden. Denn nicht EMMA entscheidet dann – es erscheint jetzt fast so, wenn Alice Schwarzer auf Fragen in diese Richtung antwortet: nein, das meint dieser Gesetzvorschlag nicht, sie kann es natürlich auch begründen – nein, nicht EMMA entscheidet, sondern ein Richter, eine Richterin. In Zusammenarbeit mit Rechtsanwälten und Rechtsanwältinnen. Und bekanntlich hängt der Staatsapparat, zu dem auch Zivilrichter gehören, durchaus mit der jeweiligen politischen Situation zusammen. Ein Beispiel aus Amerika. Dort gelten schon jetzt die härtesten Pornografiegesetze. *Doris Lerche*, die das Daumenkino für dieses Buch zeichnete, erhielt Karikaturen von dem amerikanischen Magazin »Witty World« zurück, mit der Begründung: das ginge nicht auf-

grund der Antipornografiegesetze. Karikaturen, die mit Sicherheit auch nach momentanem EMMA-Konsens weder pornografisch noch frauenerniedrigend sind. Einerseits kommen aus den USA die härtesten Horrorvideos, andererseits gehen alternative U-Comix und überhaupt kleine gegenläufige Bewegungen kaputt. Und auch wenn nur Frauen klagen können: Ich habe Angst vor kirchlich-reaktionären Frauenvereinen, die noch die Homosexualität als »erniedrigend« – da ihre christliche Auffassung von Sexualität beleidigend – verteufeln. Ich habe Angst vor einer Definition und Auslegung einiger Begriffe aus dem Gesetzesvorschlag von EMMA, von der die Frauen heute noch nichts ahnen – die aber in Amerika durchaus schon sichtbar sind. Über österreichische Verhältnisse in diesem Zusammenhang schreibt *Neda Bei*. Da könnte dann auch *Friederike Frei's* Text »Mein PORNIO« – da gehts um Mösen und Gegenstände – und Gegenstände in Mösen gehören bekanntlich zu erniedrigendem Repertoire – plötzlich in diesem Sinne vor den Richter kommen. An den teilweise hysterischen Leserinnenbriefen läßt sich diese Möglichkeit bereits erahnen. In der Kölner Stadtrevue wandte sich eine Leserin gegen ein deutlich satirisches Bild, auf dem eine Gummipuppe und ein Mann in Sporen vorkam. Auch Friederike Frei muß nicht unbedingt als Satire verstanden werden. Und noch viel fragwürdiger: ein Bild von *Cléo Uebelmann*. Und der Text von *Jelinek* beschreibt eine Frau erniedrigend. Daß das kritisch gemeint ist, liegt im Interpretationsrahmen. Und nicht im Gesetzestext. In diesem Buch finden Sie Beispiele aus möglicherweise mit einem solchen Gesetz zu treffenden kreativen Produktionen von Frauen. Anderes & mehr dann im AUGE III. Über politische und juristische Zusammenhänge denken genauer nach: *Gerburg Treusch-Dieter, Adrienne Goehler, Jutta Bahr-Jendges* und *Margret Hauch*. Daß es Gesetze geben muß gegen reale Gewalt von Männern gegen Frauen, ist selbstverständlich. Vergewaltiger gehören bestraft und sollten auch keine mildernden Umstände wg. Pornobetrachtung bekommen. Aber ein Gesetz gegen kulturelle, symbolische Welten ist sehr gefährlich, da immer leicht mißbrauchbar. Was ist kritisch, was ist wirklich erotische Kultur, was ist lustvoll und was eine Festschreibung patriarchaler Machtverhältnisse, was beschreibt Frauen wirklich erniedrigend, was ist das Abbild eines sexuellen Spiels nach kunstvollen Regeln. Daß nicht »zerstückelt« werden soll, ist ja allgemeiner Konsens und nach geltendem Gesetz bereits verboten.

Vielleicht geht diese Defensivität des feministischen Kampfes einher mit einer Tendenz von vielen Frauen dahin, sich wieder versorgen zu lassen, sich wieder in die Sicherheit eines verdienenden Freundes oder häufig – das wird dann dezent mit Steuervorteilen begründet – Ehemannes zu begeben. Sozusagen im Gesetz zum Schutze der Frauen wie in der Ehe eine Koalition mit dem Staat. Ich hänge noch sehr an der sozusagen klassisch feministischen Forderung: immer mehr Frauen in alle Bereiche von Arbeit, Politik und Kultur. Die Ansätze zur Abschaffung frauendiskriminierenden Verhaltens liegen in diesen Bereichen. Und auch in der Bilderwelt: Kampf durch Subversion. Immer mehr Frauen in die Werbung, in das Layout von Zeitungen: Frauen an die Bilderfront. Ersetzt die Männerbilder auf allen Ebenen. Und die Ehe wäre weitestgehend zu verweigern. Spart viel Ärger á la Vergewaltigung in der Ehe.

Ich weiß, auch hier tritt natürlich sofort wieder besagtes Stellvertreterproblem auf. Ich weiß, daß viele Frauen sagen, ich möchte die Ehe, ich möchte Kinder großziehen. Und das ist natürlich zunächst einmal zu akzeptieren. Daß aber Mädchen *wirklich* die *Wahl* haben, zu arbeiten und sich selbst zu ernähren, dafür wäre weiter intensiv zu kämpfen. Und in diesem Sinne auch für das Wissen, daß Sexualität verweigert werden kann: es ist doch einfach so, daß ich es mit einem Typen nicht tun muß, wenn er meinem Wunsch von Mann nicht entspricht, daß ich mich in der Sexualität den »falschen« Männern verweigern kann. Damit aber haben gerade junge Mädchen die größten Schwierigkeiten. Und deshalb findet vielleicht die Verlagerung des Kampfes FÜR die eigene Lust, FÜR die eigene Freiheit auf einen Kampf GEGEN MännerBILDER besonders auch bei sehr jungen Mädchen großen Anklang – wenn ich die EMMA-Zuschriften hier richtig interpretiere. Dem Freund zuhause sagen sie nicht nein, wenn sie keine Lust haben, oder andere Lüste, die auszudrücken, ihnen vielleicht sehr schwer fällt, aber die Wut aus verfahrenen sexuellen Zusammenhängen können sie gut in jenem Kampf gegen Pornografie loswerden, ohne dabei die eigene Beziehung zu gefährden. Der Feind ist weit weg und ein Bild. Und vielleicht spielt in diesem Zusammenhang auch eine traurige Rolle, daß durch die Drohung AIDS Mädchen noch weniger wagen, die »falschen« Männer zu verlassen und die Freiheit also wirklich im Bereich der gelebten Sexualität zu erkämpfen und so »zuhause« also vielleicht jenen primitiven Pornomodellen entsprechen, die sie in Worten bekämpfen, weil es im Zusammenhang mit AIDS so schwierig geworden ist, im Bereich der gelebten Sexualität wirklich zu kämpfen. Denn in jedem Kampf um die bessere Sexualität ist die Drohung zu verlassen wichtig.

Und vielleicht sind es gerade die Frauen, die in ihren privaten Beziehungen am abhängigsten sind, die jetzt am lautesten schreien. Und die Frauen, die sich schon immer, vielleicht gar mit einer gewissen Lust, zum ohnmächtigen Opfer stilisiert haben und die jetzt ihre berechtigte Wut in ein wunderbares und für private Zusammenhänge recht ungefährliches Ventil ableiten können. Und ihr »Opfergefühl« objektivieren.

Daß es andererseits auch glückliche »normale« Beziehungen zwischen Männern und Frauen geben kann, und Frauen, die ihre Kreativität ausschließlich in der Mutterrolle ausleben möchten, möchte ich nicht bezweifeln. Und natürlich keinesfalls diffamieren. Wie das mit den Müttern aussieht, ist ein eigenes und sehr schwieriges Kapitel. Daß die Sexualität auch mit Gebärfähigkeit zu tun hat, und daß diese Gebärfähigkeit einen ungeheuren Kraft- und Machtfaktor darstellt, den zu nutzen niemand beschneiden sollte, möchte ich hier als entschiedene Nicht-Mutter und praktizierende Gast-Mutter betonen. Eine neue Knabenerziehung wäre z. B. kreativer Kraft wert . . .

Zufälligerweise – oder ist es kein Zufall – entdecke ich bei meiner verlegerischen Suche nach guter Literatur im Moment vorwiegend Frauen, querköpfige, störrische, freche Personen, deren Kampf sich nicht in einem Kampf GEGEN Männer erschöpft, sondern in der Freiheit einfach etwas zu TUN, die sich entschlossen hingeben an ihre Leidenschaften: fürs Schreiben, für die Erotik, für die Kunst, für die Politik. Das meiste, was ich an Literatur in die Hände bekomme, interessiert mich nicht, ich würde es entweder als Bildungsschrott oder Innerlichkeitssumpf bezeichnen – manches davon ist auch gut, aber langweilig. Mich begeistern Texte, die über das platt Reale herausgehen, mich also über mich hinausführen – im Gegensatz zu jener Bestätigungsliteratur, die mir beim Lesen nur ein »Aha, kenn ich doch« entlockt, packt mich bei jenen anderen Texten ein irritierendes, erregendes – und die Augen für die Realität auf diesem Umweg doch viel mehr öffnendes – Gefühl der Fremdheit, was gleichzeitig etwas Erotisches hat, ich meine damit nicht erotische Texte, sondern eine bestimmte Erregung des Lesens, die vielleicht jeder gute Verleger, jede gute Verlegerin kennt, wenn er, wenn sie sofort weiß, das ist eine Entdeckung. Dieses Gefühl packte mich einmal bei dem Film einer schweizer Künstlerin: Cléo Uebelmann. Mano Destra. In diesem Film werden Frauen gefesselt, in durchsichtiges Material gehüllt, in sanften Bewegungen hören die Frauen das Klappern der Stöckelschuhe, ein ewiges Näherkommen, eine unendliche Spannung, in sich verkringelt bewegen sich die Körper, die Po's auf und ab, Brüste reiben sich auf einer Unterlage. Ich hatte das Gefühl einer absoluten Hingabe und Geborgenheit. Und außerdem einer ungeheuren Kraft. Einer Stärke, die sich kaum theoretisch in Worte fassen läßt, die vielleicht daran liegt, daß der Film eine masochistische Inszenierung ist in Reinform. Ohne sadistische Elemente. Und daher eine Kraft aus ihrem scheinbaren Gegenteil entspringt. Cléo Uebelmann zeigte diesen Filmen vor sehr vielen Frauen, und irgendwie existiert er in den Köpfen. Sogar in den Köpfen von Frauen, die den Film nicht gesehen haben.

Alice Schwarzer war eine der Frauen, die den Film gesehen haben. Sie sagte damals, sie könne zwar »privat« nichts anfangen mit dieser Sexualität – aber bewundere doch, wie selbstverständlich und überzeugend die Bilder von dieser Sexualität sprächen (Köln, Secret-Minds-Festival für Frauen). Heute, zwei Jahre später, im Zusammenhang mit ihrer Antipornokampagne, ist sie sich nicht mehr sicher, ob sie diesen Film verteidigen kann, und beschreibt ihn auch völlig anders: Abbildung von Leiden. Also kritisch zu verstehen, und nicht mehr als Abbildung eines erotischen Traums. (Stuttgarter, PorNOveranstaltung, Februar 88).

Das Thema bondage wird in lesbischen Subkulturen diskutiert, Sadomasochismus praktiziert. Daß es das geben darf, streitet EMMA auch gar nicht ab, soweit alle Beteiligten sich freiwillig dazu entscheiden, dieses oder irgendein erotisches SPIEL zu spielen. Allerdings wird auch in diesem Zusammenhang sofort die Kolonialisierung der Köpfe vermutet, der innersten Bilder sozusagen. Immer mehr lesbische Frauen – sogar hier in der Provinz – greifen durchaus zu klassischen Accessoires des erotischen Spiels, auf Festen zumindest: enge Lederkleidung, lange Handschuhe, Mieder, Stöckelschuhe – verspielt, selbstbewußt, ironisch und ästhetisch. Die Frage, warum viele Frauen mit diesen Formen spielerischer Gewalt und Unterordnung in der Erotik mehr oder weniger offen liebäugeln, ist nicht leicht zu beantworten. Einerseits hat es etwas zu tun mit der Erkenntnis der und Lust an der eigenen Aggressivität, andererseits auch mit Mode. D. h. diese Mode ist etwas Vorübergehendes Zeitbedingtes, was nichts mit sexuellen Obsessionen zu tun hat. Aber auch nicht nur als eine Ausprägung des patriarchalen Kampfes gegen die Frau zu sehen ist, im Sinne der von Alice gern erwähnten allgemeinen Verhurung der Frauen. Sich derart körperbetont zu kleiden, kann den Frauen auch Stärke geben. Der Mode nur patriarchalen Kampfeswillen zu unterstellen, würde ja sofort auf die Frauen, die Mode verweigern, zurückschlagen: im Sinne von körperlosen Hausmütterchen, die der Patriarch ja ebenso dringend braucht zwecks Pflege des Eigenheims etc. Wer sich derart in der Mode versagt, tut auch das nur aus Abhängigkeit von jenen Männerbildern. Dieser Abhängigkeit läßt sich gerade dann nicht entgehen, wenn frau etwas DESWEGEN nicht macht, und nicht, weil sie einfach keine Lust hat. Und im Sinne es doch auch darauf ankommt, mit Lust zu leben, und zwar jetzt und nicht erst in ferner Zukunft nach Eintritt der Utopie, sich lieber dafür entscheiden sollte, zu machen, was ihr Lust macht, und sei es auch der Mode entsprechend. Also dafür, offensiv zu kämpfen und nicht defensiv.

Und daß, hier möchte ich Jutta Bahr-Jendges widersprechen, deren Text ich sehr wichtig finde, weil sie Einblicke hat in Realitäten, die ich aus

meiner Kulturrealität – die, das möchte ich hier doch betonen, auch eine Realität ist – niemals habe, und daß also die Linken vielleicht deshalb mit spielerischer Gewalt in der Erotik liebäugeln, weil sie jeglicher politischer Gewalt abgeschworen haben, scheint mir allzu einlinig gedacht. Dem läge ja wieder jenes primitive Ventilmodell zugrunde: was da nicht raus kann, geht dort raus. Daß große Unsicherheit herrscht über politische Vorgehensweisen angesichts all der großen Umwelt- und sonstigen Katastrophen scheint nur allzunachvollziehbar. Es gibt die 68er-Bewegungsidentität nicht mehr, und darunter leiden noch viele. Aber es gibt Versuche, es gibt die Grünen, es gibt Bürgerinitiativen und eine gewisse politische Wut und Kreativität in vielen Bereichen trotz aller Verzweiflung.

Wie alles, ist auch die Frage der Mode differenzierter zu betrachten. Die Frau, die sich sexy anzieht, weil sie Lust daran hat, und glotzende, pfeifende oder sie sonstwie anmachende Männer bloßstellt, ist vielleicht stärker und wirkungsvoller im Kampf gegen frauendiskriminierendes Verhalten, als die Frau, die sich, angeregt von EMMAs Bilder- und Modekritik aus Angst, dem Bild der »allgemeinen Verhurung« zu entsprechen, alle möglichen Kleidungsstücke versagt und immer nur ängstlich darum bemüht ist, nur ja »das andere« zu tragen: Frechheit ist nicht die Sache jeder Frau, das ist klar, aber die Ermutigung zu ein bißchen mehr Frechheit liegt ja auch EMMA nicht fern. Frechheit und Mut.

Cléo Uebelmanns Bilder sind mutig. Und auch wenn sie als Bilder absoluter Hingabe verstanden würden, ist dem nicht unbedingt patriarchale Struktur zu unterstellen. Hingabe jenseits der Realität. Den erotischen Wunsch nach einer Art – sinnbildlich gesprochen – Rückkehr in den Mutterleib sollten auch Frauen, wenn er irgendwo in ihnen auftaucht, nicht verleugnen. Daß Sexualität immer auch etwas mit Hingabe und sich-Ausliefern zu tun hat, dürfte vielleicht einleuchten: wie, so technisch wie möglich formuliert, sollte einer oder eine überhaupt zum Orgasmus durch einen anderen oder eine andere kommen können, wenn er oder sie sich nicht zumindest momentelang hingibt, losläßt, dem anderen sich ausliefert, bzw. umgekehrt den anderen oder die andere für einen Moment in der Hand hat, in diesem, wie es Susan Sontag beschreibt, mehr »einem epileptischen Anfall« als »einem guten Essen« ähnelnden Genuß?

Natürlich auch in diesem Zusammenhang: die gelebte Sexualität ist oft grauenhaft arm: Wenn ein Mann in einer Frau sich selbst befriedigt, dann hat das natürlich nichts zu tun mit Hingabe, loslassen oder auch »in der Hand haben«.

Sadomasochistische Spiele werden häufig als Zeichen sexueller Verklemmung abgetan, insbesondere von jenen, die beides, die Antipornobewegung wie auch eine alternative Verteidigung von Pornografie als sexuelle Verklemmung darzustellen versuchen – da sind mir die Frauen mit einer entschiedenen EMMA-Position fast lieber, als jene, die, ob weiblich oder männlich, aus dem Bereich der absoluten sexuellen Gesundheit zu stammen scheinen, was auch immer das sein mag: die Bilder- und Phantasielosigkeit bei Ausübung der Sexualität als etwas ganz Unentfremdetes, völlig Natürliches und eben absolut NORMALES – oder sind Sie die geheimen Besitzer völlig neuer Bild- und Phantasiewelten? (Bitte verraten, Einladung folgt). Zugegebenermaßen hat die Realität von Sadomasochismus häufig etwas von Kinderspiel, in den Clubs und privaten lesbischen, homosexuellen und »normalen« Zirkeln, gespielt mit genau einzuhaltenden Regeln und Verkleidungen – SM-Trimm-Dich auch genannt von kritischen Geistern. Sich spöttisch zu erheben über die, die das nur aus Mode machen, sie spießige Linke oder verklemmte Kleinbürger oder patriarchale Lesben oder was weiß ich wie zu nennen, entlarvt sich selbst als leere Besserwisserei: »Wir« haben mit all dem ja nichts zu tun. Niemand muß eine Mode mitmachen, niemand muß, wenn er eine Mode mitgemacht hat, dann auch dabei bleiben, und warum soll er oder sie nicht, und sei's aus Mode, einmal spielerisch etwas ausprobieren? Es geht vielleicht bei manchen Paaren darum, diese verzweifelte Erkenntnis hinauszuschieben, daß sich aus dem Erotischen zwischen zwei Menschen stillschweigend etwas davongeschlichen hat: etwas von der Aufregung des Anfangs, die nun mit solchen Versuchen wieder eingeholt werden soll. Natürlich ist dieses »Kinderspiel« mit der Gewalt immer auch ein Spiel mit dem Feuer, der Gefahr, der gefährlichen Grenzüberschreitung. Die eben durch viele Rituale und Regeln in Schach gehalten werden soll. Über diesen Zusammenhang von Hingabe, sexueller Lust und Autonomie schreibt die Psychoanalytikerin *Eva Podula-Korte*.

Wobei, nebenher bemerkt, im wirklichen Kinderspiel die Regeln erst gelernt werden müssen: daß Kinder, Mädchen wie Jungen, mit Grausamkeit gleichsam neutral experimentieren, ist hinlänglich bekannt: es ist Zeichen des »Erwachsen«-werdens, wenn Kinder begreifen, daß sie weder Fliegen die Beine ausreißen, noch Regenwürmer zerschneiden noch unendlich ausprobieren sollten, ob Haareziehen wehtut oder ein Indianergefangener gefesselt bleiben kann. Ob diese Art der Grausamkeit wirklich nur wieder unsrer Gesellschaft anzulasten ist, oder ob die Unschuld der Kinder auch darin besteht, Grausamkeit auszuprobieren, mag dahingestellt bleiben. – Kneif' mich doch, sagt sie, noch mehr, es tut ja gar nicht weh. – Der einzige Ort des Erwachsenen, wohin sich noch etwas von dieser Grausamkeit als Spiel retten läßt, ist die sexuelle Phantasie –

legitim, solange sie Phantasie bleibt. Die Imagination von masochistischen oder grausamen Szenarien kann sexuell stimulierend wirken, auf Männer und Frauen. Was viele empirisch gesammelte Beschreibungen von Masturbationsphantasien sozusagen statistisch belegen. Wobei diese gesamte Masturbationskultur vielleicht etwas sehr zeitgemäßes hat: nicht erst im Zeitalter von AIDS, sondern schon lange vorher im Zuge immer größerer Vereinzelung der Individuen bekommt Masturbation seine heutige Bedeutung. Was unsre erotische Kultur sicher von der der Griechen weit entfernt. Und daß ich mir anstelle von Selbstbefriedigung manchmal kulturell hochstehende und kunstvoll arbeitende Liebesdienerinnen wünsche, mag wie ein anachronistischer Traum anmuten.

Und somit wären wir wieder weg von der Realität und bei der Imagination. Der Film von Cléo Uebelmann ist vorerst imaginär von großer Bedeutung. Und auf der Grenze zwischen Imaginärem und Realem muß ich als Verlegerin aller (post)moderner Theorie zum Trotz beharren. (Dazu gehört auch das vielzitierte Argument: sonst wären ja auch Kriminalromane sehr gefährlich. Wer sich in den m. E. grandiosen Ripley-Romanen, die wie viele gute Krimis von einer Frau, Patricia Highsmith stammen, immer auf der Seite des Mörders findet, und zwar nicht aus moralischen Gründen sondern eher im Gegenteil, weil er wie beiläufig und unvermeidlich mordet und wie beiläufig auch unentdeckt bleibt, wird noch lange nicht zum Mörder). Und nochmal: wenn es Frauen gibt, die masochistische Phantasien in der Sexualität freiwillig aus*leben*, würde ich das weder mit dem Attribut sexueller Probleme noch mit dem der Internalisierung patriarchaler Rollenzuweisungen versehen – eher im Gegenteil: ich zumindest beobachte, daß jener alltägliche psychische Masochismus bei Frauen, die eine sexuelle sadistische oder masochistische Phantasie aus Obsession und Lust und nicht allein aufgrund einer Mode leben, viel weniger existiert, als bei vielen Frauen in ihren »normalen« Männerbeziehungen. Wenn eine Frau zum Beispiel als Kind gerne vom Beckenrand ins Wasser gesprungen ist, indem sie die Arme um die Kniee geschlungen hat, und sozusagen mit dem Po ins Wasser knallte dabei, was demselben einen kurzen Schlag versetzte und ihn rötete und wenn sich dieses Gefühl dann in eine angenehme Hitze verwandelte die sich von dort auf den übrigen Körper ausbreitete... »Es gibt 999 Arten, die Clitoris zu entdecken«, schreibt eine Beiträgerin des AUGEs Nr. III, »bei mir war es diese«. Und wenn nun diese Frau das Gefühl als Erwachsene sich wiederholt, indem sie sich jene Schläge auf den Po geben läßt, die den kurzen oder längeren Schmerz widergeben, und anschließend jene einmalige Hitze, die sich ausbreitet auf die Clit? Diese Frau haßt sicher Zahnschmerzen genauso wie jeder Mensch. Sexualität hat mit Körpergefühlen zu tun, und auch Schmerz, der sich in Brennen, in Hitze verwandelt, ist in diesem Sinne ein intensives Körpergefühl. Im Zusammenhang mit dem EMMA-Gesetzesvorschlag ist wieder zu fragen, wenn es um Bilder geht, und sadomasochistische Bildproduktion sind hier das heikelste Beispiel, da sozusagen offenkundig mit dem Bild der »Erniedrigung« verknüpft, was nun die Bildproduktion aus lesbischen Subkulturen etwa von einer Krista Beinstein unterscheidet von den inkriminierten Fotos im Wiener, wo ebenfalls gefesselte Frauen abgebildet waren. Natürlich gibt es Unterschiede, sehr feine Unterschiede in der Art der Darstellung, die eben das eine Mal etwas von Spiel vermittelt und Lust der abgebildeten Frauen und das andere Mal, im Wiener, nur brutale Gewalt. Diese Unterschiede nun aber juristisch im Falle des Falles zu erfassen, scheint unmöglich. Sie sind Angelegenheit der Interpretation. Hauptsache wir haben erstmal das Gesetz, bringt eine Zuhörerin der Bielefelder PorNODiskussion die Sache auf den Punkt und die Realitätsebene, und Sexualität mit Gegenständen oder was Sadistisches ist doch nicht nötig, das brauchen wir nicht, das gibts dann eben nicht mehr nach dem Gesetz, darauf müsse dann eben verzichtet werden. Eine Ahnung von Volkswartbund überkommt andere Zuhörerinnen zurecht. Es ist eben nicht so, daß jene vielen potentiellen selbsternannten Kontrolleusen dann nur auf das von Männern gemachte schauen werden. Cornelia Filter von EMMA widerspricht besagter Bielefelder Zuhörerin energisch, Alice Schwarzer in Stuttgart wendet ein, daß es sich bei diesen lesbischen Beispielen (die ja zumindest nicht mehr als Handlanger der Männer interpretiert werden können, wie alle »normalen« Frauen) um winzige Subkulturen handelt, einen »Nebenschauplatz«, der in der Realität, um die es da geht, keine Bedeutung hat. Das stimmt, leider. Auch homosexuelle erotische Kulturen sind von der normalen Kultur ausgeschlossen. Aber darum ist ihre Freiheit, in jeder Hinsicht, umso wichtiger.

Vielleicht stellen sich manche Frauen, vielleicht auch Alice Schwarzer, einfach eine männerlose Welt vor, wie sie sagt, quer durch alle politische Richtungen gibt es etwas, was die Frauen verbindet, vielleicht wäre das Geschlechterproblem ja grundsätzlich nur durch Aufteilen in Männer- und Frauengesellschaften zu lösen, was ein leider absolut undurchführbares Experiment ist. Auch dazu hatten sich die Griechen schon ihre Gedanken gemacht, Amazonenfreundschaften und Männerfreundschaften hatten einen hohen Wert und auch gleichgeschlechtliche erotische Kulturen gab es ausgeprägt. Und andere Frauen träumen von dem marokkanischen Schleier zwischen den Geschlechtern und dem intim-herzlichen Umgang in den dazugehörigen Frauenbadehäusern. Doch vielleicht hat

uns unsre Kultur manchmal auch vorgeführt, daß es große Freundschaften zwischen den Geschlechtern geben kann? Ich weiß es nicht. Spannung gibt es sicher. Positiv wie negativ. *Cora Stephan* schreibt über Geschlechterspannung & Geschlechterkampf.

Das Thema Sadomasochismus ist zwar jetzt modisch, aber nicht erst jetzt aktuell. Es sei z. B. an Hubert Fichtes Interview mit einer lesbischen Frau in Wolli Indienfahrer (1962) erinnert. »Jeder hat schon einmal, zumindest in der Phantasie, den erotischen Zauber der physischen Grausamkeit erlebt und jeder kennt den erotischen Reiz, der von Dingen ausgehen kann, die im Allgemeinen als niedrig und abstoßend empfunden werden«, schreibt Susan Sontag in ihrem berühmten Aufsatz zur pornografischen Phantasie 1967, den ich nur empfehlen kann, wieder zu lesen. Sie könne diesem Aufsatz auch heute nichts neues hinzufügen. Frauen und Männer (mit der Einschränkung der Gefahr männlicher Grenzüberschreitung zur Realität, von der schon die Rede war – obwohl ich, auch den Männern etwas Klugheit unterstellend, davon ausgehe, daß auch die meisten Männer mit dem Bewußtsein der Grenze zwischen Imagination und Realität leben), also Frauen (& Männer) phantasieren nicht das, was sie später wirklich zu erleben trachten. Sie schöpfen meiner Meinung nach aus einer Art imaginärem Topf voll imaginärer sexueller Stimulantien – viele davon lebenstechnisch wirklich unmöglich, sozusagen unmögliche Perversionen, die dann bewußt zur Luststeigerung durch Phantasie aus jenem Arsenal geholt werden. Ich kann mir niemanden vorstellen, der nicht schon irgendwann einmal irgendetwas zur Reizsteigerung phantasiert hat, aber meine Vorstellungskraft mag begrenzt sein. Aus diesem Arsenal stammen durchaus auch Szenarien in der Pornografie. Ebenfalls Trivialmythen, primitive Alltagsmärchen. Natürlich befindet sich in dem Topf in unsrem Kopf viel mehr als das, was wirklich abgebildet werden könnte.

Hier müßte wieder genauer darüber nachgedacht werden, ob dieses Arsenal allein durch die vorhandene, unserer Gesellschaft also zur Last zu legende Bilderwelt gespeist wird und somit grundsätzlich verändert würde, wenn unsre Gesellschaft (samt ihrer Behandlung der Frau) verändert würde – oder ob es etwas Davorliegendes-Darüberhinausgehendes gibt in diesem Arsenal. So ganz harmlos war die Sexualität samt begleitender imaginärer Welten sicher nie: Rituale mit Todesopfern gab es lange vor unsrer Zeit in ganz anderen Zusammenhängen. Die gibt es »gottseidank« nicht mehr.

Ich vermute, daß es sich bei bestimmten erotisch-phantastischen Szenarien um die bildliche Darstellung grundsätzlicher psychischer Muster handelt, die von der jeweiligen Lebenssituation natürlich beeinflußt und ausgestaltet werden. *Karin Rick* beschreibt in ihrem Beitrag zum Beispiel, wie sie sich die Phantasien vom Leibe schreibt. Daß die Befreiung aus einer Situation *bewußtloser* Auslieferung als Opfer in einer Männerwelt schon früher beginnt, möchte ich hier sozusagen interpretierend hinzufügen. Indem sie jene Szenarien *bewußt* zur Luststeigerung einsetzt, auch dann wenn sie mit Männern zusammen ist, setzt sie sich bereits außerhalb der Szenarien, die sie selbst bewegt, um mehr Lust zu haben. Sie IST nicht jene ausgelieferte Person, sondern sie bildet sie ab in ihrer Phantasie, in der sie gleichzeitig die ANDERE Person selber abbildet. Und ist. Sie ist beides zugleich. Und wenn sie sozusagen solche Situationen der Ekellust inszeniert in Realität, ist auch sie die Gestaltende, das genaue Gegenteil eigentlich des Modells der Auslieferung. Insofern haben solche Phantasien in sich bereits aufbrechenden Charakter. Der dann durch das »vom Leibe schreiben«, von dem Karin Rick, oder anders Eva Podula-Korte sprechen, nur weitergeführt wird. Nach dem Schreiben kommen neue Phantasien hinzu, mit veränderten Szenarien. Was die alten Szenarien nicht ablösen muß. Sondern nur eine größere Vielfalt schafft. Und daß Ekel eine Affinität zur Lust hat, wird in vielen Phantasien bestätigt. Im Sinne privater Befreiung wie auch im Sinne der Schaffung erotischer Kulturen wünsche ich mir sehr, daß immer mehr Frauen ihre Bilder zu Papier bringen, wie z. B. Karin Rick.

Wer sich mit der bereits vorhandenen erotischen Bilderwelt auch historisch beschäftigt, wird feststellen, daß es sich zumindest seit einigen hundert Jahren um ein immer wiederkehrendes erotisches Arsenal handelt, bis hin zur Gewalt, zuerst in Zeichnungen und Gemälden, die massenhaft anonym hergestellt wurden, später in Fotos, die millionenfach in jenen Zehnerpacken verkauft wurden – auch hier sind die Damen mit den Peitschen schon reichlich zu finden, was sie von den modernen mainstream-Pornobildern vielleicht unterscheidet, ist ihr noch nicht ganz so dummes Gesicht... Was sich in neuester Zeit verändert hat, sind m. E. nicht grundsätzlich die Szenarien – wie von EMMA kriegstechnisch vermutet als Reaktion des Patriarchats auf steigende Emanzipation der Frau – sondern die technischen Möglichkeiten. Die Entwicklung des leicht unscharfen Fotos zum Hochglanzdruck, die Entwicklung eines ersten hoppeligen Pornostummfilms zum Video voll perfekter technischer Tricks. Wie weit diese technischen Möglichkeiten der Darstellung qualitativ etwas ändern, wäre zu untersuchen, also ihre Wirkungen auf die Phantasie und Realität. Kinder werden heute vielfach dauernd mit Bildern berieselt. Früher konnten sie sich die gehörten Märchen – die, nebenher bemerkt, durchaus grausam waren – mit der Phantasie selber illustrieren. Heute, das meint manch pessimistische Beobachtung, bildet sich die eigene Phantasie nicht, weil

ja die Bilder dauernd schon von außen kommen. Das wage ich zu bezweifeln. Immer gibt es innere Gegenbewegungen, so gegen die Eltern im Sinne der Abgrenzung, und auch gegen das, was sozusagen von den Eltern kommt, die Bilderberieselung aus dem heimischen Fernsehkasten. So wird die Phantasie wieder ganz eigene und von »uns« nicht vorstellbare Abwege sich schaffen können – was manchmal, denke ich, sich schon zeigt in den kreativen Produktionen jüngster AutorInnen aus der von »uns« mit soviel Mißtrauen betrachteten »Computer- und Fernsehgeneration«. Ich möchte mit diesen Überlegungen keinesfalls irgendwelche Gewalt- und Horrovideos verteidigen, sondern nur behaupten, daß die Frage der »Beeinflußbarkeit« so einfach nicht zu beantworten ist und daß es darauf ankommt, REALE Gewalt zu bekämpfen. Auch betrifft das den gesamten Bereich der Abbildbarkeit: welche Wirkungen haben die authentisch gefilmten Katastrophen in aller Welt auf unsre Psyche, was z. B. hat ein im Schlamm versinkendes Kind bewirkt? Ist es nicht obszön, die Katastrophen aus aller Welt, und entwürdigend, die leidenden Menschen unsren voyeuristischen Augen auszuliefern – oder sollte es sinnvoll sein, weil es aufrüttelt, zu Hilfe ermutigt, zum Kampf gegen den wahren Sadismus in der Welt: die furchtbaren, Menschen als Material mißachtenden, Kriege und Herrscher an so vielen Orten der Welt. Vielleicht durchbricht das Medium Film wirklich die Grenze zur Realität: mit seiner Möglichkeit zur lückenlos bewegten Perfektion? Doch auch hier bleibt die unübersehbare Distanz zur Realität, die Leinwand, der kleine viereckige Kasten des Heimkinos. Das IST nicht die Realität. Deutlicher natürlich bei Text und Bild. Jeder Text, aufgrund seiner leeren, nur durch den Akt der Phantasie mit Bildern zu füllenden Buchstaben und jedes einzelne unbewegliche Bild hinterläßt jene große Lücke, die eindeutig in den Bereich des Imaginären verweist. Wieweit Frauen, wenn sie sich aus dem reinen Bereich der Phantasie hinauswagen ans Bildermaterial, lieber Bilder mögen als Filme, lieber bestimmte Texte als andere, wie bei ihnen die von den Männern so kultivierte Lust durch den Blick funktioniert, auch darüber wird in diesem Buch weiter nachgedacht werden. Ich zumindest möchte als Frau nicht auf jenes imaginäre Arsenal verzichten, aus dem ich meinen – nicht nur sexuellen – Träumen schöpfe, und ich möchte meinen *kulturellen* Traum von der Ausbildung guter Liebhaberinnen und Liebhaber mit professionellen Fingern weiter träumen, auch in der Leidenschaft gilt, Übung macht den Meister, und: trotz AIDS und aller böser Bilderwelt passiert es uns doch immer wieder, daß wir uns verlieben, teuflisch verlieben: Und ich möchte, als Verlegerin, auch in Zukunft jene phantastischen Bilder & Texte veröffentlichen, die ich mit jener Erregung entdecke, auch dann wenn sie tatsächlich erotisch sind.

Ginevra

Helga Ginevra
Exhibitionen

Die Versuchung, die von dem Objekt Frau zuweilen auf das Subjekt Frau ausgeht, ist hier als Attacke und Affront auf die Wahrnehmung des Betrachters disponiert. Plastische Körper-Suggestionen, der Fotografie nachempfunden, durch Weglassen von umschreibender Staffage unterstützt, sollen einen halluzinatorischen Effekt erzielen, dem die überlebensgroßen Proportionierungen der auf Zentralachse gesetzten Figurinen dieser Schaustellungen entsprechen.
Die schöne ästhetische Ware erotischer Frauenkörper ist Schikane nur im Kopf; die Modelle selbst sind ganz unbekümmert; sie quälen sich kein bißchen unter dem Blick des Betrachters (Betrachterinnen werden sich womöglich fragen: hat das nicht traumhaften Anteil an mir?).
Was an erotischer Versuchung darüber hinausliegt, zwingt man/frau am besten durch Nichterwähnung zum Dasein. Im erotischen Zoo wohnte früher ein exotisch-wunderliches Tier, meistens im Verborgenen, oder nur, zuweilen, von den Rändern her aufleuchtend, von Altertumswissenschaftlern »Sex« genannt; das »Pfauenauge«, habe ich sagen gehört…

Eva S. Poluda-Korte
Ein kreatives Potential

I Verbieten?

In früheren Zeiten bekamen es Psychoanalytiker häufiger als heutzutage mit Patienten zu tun, die an den Folgen von Verbot und rigider Kontrolle ihrer kindlichen Masturbation litten. Heute treffen wir häufiger auf Patienten, deren Mütter glaubten, sie dürften sich nicht nach den Bedürfnissen des Babies richten (bzw. waren entsprechend von Arzt oder Hebamme angewiesen worden), sondern müßten seine Gier von Beginn an streng reglementieren. Solche Mütter berichten dabei von heroischen Kämpfen gegen ihr eigenes steigendes Bedürfnis, das Baby endlich an sich zu reißen und seine Wünsche zu erfüllen, während sich der kleine Mensch die Seele aus dem Leib schrie: von Ohropax und lautem Radio oder Unterbringung an entfernten Orten.

Die Eltern werden dadurch sowohl zu Agenten, als auch zu mitleidenden Opfern der gesellschaftlich erwirkten Erziehungsmoden, in denen schon O. Fenichel die Hauptursache der Entstehung zeittypischer Neurosen sah.

Diese beiden Erziehungspraktiken haben auf verschiedene Weise mit Pornografie zu tun, wie ich später zeigen möchte.

Das Verbot der kindlichen Masturbation scheint Ausdruck der Durchsetzung eines für den damaligen Gesellschaftszusammenhang besonders zentralen Wertes zu sein, nämlich des Gehorsams. Ein masturbierendes Kind galt als unerziehbar, eigenmächtig und verdorben (für Unterordnung), – entsprechend wurde ihm in Aussicht gestellt, sein (allzu starkes) Rückgrat werde sein Mark verlieren, oder sein (autonomes) Geschlecht werde angegriffen. Im Laufe zunehmender Demokratisierung hat sich die »massenhysterische« Unterdrückung der kindlichen Autoerotik inzwischen entspannt. Die anti-autoritäre Erziehungswelle erfüllte in diesem Zusammenhang eine Roll-back-Funktion.

Die Tendenz der Geburtshilfe seit den 50er Jahren, die symbiotischen Instinkte von Mutter und Kind zu bekämpfen (Technologisierung der Geburt, Trennung von Mutter und Neugeborenem, Abschaffung des Stillens, vor allem die Vorschrift, nur ja dem Schreien das Babies nicht nachzugeben) und so den »Urschrei nach dem Objekt« zu frustrieren, scheint

dagegen auf die Erzwingung von zwischenmenschlicher Unabhängigkeit angelegt zu sein. Vielleicht war dies u. a. auch eine Folge des schockartigen Erwachens einer Gesellschaft aus der rauschhaften Anlehnung an einen Führer, der den gierigen Traum nach dem Verschlingen der ganzen Welt zu erfüllen versprach. Die solchermaßen von ihren Eltern (nach deren besten Wissen und Gewissen!) geschädigten Patienten finden jedenfalls für solche frühkindliche Deprivation oft kein anderes Bild als das KZ und beschäftigen sich in ihren Analysen auffällig mit den Implikationen der NS-Vergangenheit. Der diesem Zusammenhang entsprechende ROLL-BACK könnte die unweit zurückliegende Welle von Primär-Therapien sein, angefangen mit Janos' »Urschrei«.

Leider führt der Versuch der Erwachsenen, aktuelle gesellschaftliche Forderungen (zuerst nach mehr Abhängigkeit der Individuen zu ihrer besseren Lenkbarkeit, später nach mehr Unabhängigkeit der Individuen zu ihrer geringeren Verführbarkeit), die ihnen selbst Probleme bereiten, unreflektiert bei ihren Kindern zu erzwingen, zu traurigen Ergebnissen. Das in seiner Autoerotik traumatisierte Kind muß seine Autonomie ersatzweise durch zwanghafte Charakterzüge gegen die Verschlingung mit dem primären Objekt verteidigen, was zur Verbreitung frauenverachtender Trutzigkeit und Beschädigung von Vertrauen und Intimität führte. Und das in seiner primären Bedürftigkeit dem symbiotischen Objekt gegenüber traumatisierte Kind wird die geforderte Unabhängigkeit gerade nicht erreichen können, sondern süchtiger nach Abhängigkeit werden als seine Eltern zuvor, dabei aber unfähig, gesunde Verbindlichkeit zu realisieren und zu genießen. Panikartig den anderen etwas zu verbieten ist also kein geeigentes Mittel, mit Angst und Schuld umzugehen und die ewigen Antinomien, wie die von Individuum und Gesellschaft, oder die von Bindung und Freiheit lebenspraktisch und konstruktiv zu lösen.

Die Pornografie ist nun ihrerseits ein Phänomen, das gern in wiederkehrenden Modewellen angegriffen wird und verboten werden soll, in der kurzschlüssigen Annahme, ein Verbot von Pornografie könne die in ihr festgemachte Gefahr bannen, bzw. die Tilgung der Botschaft könnte das übermittelte Übel selbst beseitigen. Wenn Pornografie nun auch kein menschliches Urbedürfnis ist, wie das nach tröstendem intimen Kontakt und das nach Autoerotik, so hat sie doch zu beiden Urbedürfnissen im Erwachsenen Verbindung. Die exhibitionistisch-schamverletzende Darstellung und voyeuristisch-neu-gierige Rezeption von sexuellen Beziehungen in Wort und Bild macht Lust. Nach solcher Lust greifen wir bevorzugt, wenn wir einsam sind, als Hilfe zur Selbstbefriedigung. Hier haben wir die Verbindung zum Greifen des verlassenen Babies und zur Masturbation schwer erziehbarer Kinder.

Ist es nun diese zentrale Verbindung mit der Selbstbefriedigung, die Pornografie so verpönt macht, und zur Einsamkeit, die nicht heroisch ertragen werden will? Selbstbefriedigung und Einsamkeit sind immer noch Erfahrungen, deren wir uns schämen, und für die wir uns von anderen verachtet fühlen, was unterschwellig Wut aufstaut. Und diese unser Selbstgefühl beleidigende Qualität des Elendes unserer Bedürftigkeit und des schamvollen verheimlichen-Müssens ist mit der Darstellung von Sexualität in Form von Pornografie ebenso zentral verbunden, wie moralische Bedenkenlosigkeit und Gewalt als Ausdruck von Frustration und wütender Auflehnung gegen Verzichts-Forderungen.

Die Sparte Pornografie bezeichnet eine Darstellung der Lust außerhalb des öffentlich-legitimierten Kunst-Betriebs. Dermaßen aus kultureller Akzeptanz ausgesperrt verkommt sie oft zu liebloser, selbst-verachtender und stereotyper Beschwörung von etwas dringend Benötigtem, das gleichzeitig in seiner Not nicht geschätzt und daher stiefmütterlich behandelt wird. Gleichzeitig bietet die Abkoppelung aus der Selbstverständlichkeit und normativen Verbindlichkeit aber auch die Chance, bedenkenlos das Denkbare zu entdecken, und nur von der Wahrheit der eigenen Erregung geleitet, verborgene Phantasmen hervorzubringen. Diese Chance, die die Kreativität des Kunst-Pornos ausmacht, wird jedoch selten genutzt, da grenzüberschreitende Produzenten außerhalb des sicheren Raumes verbürgter Normalität von einer direkt erlebten Trieb-Angst vor dem »sexuellen Wahnsinn« und vor nicht mehr kontrollierbarer Destruktivität gehemmt werden mögen.

Die Standard-Pornografie, wie sie existiert und wie mit ihr umgegangen wird, erscheint als ein ausbalanciertes System, in dem explosive Triebimpulse sich mit Gewissensforderungen und Kontrollbedürfnissen legieren. Unter der Bedingung von Entwertung, Isolierung und Verachtung darf in einem engen Rahmen Lust befriedigt werden. Da auf diese Weise die Verachtung unserer frühkindlichen Bedürftigkeit, d. h. zwischenmenschlichen Abhängigkeit festgeschrieben wird, führt Pornografie oft zu suchtartigem Mißbrauch in einem Teufelskreis: je mehr er hat, je mehr er will... Und da auf diese Weise auch die Ächtung der Autoerotik, d. h. narzistischer Unabhängigkeitswünsche, unangetastet bleibt, kann Pornografie auch zu Vermeidung des realen sexuellen Kontaktes mit dem gefährlich erlebten, bzw. abhängig-machenden Geschlecht des anderen mißbraucht werden.

Wie also Stellung nehmen zu diesem zweifelhaften Phänomen Pornografie? Verbieten? Das hieße ein Symptom zu behandeln durch Verschiebung des Gleichgewichts aus Trieb und Gewissen zu Gunsten der herrschenden Moral. Mir wäre es umgekehrt lieber: Verminderung der mora-

lischen Verachtung und Kontrollzwänge gegenüber den mit der Pornografie verbundenen anarchischen Wünschen und liebevollerer Umgang mit den pornografischen Inhalten, sowie Minderung ihrer Isolierung und Pathologisierung, um das an Pornografie gebundene Potential sexueller Phantasmen aus der Isolation zu retten für die Kreativität des offenen Austauschs in der öffentlichen Kulturszene.

Demgegenüber halte ich Anti-Pornografie-Bewegungen für ein »massenhysterisches« Phänomen, das erklärungsbedürftig ist. Zu Beginn mag ein gesellschaftlicher Kontext bei dafür sensiblen Individuen die Wahrnehmung von Angst und Not auslösen. Das Angstmachende kann vielleicht nicht gleich richtig erkannt werden, da es noch neu und verschwommen ist und außerdem Widerstände dagegen weckt, es als das zu sehen, was es wirklich ist. Pornografie eignet sich nun wegen ihrer regelmäßig schockierenden Unmittelbarkeit und Verbindung von Lust und Gewalt besonders gut dazu, vor allem Triebgefahren auf sie zu verschieben und in ihr zu konkretisieren, um sie zu beseitigen.

Wenn frau Angst hat, beruhigt sie 1. die Vorstellung, deren Quelle beseitigen zu können, 2. sich mit einer moralischen, guten und schützenden Instanz überidentifizieren zu können und dabei 3. Frustrationswut und Ressentiments aus Enttäuschungshaß legitimiert und unbemerkt verwirklichen zu können. Genauso ergeht es übrigens auch den verbietenden Eltern im Zuge von Erziehungsmoden: je mehr sie sich durch Zeichen der Zeit verunsichert fühlen, umso entschiedener werden sie sich mit den angebotenen Erziehungsnormen identifizieren und dadurch beruhigt fühlen und nebenbei Aggressionen ausleben. Genauso wird aber eine Verbots-Mode, die das Symptom unterdrückt, nicht seine dynamischen Quellen erreichen und nur weitere Neurotisierung bewirken.

II Fall-Beispiele

Es gibt nun aktuell wieder Bestrebungen, Pornografie zu verbieten.

Als Analytikerin interessieren mich dabei eher die tieferen Ursachen von Verbotswellen, als deren Argumentation, wobei ich ihr Anliegen sehr ernst nehme, ohne jedoch ihre Intention zu teilen.

Zu Spekulationen verleitet frage ich mich: welche wirkliche Bedrohung motiviert den neueren Angriff? Dämmern wieder schlechte Zeiten für Frauen herauf? Muß frau wieder fürchten, ohnmächtig gemacht und mißbraucht zu werden? Gibt es vielleicht eine Solidaritätskrise in der Frauenbewegung, die nach dem stabilisierenden Außenfeind schreit? Oder fühlt sich frau wohlmöglich durch ihre neue Freiheit überfordert und bekommt sexuelle Minderwertigkeitskomplexe, wenn sie merkt, daß sie endlich darf, aber noch keine Phantasie hat, wie? Oder bekommt frau schließlich Angst vor ihrem eigenen aggressiven Potential, wenn sie im Laufe ihrer Befreiung sich z. B. sogar als »Rabenmutter« denken darf? Wenn es nun auch naheliegt, daß ein Verbots-Anliegen mit Wut, Triebangst und Kontrollbedürfnis zu tun hat, so kann ich dazu doch nichts Einsichtsvolles sagen, solange ich mich nicht der Analyse empirischer Fälle zugewandt habe, wie ich es gelernt habe. Und da es genauso zu meiner Arbeit gehört, mich selbst analytisch zu beobachten, will ich mit meinem eigenen Fall beginnen.

1. Beispiel

Das Schreiben und Veröffentlichen hat viel mit der Lust des Zeigens, – das Lesen und Analysieren entsprechend mit der des Schauens zu tun.

Als mir nun angetragen wurde, über Frauen und Pornografie zu schreiben, bekam ich spontan Lust, das zu machen. Ich setzte mich also bald hin und begann einen Aufsatz ohne große Umschweife mit der Präsentation eines plastischen Beispiels, was ich jedoch gleichzeitig als »gewagt« empfand, d. h. als schön-frech einerseits und andererseits als gefährlich-unverschämt, obgleich ich glaubte, als unabhängige Erwachsene darüber zu stehen und zudem durch meinen Beruf in der Beschäftigung mit dem Thema legitimiert zu sein. Der erste Leser dieser Schrift (wie üblich mein Mann) reagierte schockiert: »Sag mal, das willst Du doch wohl so nicht veröffentlichen?! Da kannst Du bös für angegriffen werden!« – Ich fühlte mich beschämt und verunsichert und erfuhr so gleich am eigenen Leibe, was es mit dem Thema auf sich hat.

Mein Artikel hatte selbst etwas Pornografisches, d. h. Schockierendes und Schamverletzendes bekommen, da ich mich nicht um argumentative Absicherung und hinführende Verbindlichkeit bemüht hatte, um Gewissensbedenken und Scham-Schranken durch Eroberungsarbeit abzubauen. Ich hatte statt dessen unter manischer Verleugnung möglicher moralischer Gegenbewegungen der Öffentlichkeit naiv produziert. Ich weiß jedoch nicht, ob ich diesen Artikel überhaupt hätte schreiben können, wenn ich die Antizipation moralischer Bedenken nicht zunächst hintan gestellt hätte. Dieser risikofreudige Sprung ins Abenteuerliche ist eben der kreative Vorteil pornografischer Produktionen, da sie so mit einer Bewegung in Bereiche vordringen und Grenzen überschreiten können, wozu dem vernünftig Skrupulösen unterwegs längst die Luft ausgegangen ist.

Pornografische Präsentation bewirkt außerdem offenbar Polarisierungen, in denen die in ihnen wirksame Verdichtung von Triebimpuls und Triebunterdrückung wieder entmischt wird. Ich hatte mich spontan auf die Triebseite geschlagen und Strenge geerntet. Eine öffentliche AntiPornografie-Bewegung schlägt sich dagegen auf die Unterdrückungsseite und bewirkt wohlmöglich gerade dadurch triebfreundlichere Gegenbewegungen. Und die Verbots-Forderung, deren vordergründiges Motiv die Verstärkung von Kontrolle ist, bewirkt durch die öffentliche Thematisierung, daß Bewegung ins rigide Symptom kommt und seine Balance aus dem Gleichgewicht, sodaß der Diskurs über Sexualität befördert wird, wenn auch unter Gefahr von Neubildungen ressentimentgeladener Ideologien. Ich zumindest habe von der Kritik profitiert, mir manches genauer überlegt und meinen Aufsatz so umgeschrieben, daß mir selbst einiges klarer wurde.

2. Beispiel

Als weiteres Beispiel möchte ich die Wirkung eines Pornofilms auf die Beziehung zweier Frauen anführen, die bei mir eine Paar-Behandlung machten. Es handelte sich dabei allerdings nicht um einen herkömmlichen Standard-Porno, sondern um eine kunstvolle Produktion mit neuen, ungewohnten Bildern (»Mano Destra« von C. Übelmann), die auf einem Frauen-Festival vorgeführt wurden. Das Paar ließ sich durch den Film polarisieren: die eine verließ schon während der Vorstellung protestierend den Raum und brach anschließend einen Pornografie-feindlichen Streit vom Zaun, während die andere sich so tief bewegen und so heftig ergreifen ließ, daß sie sich von den Bildern des Films in obsessiver Weise noch lange verfolgt fühlte.

Beide Frauen verbanden ihre lesbische Identität mit einer entschiedenen Ablehnung der Männer, die ihrer Meinung nach Frauen prinzipiell zum Lust-Objekt herabwürdigen und sadistisch mißbrauchen wollen. In diesem Film einer Frau für Frauen ist es aber eine Frau (so wurde mir berichtet), die sich von der Lust an willkürlicher Herrschaft und gewalttätiger Machtausübung hinreißen läßt und ihre Geschlechtsgenossinnen, die mit Reizwäsche und Stöckelschuhen in extremer Weise zu Lust-Puppen gestylt sind, z. B. kopfüber in enge Schränke und Kästen quetscht.

Mit solchen heftigen Polarisierungen dieses Paares um Themen sexueller Verwirklichung hatte ich bereits Erfahrung und wußte, daß beide beliebig die eine oder andere Seite vertreten konnten. Jede hatte also beide Seiten in sich, dennoch teilten sie sich beide häufig gegenseitig die Rolle einer Seite zu und verstrickten sich in schmerzliche Kämpfe um die Sexualität.

Während die Fronten in der Zweier-Situation oft hart aufeinander prallten, gelang es zu dritt, und vor allem mit Hilfe der Bilder dieses Films, der unbewußt sexuelle Vorstellungen faßbar und kommunizierbar machte, die Kämpfe der beiden als Abwehrstrategie gegen sehr tiefe und angstbesetzte sexuelle Wünsche zu verstehen. Ängste vor Wünschen nach dem sexuellen Wahnsinn extremer Hingabe an ein mutterleibartiges Verschlungensein und embryonal-verschmolzenes Besessenwerden, das – so wird befürchtet – mit völliger Selbstaufgabe bezahlt werden muß. Und Ängste vor Wünschen nach Macht und Herrlichkeit eigener Mutterschaft, die die lesbische Identität und Beziehung dieser Frauen bedrohen könnte.

Das Bewußtwerden ihrer tieferen sexuellen Regungen, die beide bisher ständig in der anderen bekämpft hatten, – letztlich aus Trennungsangst – führte dazu, daß beiden ihr wahres Autonomie- und Abgrenzungsbedürfnis erlebbarer wurde; d. h. ihr Wunsch nach einem Eigen-Leben, das nicht ständig von Zerstörung durch die andere bedroht sein muß, um die Gefahr einer Trennung zu bannen; ihr Wunsch nach einem Eigen-Leben, das auf mehr liebendes Vertrauen bauen kann und durch größere Trieb-Toleranz sich und der anderen mehr Individuation gewähren kann.

Wie schon der Kampf der Eltern gegen die kindliche Masturbation und die jeweils herrschende öffentliche Sexualmoral, so diente das Diffamieren von Sexualität auch in dieser Beziehung dem Bestreben, den anderen zu kontrollieren, in seiner Freiheit zu beschneiden und Entfaltung zu behindern, um ihn zu binden. Der sexuell (auf-)begehrende Teil vertrat hingegen das gegenläufige Bedürfnis nach Selbstverwirklichung und Autonomie. Paradoxerweise wirkt gerade die Akzeptanz und symbolische Erfüllung des Verschmelzungswunsches in der Sexualität progressiv selbst-abgrenzend, während dessen Vermeidung aus Angst vor Selbstverlust gerade zu einer Art Selbstverlust in regressivem Clinch führt. Insofern ist Angst vor Sexualität immer Trennungs- bzw. Entwicklungsangst.

Das sado-masochistische Beziehungsmuster geht auf die Problematik der analen und frühgenitalen Phase zurück, in der die Wünsche des Kindes nach Individuation ständig mit seinen Wünschen nach Wiederverschmelzung in der primären Symbiose in Auseinandersetzung liegen. Der emanzipatorische autoerotisch-verwegene Drang des Kindes nach Selbstherrlichkeit gerät immer wieder ins Wanken durch seine Trennungsangst und Anlehnungswünsche, während es lernt, Abhängigkeit und Selbstbestimmung immer besser miteinander zu vereinbaren.

Der sado-masochistische Beziehungsmodus, bzw. die Verbindung von

Sexualität und Aggression ist ein zentrales Thema der Pornografie. Das hängt meiner Meinung nach damit zusammen, daß die Autoerotik des Kindes während dieser Phase der Lösung aus der Abhängigkeit vom primären Objekt eine zentrale Entwicklungshilfe ist. Dabei geht es nicht nur um den Triumph der Selbstbefriedigung, sondern auch um die Entwicklung des Phantasierens, Vorstellens und Denkens, und die Reifung eines phantastischen Dialogs des Individuums mit sich selbst. Die Lösung des Kindes aus der primären Symbiose ist nur durch Aktivierung seiner lösenden, trennenden Potenz, d. h. seiner konstruktiven Aggression möglich, bei gleichzeitigem narzistischem Rückzug der Libido vom primären Objekt auf das in der Differenzierung begriffene Selbst. Die Masturbations-Phantasien des Kleinkindes spiegeln den Konflikt zwischen Individuation und Liebessehnsucht. Das Kind kann sich selbst befriedigen, aber es sehnt sich dabei nach dem Liebesobjekt. Das Liebesobjekt bedroht seine labile Autonomie durch Wiederverschmelzung als Rückfall in die Symbiose und muß deshalb beherrscht und auf Abstand gehalten werden. Dies drückt die sado-masochistische Sexualphantasie aus, u. z. bei beiden Geschlechtern, mit dem Unterschied, daß bei Frauen die Identifizierung mit dem begehrten Objekt stärker ausgeprägt ist als bei Männern.

Der sadistische Part der Interaktion könnte sagen: »Ich will zwar Liebeslust mit dir genießen, fürchte aber, dir zu nahe zu kommen und mein Selbst in dir zu verlieren. Deshalb muß ich dich streng unter Kontrolle halten und immer oben bleiben und bestimmen.« Entsprechend könnte der masochistische Part sagen: »Ich wünsche mir den Untergang meiner Autonomie und Umkehrung meiner Entwicklung in den Mutterleib, ich möchte hörig sein und besessen werden. Damit ich mich dabei nicht auflöse, mußt du mich brutal auf Abstand halten.«

Die Sehnsucht nach der Geborgenheit symbiotischer Lebensumstände und dem Aufgehobensein in primärer Liebe bleibt für den Erwachsenen ein lebenslänglich antagonistisches Motiv gegenüber seinen Autonomiebestrebungen. Je mühevoller, risikobeladener und frustrierender seine Lebensumstände sind, umso schwerer fällt es dem erwachsenen Individuum, die Einsamkeit und Last seiner Autonomie zu ertragen, umso stärker wird der regressive Druck und umso verführerischer die Lust, sich einer Autorität zu unterwerfen. Die Lust, in den Armen einer Autorität zu versinken, wurde in der Vergangenheit stärker als heutzutage in symbolischer Form durch Institutionen wie z. B. die der Kirche gewährt. Sie stellt im Übrigen die Quelle »massenpsychologischer« Phänomene dar. (Vgl. hierzu Freud: Massenpsychologie und Ich-Analyse). Der Rückgang der Macht von Institutionen in der Moderne und der damit verbundene zunehmende

Druck auf den Einzelnen könnte allgemein das Bedürfnis nach Kompensation durch private sadomasochistische Beziehungen sexueller oder nicht sexueller Natur verstärken.

Das Frauen-Paar in meiner Behandlung agierte den Symbiose-Individuations-Konflikt in einem Circulus Vitiosus miteinander, bis ihnen die sexuelle Darstellung ihrer widerstreitenden Bedürfnisse (im Porno-Film) half, sich selbst zu begegnen, den Clinch zu entwirren und mehr Trennungsangst zu tolerieren, um ihre Selbstverwirklichung zu fördern. Das emanzipatorische Moment der Sexualität liegt dabei u. a. in ihrer Reifung von der Oralität über die Analität zur frühen Genitalität. Hier kann die lustvolle Wiederannäherung an den anderen (das »Objekt«), bzw. eine erneute Verlagerung der Libido wieder mehr vom Selbst weg und mehr auf den anderen hin, auf der Grundlage eines konturierten Selbst auf genitalem (nicht oral-symbiotischen) Niveau neu gewagt werden.

Diesen Prozeß sollte man sich jedoch nicht endgültig vorstellen. Die Bewältigung des Lebenslaufes erfordert fortwährend plastische Libidoverschiebungen und Akzentuierungen der Selbst- oder Objekt-Besetzungen, die zyklisch verlaufen. Die Selbstbefriedigung bleibt während des ganzen Lebens ein Instrument der Kommunikation des Individuums mit sich selbst und seinen tieferen Schichten, und die dabei produzierten pornografischen Onanie-Phantasien sind bildlicher Ausdruck der Wünsche und Konflikte des Selbst in seinem aktuellen Welterleben, auf der Basis seiner kindlichen Urerfahrungen. Störungen, mit denen Psychoanalytiker in ihrer Praxis zu tun bekommen, hängen meist mit Blockaden von intra-psychischen und inter-psychischen Austauschprozessen zusammen, die einem angstvollen Festhalten am Vertrauten und der Abwehr von neuen Entwicklungen auf der Grundlage leidvoller Kindheitserfahrungen entsprechen.

Wie das Beispiel aus meiner Praxis zeigt, kann eine kulturelle Szene, in der die Veröffentlichung pornografischer Filmkunst durch Lockerung der Trennung von Gebrauchs-Pornografie und kunstvoller Gestaltung möglich wird, von den teilnehmenden Individuen kreativ und progressiv genutzt werden. Solche kulturellen Austauschprozesse können sowohl ein tieferes und intimeres Verständnis für sich und den anderen schaffen, das Regression auf der Basis von Panik erübrigt, als auch gemeinsam erlebte neue gesellschaftliche Prozesse reflektieren.

Ich frage mich nun, wie mich die beiden Beispiele in der Beantwortung meiner Frage, welche Ängste Frauen heute zu einer Anti-Pornografie-Kampagne bewegen könnten, weiter gebracht haben. Ich kann im Moment nur festhalten, daß die Thematisierung von Pornografie in der Öffentlichkeit eine polarisierende Entmischung von Lust und Verbot

bewirkt, und daß die dadurch entfachte Diskussion nicht nur Streit und Ressentiments befördert, sondern auch Chancen zur Neuorientierung birgt.

Die leidenschaftliche Ablehnung der Darstellung von entwürdigender Gewalttätigkeit gegen Frauen, wie sie durch den einen Teil meines Frauenpaares vertreten wurde, kann sich nur so stark machen, solange die sexuelle Erregung, die diese empörenden Inhalte gleichzeitig hervorrufen, abgeleugnet wird, oder an die andere delegiert. Das Schockierende am Pornofilm ist die Verunsicherung, die er durch die Konfrontation mit einem inneren Konflikt hervorruft, eine Verunsicherung, die sich je nach Kontext fruchtbar oder verhärtend auswirken kann.

Hier vertrat die empörte Frau die Angst des bedrohten Selbst, die zu Festhalten am Vertrauten, bzw. phobischer Vermeidung oder aktiver Blokkade des Unvertrauten führt. So mußte diese Frau während der Vorführung den Saal verlassen, um ihre peinliche sexuelle Erregung nicht wahrnehmen zu müssen. Unter der Bedingung des Protestes dieser Frau konnte ihre Freundin ihre eigene Erregung akzeptieren und eine archaische Wunschseite in sich realisieren. So hatten die Frauen ihren jeweils innerpsychischen Konflikt zwischen Wunsch und Triebkontrolle inter-psychisch inszeniert und mit verteilten Rollen durchgespielt. Dadurch konnten die widerstreitenden Positionen radikalisiert vergegenwärtigt werden. Dieser rhetorische Vorteil der Inszenierung konnte schließlich zur Neuorientierung genutzt werden, da die Gefahr der Verhärtung einseitiger Fronten vermieden werden konnte, indem die Rollenverteilung anschließend wieder zurückgenommen und der Konflikt reinternalisiert betrachtet werden konnte.

Das Motiv der pornografiefeindlich kontrollierenden Seite war Sexual-Angst, Trennungsangst, bzw. Angst vor ödipalen Problemen (vor Alleinsein, Männern, Penetration, Schmerz, Wut, Rivalität und Verantwortung), – das Motiv der Wunschseite die Lust der Hingabe an ein unheimliches Faszinosum.

Kann ich denn nun vermuten, daß auch die heutige pornografiefeindliche Welle von Entwicklungsangst getragen wird und von Angst vor Eigenverantwortlichkeit? Und kann ich hoffen, daß sie gerade durch die ganze Aufregung Entwicklungsanstöße liefert? Das erschiene mir im Moment noch zu gewagt.

Die bekanntermaßen polymorph-perversen Inhalte der Onanie-Phantasien hängen mit der Vergegenwärtigung aktueller Lebensprobleme in der sexuellen Bildersprache des Unbewußten zusammen auf der Grundlage frühkindlicher Urerfahrungen prinzipiell gleichbleibender Lebensprobleme, wie der Konflikt von Abhängigkeit und Autonomie. Wenn solche Phantasien schließlich ödipales Niveau gewinnen, d. h. die Wiederannäherung an ein Liebesobjekt auf frühgenitaler Ebene in der Phantasie geprobt wird, tritt die Angst vor Kontrollverlust zurück zugunsten von Verletzungs- und Straf-Ängsten wegen »unmöglicher« Wünsche, Groß und Klein sexuell zu paaren, die sich in der Phantasie leicht entstellt und verkleidet wie im Traum, lustvoll ausbreiten.

Masochistische Qualitäten in solchen Phantasien bedeuten den Wunsch, die moralische Verantwortung nicht tragen zu müssen, sich durch Erdulden von Strafe rehabilitiert zu fühlen.

Dabei sind die Übergänge fließend, und man kann beobachten, wie sich die Angst vor Kontroll- und Selbstverlust wandelt in die Angst vor Verlust von Liebe und sozialer Akzeptanz. D. h., die konstruktive Aggression, die das Individuum auf analem Niveau zur Konstituierung seines Selbst als Abstoßungskraft gegen das symbiotische Objekt braucht, geht nun nach dem Erreichen von Selbstkonstanz auf ödipalem Niveau ein in die Strukturbildung einer kontrollierenden und normierenden Instanz, durch schmerzlich und auto-aggressiv erlebte Internalisierungsprozesse, wodurch die Akzeptanz des Inzest-Tabus erreicht wird. Dies wird in den sexuellen Phantasmen oft mit Messern und schmerzhafter Penetration dargestellt. Dabei unterscheiden sich die Phantasmen von Männern und Frauen auch auf ödipalem Niveau nicht prinzipiell voneinander, sondern die Geschlechterrollen erscheinen eher als Polarisierungen, mit denen der Träumer sich wechselweise identifiziert und projektiv identifiziert, wenn auch der Part, der seinem biologischen Geschlecht entspricht, das größere Gewicht hat. Die Hauptsache ist jedoch die phantasierte Interaktion, die seelische Konflikte darstellt und Lösungen entwirft, wobei ödipale Phantasien die Thematik der Penetration variieren.

3. Beispiel

Ich möchte nun das angeschnittene Thema durch Darstellung und Diskussion eines weiteren Beispiels vertiefen und dabei sehr intimes Fall-Material vorstellen. Dazu habe ich mich vor allem deshalb entschlossen, weil es mir am Herzen liegt, überzeugend darzulegen, welch ein kreatives Potential in der Autoerotik und den sexuellen Phantasmen zur Selbst-Erkenntnis und -Entwicklung liegt, und wie frau heute davon profitieren kann, wenn sie sich von der Geborgenheit und Unterdrückung durch Symbiose-äquivalente Institutionen (wie im folgenden Beispiel die der traditionellen Ehe) emanzipieren möchte.

Dies nämlich scheint mir nicht nur ein Anliegen des Feminismus zu sein, sondern betrifft viel allgemeiner die Lebensbewältigung der Moderne.

Der mit dem kulturellen Wandel verbundene Abbau von Institutionen macht die Entwicklung von struktureller Eigenverantwortlichkeit des Individuums in der Belebung der entstandenen Leere, bzw. Freiräume geradezu notwendig. Da der Druck gesellschaftlicher Ächtung auf das sozial-konforme Ich durch die Machteinbuße von Institutionen nachläßt, könnte der Einzelne tatsächlich weniger unentrinnbar gezwungen sein als bisher, seine sexuellen Ausdrucksformen zu beschneiden, und alles, was nicht in den zugelassenen Rahmen paßt, als Ich-fremde Obszönität, abgespalten von der Kommunikationskultur, zu »erledigen«. So liegen Nötigung und Chance dicht beeinander!

Mein Fall betrifft eine Frau von heute, die feststellen muß, daß sie nicht weiter leben kann wie gestern und sich in eine Krise gestürzt und genötigt sieht, neue Perspektiven aufzufinden.

Die Patientin, die wegen unbestimmter Depressionen eine Psychoanalyse begonnen hatte, ist Hausfrau und Mutter und übt ihren Beruf nicht aus; ihre Ehebeziehung ist über die Jahre arbeitsteiligen Lebens symbiotisch degeneriert, d.h. langweilig und bedrückend geworden. Ihr Mann sucht seit einiger Zeit Zuflucht aus der häuslichen Enge in einer anderen Liebesbeziehung, was die Patientin zunächst verharmlost und dann in Panik versetzt. Es zeigte sich, daß die Depressionen Ausdruck ihres abgewehrten Wissens um ihre verfahrene Realität waren, die zu bewältigen sie sich nicht in der Lage fühlte.

Sie erwähnte, daß sie sich in frustrierenden Situationen gelegentlich durch Masturbation tröstete und dabei regelmäßig eine stereotype Phantasie benutzte: Sie wird von einem Neger in einen Aufzug mit einer Spiegelwand verfolgt, wo er zwischen den Etagen den Nothalt drückt und sie ausführlich vergewaltigt, was sie im Spiegel mitverfolgen kann.

Natürlich wünscht die Patientin sich nicht konkret, in Wirklichkeit in einem Aufzug vergewaltigt zu werden, sondern verdichtete in diesem kleinen Porno bildersprachlich, wie in einem Traum, verschiedene Wünsche und stellte ihr Dilemma dar. Der Aufzug und die Enge symbolisierten Wünsche nach primärer Liebe: hochgehoben, festgehalten und versorgt zu werden; Nothalt und Gewalt schildern den aggressiven Widerstreit von Wünschen nach grenzenloser Wieder-Verschlingung (der Neger transportierte u.a. Kannibalisches) mit Wünschen nach Widerstand und grenzbehauptender Individuierung; auch durch den schwarz-weiß-Gegensatz wird das Paar deutlich auseinander gehalten und die Verschmelzungsgefahr gebannt; der genitale Akt schließlich wird voyeuristisch vergegenwärtigt, um dessen genitales Niveau zu bestätigen und um die Identifizierung mit beiden Akteuren zu gewährleisten, mit dem heißbegehrten Lustobjekt und mit dessen mächtigem Eroberer; es geht letztlich um das Erobern des mütterlichen Bauches und das Durchdrungenwerden vom väterlichen Organ.

Diese Phantasie kann also als »normale« Onanie-Phantasie auf ödipalem Niveau bei Integration »polymorph-perverser« Faktoren gelten. Sie erschließt sich jedoch nur aus dem Kontext: die Patientin war vorher frustriert und hinterher oft deprimiert und sehnte sich dann nach einem Gefühl von Übereinstimmung mit sich selbst, wie sie es zuletzt in der Kindheit erlebt hatte. Entsprechend vermittelte die Patientin mit dieser Phantasie eine traurige Botschaft an sich selbst über ihre Ehe: ihr Lustgewinn ist teuer bezahlt; sie vergegenwärtigt die Lage einer Frau, die sich in großer Enge und Passivität mit Lust versorgen läßt, durch eine beziehungslose Interaktion mit einem entwerteten Partner (Sklave), die nur von außen wie eine echte Paarung aussieht.

Als durch die psychoanalytische Arbeit ein Prozeß in Gang gekommen war, der durch die Vertrauensbildung in der analytischen Beziehung auch dazu geeignet war, ihr Vertrauen in die eigenen Fähigkeiten und den eigenen Wert wieder aufzurichten, setzte die Patientin sich bald zunehmend offensiv mit ihren inneren Bedingungen für diese unglückliche Situation auseinander. Während ihr zunehmend klar wurde, daß ihr Mann nicht zurückzugewinnen war, und sie an der Reihe war, sich mit den Konsequenzen für sich auseinanderzusetzen, erzählte sie mir während einer Sitzung das folgende Erlebnis. Ich möchte sie selbst im Ganzen mit den begleitenden Assoziationen berichten lassen, ohne den Fluß ihres Selbst-Erlebens und Selbst-Erforschens zu unterbrechen, und anschließend diesen Bericht als Beispiel interpretieren, ohne Darstellung der psychoanalytischen Arbeit.

»Am Mittwoch Abend hat der (Ehemann) gesagt, er braucht die Beziehung (zu seiner Geliebten), und wir müssen sehen, wie wir damit leben können. Ich habe gar nichts mehr gefühlt, war nur völlig fertig, wollte nur schlafen und konnte es lange nicht: dies Herzklopfen wieder! Als die Kinder am Donnerstag Morgen in der Schule waren, wollte ich meinen Tee trinken, konnte aber plötzlich keine Milch hineintun. Ich saß da am Tisch, schaute in die schöne Bernsteinfarbe, wärmte mir die Hände an dem Becher und trank ihn pur. Dann habe ich noch mal etwas Tee eingegossen und Sahne hineingetropft, geschaut, wie die darin Fäden und Schlieren zieht, absinkt und um sich schleiert und nebelt; ein Tropfen nach dem anderen. Dann habe ich mir das Ergebnis betrachtet, das war tatsächlich fast grau geworden, eine Soße, so was Undurchdringliches, Versautes,

das machte mir plötzlich einen richtigen Ekel! Ich stand schnell auf, um es wegzukippen, und dabei merkte ich, daß mir das Blut im Unterleib klopfte, daß ich tatsächlich plötzlich erregt war. Sowas habe ich noch nie erlebt!

Ich bin ins Schlafzimmer gegangen und da habe ich diese müde Schlampe mit den triefigen Haaren im Spiegel gesehen. Ich wollte ins Bett und zog mich aus, dabei schaute ich der Frau im Spiegel zu, und wie die das von sich abpellte, fand ich sie ganz scharf, wie gesagt, ich war ja erregt, und dann begann ich so zu strippen, bekam irgendwie Laune. Je mehr dann diese nackte Frau zum Vorschein kam, um so schöner fand ich sie. Ich dachte mir eine Szene in einem Nachtlokal aus und fühlte mich immer mehr selbst als diese geile Hexe da mit der unversehrten Brust und dem gewissen Etwas an den Schenkeln. Komischerweise fiel mir ein Märchen ein, das mich als Kind so unbestimmt beschäftigt hat. Das heißt »Die Gänsehirtin am Brunnen«. Eine alte Hexe bringt ihre häßliche Tochter nachts zum Brunnen, wo die sich ihre eigene Haut auszieht wie einen grauen Lappen und darunter strahlend schön ist. Dabei sieht ihr ein junger Mann zu, der sich im Baum versteckt hatte.

Ich dachte, der hat sicher onaniert, so verrückt hat ihn das nackte Mädchen gemacht. Ich sah das richtig vor mir. Ja, und dann stand ich da nackt und still und ziemlich außer mir vor dem Spiegel und wollte eigentlich ins Bett, um mich zu erlösen. Aber irgendwie ging das nicht. Ich wollte auch nicht wieder an den Neger denken, der mich im Fahrstuhl vor dem Spiegel vergewaltigt. Ich wollte die Gänsehirtin am Brunnen sein. Und da sah die plötzlich aus wie die schöne Genovefa in meinem Bilderbuch, ganz allein und nackt im Wald, nur mit langem Haar, von ihrem Mann verstoßen, ich glaube, so sah auch meine Mutter aus, als ich sie (als Kind) gefragt habe, warum sie nicht zum Film geht. Genovefa allein mit den Tieren des Waldes und eine Hirschkuh leckte ihr die Brust. Auf einmal ging das weiter! Genovefa, umringt von Tieren, berührt ihren Schoß. Ich bin richtig erschrocken, das Geschlecht dieser Frau zu sehen und wie sie es betätigte, wie groß das war, wie üppig und lebendig. Ich weiß nicht, wie ich das vermitteln soll, was da passierte, als diese Schönheit so ein brutales Geschlecht bekam, wie eine Kannibalin, – ich kann mich auch nicht mehr erinnern, weil mich diese geschlechtliche Aktion so hypnotisierte. Ich sah nur irgendwie von überall kleine Tiere aus der Erde kriechen, auf ihre weißen Beine zu, so Kröten und Schlangen und Würmer und Mäuse, so wie bei der barocken Darstellung der »Frau Welte«, die von vorn eine nackte Schönheit ist und von hinten von Würmern und Kröten zerfressen, schon im Grab. Diese Tiere krochen langsam an ihr hoch, ich fühlte das genau, und machten sich an mein Geschlecht und saugten und knabberten und wühlten da. Ich hatte ziemliche Angst, eine Maus könne mir in die Scheide schlüpfen; das tat dann aber eine fette Kröte, die blies sich noch mal auf, da drinnen und stürmte irgendwie den Bauchraum. Der Orgasmus machte dem ein Ende. Ich habe das noch nie im Stehen gehabt. Es tat fast weh, als ob ein Schwert da reingeht und durch den ganzen Körper zieht. Mit der Lust verbunden ein Gefühl von Hinrichtung.

Ich bin schnell ins Bett gekrochen, habe nach einem Versteck gesucht, und Vergessen und Schlaf und Ruhe. Auf einmal war die Scham da, als ob mich der liebe Gott ohne Feigenblatt erwischt hätte. Ich hatte wieder dieses wahnsinnige Herzklopfen und wurde nur immer unruhiger. Bis ich merkte, daß ich eine furchtbare Wut hatte! Daß ich alles hätte zerschlagen können, den Spiegel, das Schlafzimmer, vor allem die Küche! Einen Moment sah ich sogar die Kinder tot in der Küche liegen und meinen Mann nichtsahnend das Haus betreten. Ich glaube, wenn ich das zulassen könnte, dann hätte ich glatt Phantasien entwickelt, was ich nach diesem Schock noch Gemeines mit ihm hätte machen können, aber das geht nicht. Ich weiß nicht, was da die Grenze setzt. Früher hätte ich immer gesagt: die Liebe, ich liebe ihn zu sehr! Heute bin ich da nicht mehr so sicher, – vielleicht ist es eher Abhängigkeit. Vielleicht ist es für mich genauso unmöglich, ihm in Gedanken etwas anzutun, wie ich es als undenkbar empfinde, ohne ihn auszukommen. Letztendes immer wieder die Angst vor dem Allein-sein, davor, auf eigenen Füßen zu stehen. Aber beim Orgasmus habe ich zum ersten Mal auf eigenen Füßen gestanden! Am Schluß hat diese Wut zu der Vorstellung von einer eisernen Jungfrau geführt, in der ich eingeschlossen bin: mit solchen Dingern hat man früher die Leute umgebracht! Die werden aufgeklappt, man kommt hinein, die Klappe geht zu, und Du wirst dabei durch die inneren Stachel ermordet. So hab ich mich darin aber nicht gefühlt! Nur eingesperrt mit einer furchtbaren Wut: ich will raus! nur raus! Da bin ich aufgesprungen und hab den Kindern Essen gemacht!«

Ausgelöst wird dies Erlebnis durch das drohende Ende der ehelichen Symbiose. Die Patientin reagiert mit körperlichen Angstsymptomen, Schlafstörung und herzneurotischen Beschwerden. Als sie am nächsten Morgen allein ist, kommen in ihr Kräfte in Gang, die sich bemühen, die Situation zu bewältigen. Während sie in ihren Tee starrt, beschäftigt sie sich vorbewußt mit der Paarung von Hell und Dunkel, wie oft bei Frustrationen. Heute erledigt sie die Angelegenheit aber nicht mit der Aufzugsphantasie, sondern spielt vorbewußt die drohende Trennung durch: sie versucht, ohne Milch auszukommen und sich sozusagen abzustillen, was ihr auch gelingt, durch Mobilisierung von Ekel vor ihrer Symbiose-Sucht. Sie vergegenwärtigt sich wie ein Kind beim Spiel, was bei der Verschmelzung herauskommt: etwas Graues (ein versautes Leben, Depression) und realisiert

vorbewußt ihre eigene Lust auf Trennung: Tee pur als Befreiung. Dabei tritt eine starke sexuelle Erregung auf, als Ausdruck befreiter Lustmöglichkeiten und sozusagen als Äquivalent zur angstvollen Erregung des Vorabends (wie das auch in anderen Fällen von durchaus unlustvollen – symbolischen – Trennungssituationen, z. B. Prüfungen, beobachtet werden kann).

Ich erkläre mir das durch eine entschiedene Besetzungsverschiebung vom oralen zum genitalen Modus, sowie vom Objekt der Abhängigkeit auf das eigene Selbst. Dem entspricht der Wechsel vom Tisch zum Schlafzimmer, und vom Selbstbild der traurigen Gestalt (passiv in ihr Schicksal ergeben und abhängig) zur schönen Frau im Spiegel (die aktiv verführt und Lust macht).

Nun thematisiert sich zuerst diese Verwandlung, als Häutung, als Ausschlüpfen eines strahlenden Selbst aus der Umschlossenheit von einem grauen Mutterbehälter, als freches Abstoßen von Fesseln. Genitale Lust wird erst durch diese Abstoßung möglich und ist sozusagen der Preis für das Ertragen der Trennungsangst.

Ihr neues Selbst ist erregt, es muß sich zeigen, anbieten, bestätigt werden, um sich selbst festhalten und lieben zu können. Die Szene im Nachtlokal könnte zu einer neuen Onanie-Stereotype werden, wenn die Patientin die narzistische Lust des Exhibierens nur abgespalten erleben dürfte. So aber (wohl auch durch die Psychoanalyse legitimiert) arbeiten die integrativen Kräfte der Patientin weiter und stellen spontan die Verbindung zu ihrer frühkindlichen Sexualität her, hier der frühgenitalen Exhibitionslust, wie sie die Patientin als Kind, durch heimlich pornografische Qualitäten von Märchen angeregt, erlebt hat und erinnert. Die Verbindung ursprünglicher Impulse der Vergangenheit mit dem heute Erlebten entspricht einer durch die Psychoanalyse geübten Selbst-integrativen Funktion: das, was sie damals an der Gänsehirtin erregt hat, kann sie heute wieder fühlen und wollen, besser verstehen und verwirklichen.

Dadurch bekommt die Nachtclub-Sex-Szenerie etwas Romantisches, der schauende Mann ist nicht länger der schief angesehene Kunde einer Strip-tease-Bar, sondern der schöne Befreier von der Mutter-Hexe, und die Patientin selbst gewinnt auch als ihr eigener Zuschauer Wertschätzung und Akzeptanz, d. h. sie legalisiert und integriert ihre exhibitionistischen und voyeuristischen Wünsche, indem sie sie durcharbeitet.

Hier gibt es nun eine Zäsur. Die Patientin ist versucht, den Prinzen mit der Gänsehirtin im Bett zum Happy-end kommen zu lassen, oder dort in den Aufzug zurückzuspringen. Aber die lustvolle Besetzung des abgelösten Selbst darf jetzt nicht durch sexuelle Interaktion gefährdet werden, Exhibitionist und Voyeur müssen auf Abstand bleiben und masturbieren. Und die Patientin, die in der Analyse gelernt hat, genau zu beobachten und hinzufühlen, spürt eine Chance im weiteren Aufschieben der Lust für eine passendere Neugestaltung und bricht den Prozeß nicht vorschnell orgiastisch ab.

Sie träumt ihrer Lust weiter hinterher und findet neue sexuelle Kindheitserinnerungen, die ihre beängstigende und erregende heutige Situation kommentieren: die von ihrem Mann verstoßene Genovefa, allein im Wald und nur mit dem eigenen Haar bekleidet, hat schon ihre kindliche Phantasie beschäftigt (was einem weiblichen Wesen alles passieren kann, das sich aus der schützenden Familie löst und allein in den Wald wagt), – und die Erinnerung an die erotisch-schöne Mutter, der sie als Kind im Bad gegenüber stand, wie der junge Mann im Märchen. Hinter ihren passiv-heterosexuellen Hingabe- und Auslieferungs-Phantasien, die ihren exhibitionistisch-herausfordernden Impulsen entsprechen, treten nun Anspielungen auf aktiv-homosexuelle und inzestuöse Wünsche hervor, die mit ihrer voyeuristischen Seite verbunden sind.

Das Auftauchen von Wünschen nach dem Geschlecht ihrer Mutter aus der Verdrängung (was natürlich im Zusammenhang mit der Übertragung im analytischen Prozeß steht, wovon hier aber nicht die Rede sein soll) ist mit Angst-Lust, großer sexueller Erregung und regressivem Eintauchen in eine traumhafte Dynamik verbunden, wie es für starke sexuelle Erlebnisse bezeichnend ist. Dennoch bewirkt die Vergegenwärtigung der Sexualität der Mutter eine Differenzierung zwischen ihr und der beobachtenden und für sich selbst erregten Tochter, wie sie auf oralem Niveau noch nicht möglich ist. Der Schritt von der Brust zum Schoß wird im Text bildlich deutlich.

Die Regression auf die homosexuelle Faszination durch die Mutter öffnet ein intensives Lustpotential, in das offenbar orale und aggressive Triebanteile steigernd integriert werden können (Brutales, kannibalisch-Gieriges). Sie sieht die Mutter als »Welt« all ihrer zärtlichen (darauf zu kriechen) und wüsten Begierden (zerfressen) und vollzieht den (wieder heterosexuell progressiven) Übergang in die Identifizierung mit diesem aufgeladenen Lustobjekt.

Auch dies ist ein Befreiungsschritt aus der depressiven Fixierung an eine Symbiose mit der Mutter, in der aggressiv-sexuelle Impulse verdrängt werden mußten, sozusagen als Unterwerfungspreis für die Versorgung.

Der Verzicht auf Versorgung ist der entscheidende Schritt der Tochter in die andere Welt und die neue Sexualität, ihr Ausschlüpfen aus der Hülle narzistischer Geborgenheit und Gefangenschaft. Dieser Schritt individuiert die Tochter und verbietet ihr auch die Verdrängung der Realität

des Todes, in dem Sinne, als Leben-zulassen auch immer bedeutet Sterbenzulassen, während Fixierungen, als Verhindern von Veränderung, auch der Verleugnung der kränkenden Tatsache des Todes dienen. Um diesen Schritt geht es eben in der aktuellen Ehe-Situation der Patientin, in der der Ehemann als Versorger in die Position der symbiotischen Mutter geraten war, während eine mögliche Trennung von ihm sowohl Todesangst als auch Lebenslust auslöst. Die Verdrängung der Realität des Todes geht unbewußt einher mit der Verdrängung der Realität des Vaters, der als Bedroher der Mutter-Kind-Symbiose auftritt, bzw. als Befreier und Eröffner der realen, fremden Welt, in der sich das Kind allein versorgen und behaupten lernen muß. (Die Prinzen, die im Märchen mit dem Schwert den Drachen töten, bekämpfen die Bindung der Tochter an die Mutter.)

Die Patientin ist nun direkt mit ihren eigenen sexuellen Wünschen und Ängsten konfrontiert. Die volle Identifizierung mit dem mütterlichen Lustobjekt führt zur Begegnung mit den Verwirrungen der Penetration. Das Penetrations-Thema beschwört Assoziationen zu frühen eigenen Penetrationswünschen der Mutter gegenüber (Maus), und zu Phantasien, die Mutter selbst in ihrem Bauch zu besitzen (Kröte), und zu Vorstellungen von genitalem Schmerz und Lust durch das väterliche Organ (Schlange).

Im Orgasmus erlebt die Patientin die Internalisierung der Mutter (Kröte) als Befestigung der Identifizierung mit ihr, und das Lustgefühl im engeren Sinne erlebt sie als ein neues Durchdrungen- und Durchzogenwerden vom väterlichen Organ.

Für diese Patientin ist mit der Penetration zwar das höchste Lustgefühl verbunden, der Vorgang selbst jedoch sehr ambivalent besetzt, was mit ihrer ungelösten Beziehung zur Männerwelt zusammenhängt. Einerseits wünscht sie sich das Eindringen des anderen, als Erhellung des Dunklen in ihrem Innenraum und Erfahrbarmachung von innerer Tiefe, als Erkannt-werden im Getroffen- und Aufgespießt-werden, und als Erfüllung ihrer Sehnsucht nach Intimität. Andererseits fürchtet sie aber eine mit dem Erwischt-werden im Orgasmus verbundene Unterwerfung durch den anderen, und ein Eingeständnis ihrer Abhängigkeit in der Lusterfahrung von ihm, und eine Verurteilung für ihre wahren Bedürfnisse (z. B. sich des männlichen Organs schamlos zu bemächtigen). Die Angst vor dem Erwischt-, Verurteilt- und Hingerichtet-werden schlägt sich notwendig am Sexualpartner nieder, mit dem sich ja der größte Wunsch nach unverstellter Intimität verbindet, und der so auch zum Repräsentanten von Gewissensforderungen wird.

Die Penetration ist mit der Internalisierung von väterlichen Normen verbunden, die unter patriarchalischen Bedingungen besonders schmerzlich erlebt werden kann. So tritt in der Vorstellungswelt dieser Patientin Gott-Vater auf, vor dem sie sich schämt, weil sie sich seinem Gebot zu verzichten nicht unterworfen hat, sondern wissen wollte und sein wollte wie er (Prometheus-Thema). Dieser Gott-Vater steht aber nicht nur für die Männer, von denen sie sich unterworfen fühlt, sondern ebenso für die symbiotische Mutter, die Verzicht auf Sexualität für Versorgung (Paradies) fordert, und für den gesamten Apparat von im Gewissen internalisierten gesellschaftlichen Normen zur Gängelung des Individuums.

Nachdem die Patientin ihren tiefen Wünschen und Ängsten in einer mutigen sexuellen Selbstkonfrontation begegnet ist, kann sie sich von ihrer Gewissensangst emanzipieren und gegen moralischen Druck empören und mit einer neuen Sensibilität spüren, wie wütend sie über ihre Gängelung ist, die ihr diese depressive Lebenssituation beschert hat. Sie möchte rasen und ihre beengende soziale Identität als Ehefrau, Haushälterin und Mutter zerstören, sie möchte sich rächen für die erlebte Unterdrückung und fühlt sich imstande, in der Phantasie sogar wie Medea ihre Kinder zu töten, die sie heute binden wie früher die Mutter.

Die Patientin, die sich durch diese Selbsterfahrung mit ihrer aktuellen Situation auseinanderzusetzen versucht, und nun auch ihren eigenen Ausstiegswünschen immer näher gekommen ist, kann schließlich jedoch nicht bis zum letzten gehen. Sich eine wirkliche Aggression gegen ihren Mann vorzustellen und damit auch eine Trennung denkbar zu machen, überfordert sie noch.

Immerhin erkennt sie ihr Problem und sie vergegenwärtigt sich nochmals ihr Leiden an der Frauenrolle mit dem Bild der eisernen Jungfrau, in der sie sich gefoltert und gefangen fühlt, und aus der sie ausbrechen möchte. – Der Patientin noch nicht bewußt, deutet sich in diesem Bild doppeldeutig aber auch der Weg an, der vor ihr liegt; sie wird durch weitere Arbeit erkennen, wie böse sie ihrem Mann ist, und daß sie ihn gern foltert und bestrafen und töten möchte; dann wird sie herausfinden, daß sie ihn gerne internalisieren, d. h. in sich aufnehmen (wie die Jungfrau) möchte, aber ohne ihn zu töten, um seine Stärke in sich zu haben und ohne ihn lieben zu können; und schließlich wird sie beide Seiten an Hand ihrer Vater-Erfahrung in der Übertragung auf die Analytikerin durcharbeiten, um sich auch von der Analyse wieder zu emanzipieren.

Mit diesem Beispiel möchte ich zeigen, daß der von den Gegnern der Onanie vermutete Zusammenhang von Selbstbefriedigung und Ungehorsam, bzw. Rebellion gegen gesellschaftliche Zwänge durchaus existiert, aber so einfach nicht funktioniert. Die ursprüngliche Onanie dieser Frau bediente sich einer so verkleideten Phantasie und funktionierte so abgespalten von ihrer sozialen Realität, daß sie sich eher system-stabilisie-

rend und affirmativ auswirkte, als emanzipatorisch. Ähnlich scheint es mir mit der aus der kulturellen Schätzung ausgeschlossenen stereotypen Standard-Pornografie zu gehen, die unter der Bedingung von Entwertung, Abspaltung und Einengung eine Ventil-Funktion erfüllen darf und dadurch systemaffirmativ wirkt.

Eine befreite Pornografie, die, wie in diesem Beispiel, in das Gesamt-Erleben integriert wird, kann helfen, authentische Bedürfnisse bewußt werden zu lassen, um besser an ihrer Umsetzung in Wirklichkeit arbeiten zu können. Dabei definiere ich Pornografie als in Schrift und Bild objektivierte Onanie-Phantasien, die eine subjektive Welterfahrung ausdrücken, und diese der Öffentlichkeit zur Anregung und Auseinandersetzung zur Verfügung stellen.

Die »perversen« und aggressiven Elemente, die dabei regelmäßig Verwendung finden, entsprechen – wie das Beispiel auch verdeutlicht – Reifungsstufen der historischen psychosexuellen Bildung unseres Selbstbildes, des Bildes vom anderen, bzw. von der Interaktion und Glücksfindung.

Sexuelle Phantasmen variieren unsere gefundenen Lösungen, nehmen sie auseinander und setzen sie probeweise so und anders zusammen, wobei die »perversen« Bausteine »unreifer« Vorstufen wieder zu Tage treten und dem Selbsterleben kreativen Anstoß geben können, wenn sie nicht als abartig und unwert, d. h. pervers, abgewiesen werden müssen.

So wie ich glaube, daß wir die sexuellen Spiele unserer Kinder in Ruhe dasein lassen sollten, und daß wir das Elend unserer schreienden Säuglinge anerkennen und zu lindern versuchen sollten, so glaube ich auch, daß die sexuellen Phantasmen der Erwachsenen als humane Dimension gewürdigt werden sollten, und wir uns dem darin ausgedrückten Elend der Bedürftigkeit lindernd annehmen sollten.

III Schlüsse

Zum Schluß frage ich mich, ob ich an dem Thema »Frauen und Pornografie« nicht vorbeigeschrieben habe, durch die Betrachtung des Menschen als eines bi-sexuell-gepolten Wesens, dessen Geschlechtsunterschied sich nur graduell durch Akzentsetzungen ausdrückt. Ich gehe dabei davon aus, daß männliche und weibliche Sexualität ein Kontinuum bilden, wie Sadismus und Masochismus, wie Exhibitionismus und Voyeurismus, wie Subjekt und Objekt, – daß dabei Rollen übernommen, gewechselt, extremisiert oder nivelliert werden, zur Erfüllung einer Interaktion, eines Tanzes, eines Gesamtsinnes; – das vielleicht im Liebesspiel »künstlich« polarisiert und geschieden wird, um umso heftiger die Lust des Kampfes um die endliche Wiedervereinigung zu genießen. Diese Vereinigung mag symbolisch Verschmelzung, Tod und Rückkehr in den Mutterleib bedeuten, als Aufhebung allen Elends dieser Welt, – sie scheint aber auch konkret den menschlichen Glücksvorstellungen von Intimität nahekommen zu können, als ein geöffnet und erkannt, verstanden, bestätigt und gefeiert, d. h. geliebt werden.

Nun scheint aber die übliche Pornografie vor allem männlichen Bedürfnissen entgegenzukommen, und der Wunsch, Pornografie zu verbieten, vor allem von Frauen auszugehen. Was nun Frauen speziell mit der Pornografie haben, und was ihnen am Herzen liegt, wenn sie heute gegen Pornografie zu Felde ziehen, ist bisher nicht deutlich genug geworden.

Deshalb will ich nochmal auf mein letztes Beispiel zurückkommen. Vielleicht hängt die häufig beobachtete weibliche Ablehnung von Pornografie ja mit dieser schrecklichen Wut zusammen, die meine Patientin in sich entdeckte, als sie beschloß, sich ihrer ureigenen Bedürfnisse nicht mehr zu schämen. Vielleicht hätte diese Frau, als sie phantasierte, alles zu zerschlagen, auch Porno-Hefte ihres Mannes finden und verbrennen können? Obgleich oder gerade weil sie selbst eben durch eigene pornografische Vorstellungen dem echten Erleben ihrer selbst näher gekommen war, wäre es gut vorstellbar, daß sie die Gewalt der Verhältnisse, die sie nun zu Scham, Schuld und Unterwerfung treiben wollen, in dem gewissenlosen Treiben der Männer der Pornohefte wiederzuerkennen vermeint. Ihre Empörung gegen »Gott«, ihr »Gewissen« und alle Einflüsse, die ihr verbieten wollen, selbstherrlich und gewissenlos sie selbst zu sein, hätte sich rasch gegen den Mann als Agenten gesellschaftlicher Unterdrückung gewandt, und das Verbot ihrer eigenen Wünsche hätte sich in ein Verbot seiner sexuellen Wünsche gewendet.

Sie könnte mit ihrer Empörung über die Männer dabei auch weitgehend recht haben, nur würde ich ihr entgegenhalten, daß wir alle die »Gewalt der Verhältnisse« reproduzieren, solange wir nicht sehen, wie wir selbst von ihnen profitieren. Alle berechtigte Kritik an männlichem Verhalten bringt frau nicht weiter (da sie nur ihn ändern will, nicht sich selbst), solange sie sich nicht eingesteht, daß sie selbst akzeptiert und benutzt, wozu sie erzogen wurde: sich dem Mann als willfähriges und dienstbares Objekt unterzuordnen und von ihm ausbeuten zu lassen, dafür daß sie in ihm einen Ernährer ausbeutet und einen »Erwachsenen« zur Anlehnung hat, der es ihr erspart, sich selbst zu ernähren und Verantwortung zu tragen. Ich mache jedenfalls in meiner Praxis die Erfahrung, daß gerade die abhängigsten Frauen dazu neigen, ein Alibi dafür in der kriminellen Darstellung ihrer Männer zu suchen.

Ich denke z. B. an eine Patientin, die sich von ihrem Freund verächtlich behandeln ließ, aber in dem Moment, wo sie sich endlich (selbstherrlich) auf eigene Füße stellte, einem gefährlich-verführerischen Zuhälter-Typen begegnete, von dem sie sich bedroht und gezwungen sah, ihren Unabhängigkeitsstart wieder abzubrechen und in den Schutz ihres bösen Freundes zurückzuflüchten. Dabei erschien sie ausschließlich als Objekt böser männlicher Machenschaften, ohne noch zu sehen, wie sehr sie sich danach sehnte, nicht unabhängig sein zu müssen, sondern die symbiotisch-absolute Geborgenheit bei einem Mann zu finden, die sie bei ihrer Mutter vermißt hatte.

Die gesellschaftlichen Verhältnisse machen es durch Verführung und Unterdrückung (Zuckerbrot und Peitsche) Frauen nun wirklich schwer, so selbstherrlich zu werden, wie es ihr Menschenrecht ist. Es scheint aber zunehmend doch leichter für sie zu werden. Dennoch können die Härten, die der »neuen Frau« begegnen, wenn sie versucht, ihren Mann zu stehen, in ihr eine Menge regressiver Sehnsucht nach Schutz und Anlehnung an einen traditionellen Mann auslösen. Vielleicht will sie auch dieser eigenen inneren Regressions-Neigung begegnen, wenn sie wieder das Feindbild = Mann aufrichtet.

Die echte und berechtigte weibliche Wut ist jedenfalls unabdingbar für die »Geburt der neuen Frau«, da sie das Potential der Trennungs-, Trauer- und Emanzipationsarbeit, sowie sexueller Neuorientierung bildet. Wenn der Angriff nach außen und die Selbstverantwortung nach innen aber aus der realistischen Balance geraten, entsteht unbemerkt ein regressives Gefälle zurück in die Abhängigkeit. Die Patientin, deren sexuelle Selbsterfahrung ich dargestellt habe, beruhigte sich schließlich über ihre eigene Empörung und Ausstiegswut, indem sie brav das Mittagessen machte, anstatt Gedanken über ihre persönliche Mitverantwortung.

Mir erscheint nun eine Anti-Pornografie-Welle als »massenhysterische« Entgleisung einer an sich wichtigen Wut. (Vielleicht spielt die Sexual-Einschüchterung durch die Aids-Gefahr auch eine aktuell Wut-steigernde Rolle). Da eine solche Kampagne zu Polarisierung und Diskussion führt, birgt sie immerhin auch progressive Chancen, neue Aspekte, Wege und Hilfen zu entdecken. Als offensive Herausforderung ist sie jedenfalls »gesünder«, als eine selbstdestruktive Abwehr dieser echten Wallung, die in der Unterdrückung nur immer mörderischer wird.

Eine solche mörderische Wut kann deshalb oft nicht konstruktiver aggressiv und emanzipatorisch zur Erkenntnis der Realität, dem Auffinden von Veränderungsmöglichkeiten und entsprechender Initiativen genutzt werden, weil sie unerträgliche Schuldgefühle auslöst. Diese Schuldgefühle bedeuten die Angst, von den im Gewissen verinnerlichten Eltern nicht mehr geliebt und verlassen zu werden. Da diese (emanzipatorische) Lösung von den inneren Eltern nicht ertragen wird, kann auch die Wut gegen die Eltern (als Agenten der frustrierenden Unterdrückung) nicht ertragen werden. (So ging es der oben vorgestellten Patientin mit der Wut gegen ihren Mann). Deshalb wird die Wut verurteilt und als Schuldgefühl akzeptiert, das dann rasch projektiv anderen Gewalttätern angelastet wird, deren Treiben bekämpft und verboten werden kann. Dabei geht allerdings das konstruktiv-befreiende Potential der Wut verloren.

Wenn nun eine ungelöste Eltern-Fixierung die Grundlage für Schuldgefühle und defensive Verschiebung der Aggression (auf die böse Pornografie der Männer) ist, so bestätigt dies meine Vermutung aus der Interpretation des 2. Beispiels: Pornografie-Feindlichkeit (wie Sexualfeindlichkeit überhaupt) ist Ausdruck von Emanzipationsangst, als die Angst, auf Schutz und Abhängigkeit von elterlichen Autoritäten zu verzichten. (Im 2. Beispiel steht statt Emanzipations-Angst: Angst vor Entwicklung und Eigenverantwortlichkeit). So würden auch die merkwürdigen Berührungspunkte verständlicher, die es in der Ablehnung von Pornografie zwischen Extrem-Konservativen und einem Teil der modernen Feministinnen gibt. Ich halte jedenfalls die weibliche Wut über ihre gesellschaftliche Unterdrückung, über die eigene Unvollkommenheit und über die Unvollkommenheit der Männer für die wahrscheinlichste Quelle der Ablehnung von Pornografie durch Frauen.

Die unterschiedliche Sozialisation der Geschlechter, die verschiedene Gestalt und Funktion ihrer Geschlechtsorgane und vor allem der Unterschied im Verhältnis zum primären (Mutter) und sekundären (Vater) Liebesobjekt, die die Akzente der Polarisierung setzen, bringen jedoch auch einen unterschiedlichen Umgang mit dem Gesichtssinn, der Schaulust – damit zusammenhängend dem Voyeurismus / Exhibitionismus – mit sich, der auch die Beziehung zur Pornografie betreffen mag.

Weibliche Schilderungen von realen sexuellen Erlebnissen (nicht Phantasmen) wirken weniger pornografisch, d. h. weniger vom Gesichtssinn bestimmt, als die entsprechenden männlichen Beschreibungen. Ich persönlich habe den Eindruck, daß dies damit zusammenhängt, daß der weibliche Körper *das* Lustobjekt schlechthin ist, an dem beide Geschlechter vom Mutterleib an hängen. Während der Mann das sehend-begehrende Gegenüber der Frau bleibt, identifiziert sich die Frau mit dem begehrten Körper, ohne den Mann selbst besonders als Objekt zu besetzen, und projeziert ihr eigenes Begehren in den Sexualpartner mit der männlichen Rolle. Ob dies durch die Mutter-Geborenheit aller Menschen bedingt ist, oder ein Produkt unserer Sexual-Kultur, wüßte ich dabei nicht zu sagen.

Der kulturelle Standard jedenfalls drückt sich vielleicht besonders deutlich durch die Paarung von »La Belle et la Bête« (Der Schönen und dem Untier) aus.

Bei reiferen Frauen habe ich allerdings häufiger als bei jüngeren auch eine Besetzung des (jungen, sportlichen) Männerkörpers mit Objekt-Qualitäten beobachtet. Vielleicht spielt eine intensivere Introjektion väterlicher Anteile bei diesen Frauen im Lauf zunehmender Emanzipation eine Rolle, bzw. die Entsublimierung ihrer Homosexualität, nachdem die Kinder aus dem Haus sind. Homosexuelle, bzw. aktiv-sexuelle Wünsche der Tochter ihrer Mutter gegenüber gehen zunächst in eine Identifizierung mit deren Objekt-Qualitäten ein und kommen später in der Beziehung zu den eigenen Kindern wieder aktiv in sublimierter Form zur Geltung. Wenn die Kinder heranwachsen, verliert die Mütterlichkeit (als homosexueller Abkömmling) ihr Liebesobjekt. So entspricht die Pubertätskrise der Kinder der Wechseljahrs-Krise der Mutter, als das gemeinsame Problem, die wechselseitige Liebesbeziehung zu lösen. Dadurch werden sowohl bei den Kindern als auch bei den Müttern neue Liebesbesetzungen frei. – Die Kinder proben außerfamiliäre Liebes-Beziehungen, die Mütter erleben sich in der Sexualität u. U. stärker als Subjekt als vorher und besetzen ihren Liebespartner stärker mit Objekt-Qualitäten, die nun weder, wie ursprünglich, an die Mutter gebunden sind, noch, wie bisher, in sublimierter Form an die eigenen Kinder. In diesem Alter entscheiden sich auch tatsächlich Frauen häufiger zum Beginn lesbischer Beziehungen, als in jungen Jahren, in denen sie sich mit dem Lustobjekt vor allem identifizieren.

Diese Identifizierung der Frau mit dem Lustobjekt, der Schönen, lenkt die Schau- und Exhibitionslust auf den eigenen Körper, wie mein 3. Beispiel plastisch illustriert. Was für die Männer die Pornografie ist, ist für die Frauen vielleicht die Mode, die es ihnen erlaubt, ihr Objekt mit großer unschuldiger Lust an- und auszuziehen und im Spiegel zu lieben und zu bewundern, ohne daß dies ihrem Begehren nach Sexualverkehr Abbruch täte: im Gegenteil! Die Identifizierung mit der erregenden Mutter der Kindheit fördert die lustvolle Hingabe an einen dämonisch Anderen, als Agent des eigenen schrecklichen Begehrens. Beim Liebesspiel sind Frauen, so weit ich weiß, zumeist mit geschlossenen Augen mit den geheimnisvollen Vorgängen in ihrem Inneren (im Bauch des Objekts) beschäftigt, zu dem sie durch die sexuelle Begegnung tieferen Zugang finden, und die Rezeption des Partners findet bevorzugt durch andere Sinne als die Augen statt. Erst wenn sie selbst den bestimmenderen Part im Liebesspiel übernimmt, richtet sie den Blick weniger ausschließlich nach innen. Möglicherweise hängt ein relatives Desinteresse von Frauen an Pornografie auch mit diesem Umstand zusammen.

Mir erscheint es jedoch wahrscheinlicher, daß Frauen sich sozialisationsbedingt schämen (siehe die Angst vor Gott in meinem Beispiel), sich auch als sexuelle Subjekte zu begreifen, und daß sie sich in ihrer sexuellen Initiative, Kreativität und Freiheit gehemmt fühlen, aus Angst davor, sonst in die Rolle der großen Hure zu geraten und Schaden zu nehmen. Frauen onanieren weniger selbstverständlich als Männer. Einige glauben nach wie vor, das gehöre sich nicht für Frauen oder Erwachsene überhaupt; andere glauben, nicht in der Lage zu sein, sich selbständig Lust zu verschaffen; und viele, die es tun, glauben, sie müßten diese »Schwäche« gleichzeitig bekämpfen und sie klein zu halten versuchen.

Wenn Frauen es sich aber herausnehmen zu masturbieren, läuft dabei in ihren Köpfen genauso ein pornografischer Film ab, wie in denen von Männern, da sexuelle Phantasmen nun einmal visuell beschaffen sind wie Träume – Frauen träumen schließlich auch genauso wie Männer. Träume und sexuelle Phantasmen sind spontane Produktionen unserer unbewußten Existenz, die ins Bewußtsein drängen, um unsere Selbstentfremdung aufzuheben. Das Gold dieses kreativen Potentials liegt sozusagen auf der Straße. Wenn wir es aufheben und seine symbolischen Botschaften entschlüsseln, können wir damit unsere Selbst- und Welt-Erfahrung vertiefen und neue Lösungen für unsere Wünsche und Probleme finden.

Ich immerhin bin der Meinung, daß die »neue Frau« sich ohne Mut zur Unanständigkeit nicht wird entfalten können, und daß sie daher lernen muß, sich von ihrer Über-Ich-Hörigkeit zu lösen, um dabei die wirklich tiefe und echte Wut über die Gängelung durch die ihr gesellschaftlich zugedachte Rolle zu erleben und für sich zu realisieren. Nur so kann sie einerseits die Projektionen der Männer zurückweisen, die »Eva« gern die Last ihrer eigenen Sünde gegen »Gott-Vater« zuschreiben möchte, und nur so kann sie andererseits die persönliche Verantwortung für ihre höchst eigenen »sündigen« Bedürfnisse übernehmen, ohne dieselben den offener »sündigen« Männern noch projektiv aufzuladen. Die »neue Frau« und der »neue Mann« können sich nur in einem gegenseitigen Prozeß »erschaffen«, wenn sie auf die Wohltaten institutioneller Vergewaltigung verzichten wollen und müssen. Eine künstlerische Avantgarde, die sich zutraut, sexuelle Phantasmen aus Stereotypie und pornografischem Klischee zu befreien, zu gestalten und in der Öffentlichkeit darzustellen, kann ihnen meiner Erfahrung nach dabei helfen, tiefere Wünsche und Prozesse ins Bewußtsein zu heben und damit einen Ausgangspunkt dafür zu schaffen, die Wirklichkeit gemäß der Höhe der historischen Situation zu gestalten.

Frederike Frei
Mein Pornio

Intercity. Triebwagen. Sie schaute zum Fenster hinaus. Sie betrachtete den Herrn ihr gegenüber. Er ließ sein Angesicht leuchten über ihr und war ihr gnädig. Sie schob ihm ihre Schenkel hin und leckte kleine runde Kringel an die beschlagene Fensterscheibe, stieß dann, als er sich noch nicht rührte, mehreremale die volle Zunge in die Kreise hinein. Sie erreichte das Büro mit Verspätung.

Sie sollte sich vorstellen.

Die Dame war schwer einzuschätzen. Ihr Blick war jedenfalls sofort auf das Penisposter gefallen über seinem Schreibtisch, dann auf sein Gesicht. So hatte er es gern.

»Was verstehen Sie unter einer ›geilen‹ Sekretärin in Ihrer Anzeige?« fragte sie nun.

»Eine geile Sekretärin« antwortete er in Zeitlupe. Sein Büroschwamm war knochentrocken, er müßte wieder genäßt werden.

»Affengeil«?

»Ich kann mich nur wiederholen.« Er stand auf, nahm den Schwamm, feuchtete ihn erst an und ließ ihn dann unterm Wasserhahn vollaufen. Jetzt quatschte er drauf rum, zupfte und zipfelte ihn zurecht. Er sollte sich breitmachen in seinem Wasserbett, sich mit jeder rosa Noppe vollsaugen.

Als er nichts weiter antwortet, greift sie zur Klinke statt zur Klitoris. Er dringt in ihre Pupillen, statt Schamlippen. Noch nicht in ihre Schamloslippen. Die würden aber auch nicht allzulange warten müssen, falls sie warteten. Und natürlich warteten sie. Jede Möse wartet. Manche Mösen warten umsonst und manche wollen nichts davon wissen, wie sehr sie warten. Warten tun sie. Sonst hätten sie sich im Laufe der Jahrtausenden, die der Mensch gebraucht hatte, sich zu entwickeln, geschlossen. Schon, indem sie sich an die unterste Stelle des Körpers gesetzt hatten, war ein Zeichen, wie sehr sie darauf warteten, schon von der Erde aus besprungen zu werden. Die halbe Höhe war auch für Tiere gut geeignet. Eigentlich wartete eine Möse in dieser Höhe, in der sie von Frauen und zwar allen Frauen getragen wurden, auf Schwänze jedweder Art. Stummelschwänze, Schwertschwänze, Ringelschwänze, Hunde-, Katz- und Menschenschwänze als eine Art lebendige Heftzwecke. Auch auf Kinderzungen oder

-fäustchen, die rumbaumelten. Auch auf Armlehnen oder Pumpenschwengel. Diese herrlichen Pumpenschwengel auf den Feldern von früher, an denen es die Mägde mit sich selbst trieben, weil sie hier zwischen dem Kuhmuhen nicht gehört wurden. Die Pumpenschwengel mit den geballt gedrechselten Knaufen oder Dobbasten am Ende, die sich nur unter Schwierigkeiten in eine Möse bugsieren ließen, der Eingang war zu kompliziert. Das lange Ende der Schwengel aber lockte . . .

(Fortsetzung folgt)

Cora Stephan
Heim zu Mama? Eine Polemik

Das wohlausgewogene Urteil, zu dem ich mich gerne durchgerungen hätte, ist mir im Laufe der Beschäftigung mit Alice Schwarzers Porno-Kampagne im Hals steckengeblieben. Wenn es wirklich darum ginge, daß Frauen angesichts einer wachsenden pornografisch-gewaltätigen Bilderflut der Porno-Industrie ein kämpferisches »Mit uns nicht!« zuriefen, könnte ich verstehen, daß sich insbesondere Journalistinnen mit ihren Bedenken gegen eine weitere Verrechtlichung des öffentlichen und privaten Lebens weitgehend zurückhalten und der Kampagne respektable Intentionen unterstellen. Betrachtet man sich indes den schwerlich zu übersehenden Diskurs hinter dem Diskurs, dann entpuppt sich diese Frauensolidarität als einigermaßen fatal und der hinterhereilende Gehorsam mancher Männer als überaus peinlich.

Das Buch der Amerikanerin Andrea Dworkin, auf das sich Schwarzers Kampagne verkaufsförderlich bezieht, ist, worüber die Lektüre einiger weniger Seiten bereits nachdrücklich belehren sollte, keineswegs eine »Analyse der Funktion von Pornografie« (Vorwort von Alice Schwarzer), und der Feminismus müßte hierzulande völlig heruntergekommen sein, wäre seine Autorin wirklich eine »der bedeutendsten Theoretikerinnen des neuen Feminismus« (ebd.). Man mag es dem Spiegel-Kulturchef Karasek, sicherlich kein Connaisseur feministischen Gedankenguts, noch verzeihen, daß er sich ausgerechnet bei Frau Dworkin über Pornografie belehren lassen muß. Den niveauvollen, real existierenden Theoretikerinnen des Feminismus hierzulande aber wäre ein gequältes Stöhnen nicht zu verdenken.

Silvia Bovenschen und Gertrud Koch wenigstens haben sich gegen diese Verluderung dessen, was Theorie und was Feminismus genannt werden kann, zur Wehr gesetzt: Die erstere attestiert Andrea Dworkin ein »monochromes Geschichtsbild«, die zweite rubriziert deren Buch unter »paranoische Phantasie«.

Zutreffenderweise: das Buch reiht essentialistische Sätze aneinander, die weder mit einer Analyse von Pornografie zu tun haben noch mit der theoretischen Abhandlung patriarchaler Strukturen, sondern plattesten und nachgerade spiegelbildlich pornografischen Männerhaß kundtun: Der Mann sei ein »Parasit«, schreibt die gelehrte Autorin, »Terror strahlt aus vom Mann, Terror erleuchtet sein Wesen, Terror ist sein Lebenszweck«, »der Charakter des Mannes: Er ist gefährlich«, »Männer sind gefährlich, Männer werden gefürchtet«, »der Penis verursacht Schmerz«, »ficken ist also automatisch sadistisch« (S. 24, 25, 26, 55) – undsoweiter undsofern.

Kein Wunder, daß dieses Buch der Emma-Chefin in den Kram paßt, die selbst Aids noch dazu funktionalisiert, ihre uralte Botschaft zu verkünden, daß das, was sie »Penetration« nennt, nur für Männer, keinesfalls aber für Frauen ein Vergnügen sei und insofern besser zu unterbleiben hätte. Der unermüdliche Kampf gegen das, was Heterosexualität von lesbischer Liebe unterscheidet, ist der Diskurs hinter dem Diskurs über Pornografie, was schon für Alice Schwarzers Buch »Der ›kleine Unterschied‹ und seine großen Folgen« aus dem Jahre 1975 galt: »Eine homosexuelle Propagandaschrift wurde irrtümlich als eine feministische Kampfschrift aufgefaßt« (Bernd Nitzschke, Sexualität und Männlichkeit, S. 117).

Ich möchte hinzufügen: nichts gegen eine homosexuelle Propagandaschrift, wenn sie sich als solche auch zu erkennen gibt. Was Alice Schwarzers unzählige Kampagnen aber immer wieder auszeichnet, ist, daß sie die Entscheidung gegen Männer und insbesondere gegen die Lust an deren primären Geschlechtsorganen zur einzig richtigen und einzig feministischen Strategie erklärt. Ihr Kampf gegen die Männer ist damit stets, und zwar keineswegs am Rande, ein Kampf gegen Frauen, die an Männern auch das lieben, was anders ist: Die geißelt sie dann als Frauen, die den Jungs »nach dem Maul reden«, die ihre eigene »Vernuttung« betreiben, die »nur noch schwer zu unterscheiden sind von denen, die sich ihre blauen Scheinchen ganz hart an der Ecke verdienen müssen«. Spiegel-Redakteurin Ariane Barth, die gegen die Indienstnahme von Aids zum Nachweis der schädlichen Heterosexualität im Zentralorgan Emma polemisierte, wird im Gegenzug mit unverhüllter Rachsucht aufs rechte Maß gebracht: Als Frau, die lediglich »ihren Jungs zur Freude« schreibe, als geduldete Plappertasche »der Männerwelt«, als eine der (vielen?) »Denunziatorinnen«. Der Artikel ist namentlich nicht gezeichnet, er dürfte kaum ohne Zustimmung der Emma-Chefin ins Blatt gerutscht sein.

Die beschäftigt sich ohnehin in bewährter Manier damit, alte Mitstreiterinnen der Frauenbewegung wie Simone de Beauvoir, Kate Millett oder Frauen wie Anais Nin und Susan Sontag zu exkommunizieren, die zu einer etwas differenzierteren Sicht sowohl der Pornografie als auch des Geschlechterverhältnisses fähig sind. Ein solcher wahnhafter Kampf gegen ein trotz allem ja immer noch erstaunlich weitverbreites Phänomen wie Heterosexualität ist kaum noch versteckter Wunsch nach einem »Verbot der Männer« (Bovenschen) – ihre Abschaffung wäre die einzige logische Konsequenz. Gottlob steht ja die Wissenschaft schon mit der Retorte

bereit, sollten autonome Frauen einmal den autonomen Wunsch nach einem Kind verspüren. Also weg mit den Mackern.

Ebenso unnötig sind natürlich auch jene Frauen, die nicht nur auf ihre Klitoris, sondern auch auf die Vagina noch Wert legen. Denn sie ist nicht nur den dümmsten Stammtischwitzen nach (oder bei Männern according to Karasek, dazu weiter unten) ein empfindungsloses, rabenschwarzes Loch, das nur dazu dient, gestopft zu werden, sondern auch im avancierten radikalfeministischen Diskurs a la Schwarzer. Wenn der Schwanz ein Terror ist, dann ist jede Möse masochistisch, die ihn aufnimmt – und jede Frau eine fromme Selbstbetrügerin, die eine ozeanische Lust dabei empfindet. Eine Enteignung der Frauen von ihrem primären Geschlechtsorgan in einer auch ganz schön gewalttätigen Zangenbewegung und eine unheilige Allianz zwischen dumm-brutalen Männern, ängstlichen Frauen und der strafenden Mutter. Jokaste strikes again. Der Diskurs hinter dem Diskurs über Pornografie kreist in einem nachgerade klassischen Sinn um Sexualpolitik: Am »richtigen« Sexualverhalten soll wieder einmal die Welt genesen. Und damit ist der Kampf gegen die Pornografie, so wie er von Andrea Dworkin und Alice Schwarzer geführt wird, kurioserweise eine Neuauflage eben jener Sexualpolitik, die zu kritisieren er vorgibt. Dworkin ortet die Verfechter und Betreiber der Frauen entwürdigenden Pornografie im linken Spektrum:

Es seien die Linken, die mit ihrer Rhetorik von der Befreiung der Sexualität zur Zeit der wilden sechziger Jahre das Übel verteidigt und verbreitet hätten. Das ist gar nicht mal so falsch gesehen: Damals schien die Propaganda allgemeiner Schamlosigkeit nicht nur ein wunderbares Mittel, die bürgerlichen Autoritäten zu schockieren, sondern auch der richtige Weg zu sein, sexuelle Verklemmungen, wie es immer so schön hieß, »abzubauen«. Die Sexualrevolutionäre waren der festen Überzeugung, die gute, heile, richtige und befreite Sexualität werde schon leicht und locker auf dem Fuße folgen, wenn erst einmal alle Tabus gebrochen, alle Restriktionen aufgehoben und alle Hüllen gefallen seien.

So einfach war die Sache bekanntlich nicht. Nicht nur ist der gesunde, heile und womöglich auch noch gute Mensch in dieser Gesellschaft nicht so ohne weiteres zu haben, auch die Sexualität hat ihre abgründigen Seiten: Aus dem heiteren körperlichen Spiel kann Liebe werden, eine bekanntlich hinderliche Größe, derart intime körperliche Begegnungen von Menschen machen verletzbar, und wo bliebe schließlich das wilde, womöglich auch schmerzhafte Begehren, wenn alle Welt nur heitere, leidenschaftslose Nummern schöbe, wie technisch ausgereift auch immer? Die

Welt aus einem Punkt, nämlich an der Sexualität, kurieren zu wollen, erwies sich als trügerisches Heilsversprechen; mit Sexualität ist weder Politik noch Staat zu machen, obzwar es auch die andere Seite immer wieder versucht, wie die Aids-Debatte zeigt.

In einem Punkt wiederholt Andrea Dworkin dieses Versprechen der Enderlösung, der Herstellung natürlicher, friedlicher und freudiger sexueller Beziehungen, der Erreichbarkeit eines Zustandes der Freiheit. Sie schreibt: »Wir wissen alle, daß wir frei sein werden, wenn es keine Pornografie mehr gibt.« Man müßte eigentlich hinzufügen: und keine Männer mehr bzw. nur noch solche, die ihr exquisites Terrorinstrument, den Schwanz, willig an der Garderobe abzugeben bereit sind.

Der Diskurs hinter dem Diskurs über Pornografie enthüllt ein identisches Bild dessen, was sexuelle Utopie sein soll: Für die Sexualrebellen von damals wie für die Pornogegnerinnen von heute offenbar ein von jeglicher Obsession, von Aggressivität, Heftigkeit, Lustschmerz, von bodenloser Hingabe und abgründigem Verlangen, vor allem allerdings von der Geschlechterspannung bereinigter Spaß.

Nun mag es ja sein, daß es angesichts des verbreiteten ehelichen Elends besser wäre, im Ehebett fände wenigstens Spaß statt – Kerzenlicht, Zärtlichkeit und Handfertigkeiten auf gehobenem Niveau. Nur schreibt dieses Bild von einer »gelungenen« Sexualität die unsere Kultur prägende Angst vor der Sexualität fort, die Angst vor dem Anderen, Fremden, auf die mit Abwehr oder Eingemeindung reagiert wird. Damit betrügt man sich um die Potenzen der Sexualität: um diese einzigartige Möglichkeit, sich aufzugeben und wiederzufinden, um den Abgrund des leidenschaftlichen Begehrens, der zugleich magisch anzieht. Viele Männer und Frauen haben Angst vor dem jeweils anderen Geschlecht, vor dieser Differenz, die eine Spannung entstehen lassen kann, die prekär balanciert ist. Und da sich die Geschlechter nicht im schönen Zustand des gleichen Ranges gegenüberstehen, mag sich diese Balance immer wieder zugunsten männlicher Aggressivität auflösen. Die Differenz deshalb zu leugnen, das Fremde »einzugemeinden«, hat jedoch eine ebenso totalitäre Komponente, die weit über den Sexualakt hinaus wirkt. Denn Abwehr oder Eingemeindung sind auch in der öffentlichen Begegnung die zwei Seiten einer Medaille: Das Fremde kann nicht ausgehalten werden, es muß – durch Ausstoßung oder Assimilation – vernichtet, unschädlich gemacht werden.

Darüber, daß Männergewalt gegen Frauen diese Komponente aufweist, herrscht Konsens. Das Männerbild der Porno-Gegnerinnen weist allerdings die gleiche Komponente auf.

Vielleicht ist das der Grund, warum sich die feministischen Theoretikerinnen hierzulande aus der Porno-Kampagne heraushalten: Die ewige

Wiederholung des Altbekannten und schon oft Gesagten nötigt keinen großen literarischen und kämpferischen Eros mehr ab. Und überdies wurde die Emma-Kampagne in den Massenmedien in erstaunlich hohem Maße von Männern aufgegriffen – und verteidigt. So legt Spiegel-Redakteur Karasek auf einer öffentlichen Veranstaltung ein Geständnis ab – stellvertretend für »die Männer« – und bekannte in der ersten Person Plural, daß »wir Frauen demütigen, daß wir Männerphantasien auf das Schmutzigste beflügeln« – wir »Ferkel«. Im Spiegel schließlich gibt er preis, was er, als Geschlechtsgenosse, ja wissen muß: »Für Männer (da muß Dworkin gar nicht vergröbern) geht es darum, daß die Frau aus Öffnungen und Löchern besteht, die nur eines wirklich wollen: nämlich penetriert zu werden.« Darum scheint es in der *Pornografie* der bunten Heftchen und immergleichen Filme ja tatsächlich zu gehen – trifft das aber damit auch auf *Männer* zu, sui generis, umstandslos und schlicht: auf alle? Zuviel Buße getan oder zuviel Dworkin gelesen? Denn auch für sie gibt es den Unterschied zwischen Phantasie und Wirklichkeit nicht, der indes für Pornografie konstitutiv ist.

Über das Verhältnis von Phantasie und Realität wird in diesem Buch an anderer Stelle mehr gesagt. Ich beschränke mich auf die Bemerkung, daß die mangelnde Unterscheidung zwischen Gedanke und Tat ein besonders folgenreichen Teutonikum ist. Hierzulande predigt man gerne wider die Gedankensünde, getreu der Sentenz: »Wer es sagt (denkt), ist es auch.« Im politischen Leben werden die Tat und der Täter meist hemmungslos vermuddelt mit dem Gedanken, der Vorstellung oder der »Tatbereitschaft«. Für die Opfer aber hat es den allergrößten Unterschied gemacht, ob sich jemand ein KZ ausgedacht hat oder es tatsächlich auch gebaut wurde. Auf der Linken hat diese Bereitschaft, Phantasien und Wirklichkeit zu vermischen, immer wieder zu den groteskesten Relativierungen und damit Verkleinerungen des Massenmordes durch die Nazis geführt: Wenn es keinen Unterschied mehr gibt zwischen Ausgedachtem und Ausgeführten, zwischen Denken und Handeln, verliert das Handeln seine grenzüberschreitende Dimension. Der obszön weitgefächerte Gebrauch des Wortes »faschistoid« oder »faschistisch« (in den siebziger Jahren beliebte Bezeichnung schon für den Fahrschein-Kontrolleur in der Straßenbahn) ist mir noch allzugut in Erinnerung. Um die Tat nicht zu verniedlichen, muß zwischen Phantasie und Wirklichkeit unterschieden werden. Nun: zugunsten des weiblichen »autonomen Orgasmus« ist von ihrer Ineinssetzung mehr funktionalistisch denn analytisch schon vor Jahren abgewichen worden. In der Zeitschrift Courage wurde zum Thema Gewaltphantasien ganz pragmatisch argumentiert, zugunsten eines männerunabhängigen Orgasmus dürfte Frau getrost auch auf Vergewaltigungsvorstellungen zurückgreifen. Wichtig war in der Tat, diese nicht unübliche Phantasie gegenüber einer männlichen Nutzanwendung zu verteidigen: Die geheime Lustvorstellung hat meistens überhaupt nichts mit dem Wunsch nach ihrer Verwirklichung zu tun. Dieses Argument gegen die Vorstellungswelt des ganz normalen Gentleman, derzufolge einer Frau, die »so etwas« denkt, ganz recht geschieht, wenn es ihr auch widerfährt, ist in der derzeitigen Debatte in Vergessenheit geraten. Es müßte nämlich umgekehrt auch für Männer gelten.

Da hingegen gelten teutonische Regeln. Was die Pornografie darstellt, so lernen wir von Karasek, empfindet »der« Mann, so ist »der« Mann. Von dümmlichen Sexhasen führe ein gerader Weg zu gefolterten Frauen, sagt Alice Schwarzer. Und der Vorzeige-Mann der Emma-Kampagne, der Autor Hans-Martin Lohmann, bietet uns die Krone solcher Gleichsetzungen: von den Lampenschirmen aus Menschenhaut, von der nationalsozialistischen »Endlösung« der Judenfrage spannt er den Bogen zu den »Menschenschindern und Hautverwertern« der Pornoproduzenten. Das scheint mir der Gipfel des Zynismus zu sein.

Auch hier erfahren wir von einem Mann, was Männer, die Ikone von Autor wahrscheinlich ausgenommen, wirklich sind: je brutaler der Porno, desto größer »das Vergnügen der Männer«. »Der« männliche Blick mache Frauen und Kinder zu Objekten, Pornografie sei der Terror, der Terror heiße Mann. Der Kronzeuge bestätigt, was immer schon zu befürchten stand. Es steht wirklich so schlimm um den Mann, wie Emma immer schon behauptet hat. Die Stunde der Wahrheit ist herangebrochen, wer will sich ihr noch verschließen?

Ich, natürlich. Nichts gegen männliche Bereitschaft zu Einsicht. Was aber mag dahinter stecken, daß kein einziger Verteidiger der Porno-Kampagne auch nur Zweifel zuläßt am Männerbild, das ihr zugrundeliegt – und sich noch nicht einmal bemüßigt fühlt, ein anderes und womöglich attraktiveres zu entwerfen? Ist es wirklich so, wie Emma behauptet, daß Pornografie und Gewaltätigkeit zunehmen, weil Männer sich durch die verbreitete Emanzipation der Frauen bedroht fühlen? Oder, frage ich mal versuchsweise, führt die zunehmende Emanzipation der Frauen im Gegenteil keineswegs nur zu verstärkten Abwehrmechanismen, sondern ebenso zu Assimilations- und Unterwerfungsgesten? Und könnte die ehrbare Abgrenzung vom selbstgezeichneten Horrorgemälde der Männer nicht schlicht die Funktion haben, sich dem Kampf der Geschlechter zu entziehen – diesmal nicht durch Unterdrückung (der Frauen), sondern durch ein Ausweichen ins androgyn-Harmlose? Anders herum: Pornografie auch noch in ihren ekligsten Spielarten im Zeichen der Freiheit und

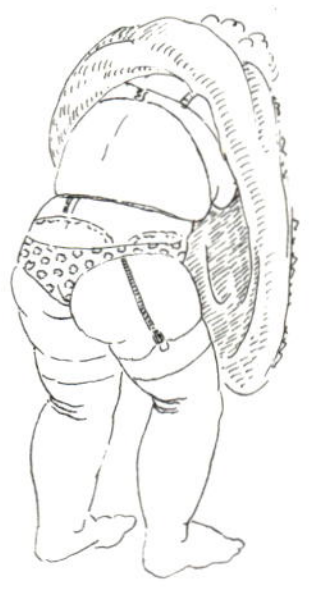

der Befreiung der Sexualität zu verteidigen, ist nicht nur armselig argumentiert, sondern verspricht eine repressionsfreie Entsublimierung, die nur zu gut dem Mechanismus entspricht, den Günter Anders einmal so formuliert hat: »Bejahung, um loszuwerden: Das steht im Hintergrund der hiesigen Detabuisierung des Geschlechtlichen.« Dworkins sexualpolitisches Freiheitsversprechen – ganz zu schweigen vom Wunsch der bewegungslesbischen Anti-Penetrations-Fraktion nach allgemeiner Befreiung von Heterosexualität – funktioniert indes nach dem gleichen Muster: Ent-Schärfung des Sexuellen, um es loszuwerden. Die Kritik der einsichtigen Männer an den »bösen« Männern verstärkt das Spiel: die Solidarisierung mit einem Männerbild, das als »guten« nur den sauberen, weil geschlechtslosen Mann akzeptiert, heißt, sich der wirklichen Herausforderung durch ein Sichwegducken zu entziehen.

Ich meine, um mich möglichst unmißverständlich zu wiederholen, beileibe nicht, daß es der Pornografie bedürfe, um die gewaltigen Potenzen der Sexualität zu entfesseln. Sehr wohl aber bedarf es der Imagination und, vor allem, des angstlosen Blicks, der sich dem Begehren nicht verschließt. An der Fähigkeit zum Hingucken scheint es indes noch immer eher den Frauen zu mangeln. Es dient ihrer Lust nicht, wenn man ihnen schon jeden Anflug von Voyeurismus vergällt, indem jede Partialisierung und jenes Indenblicknehmen, das den anderen eben auch zum *Objekt* der Lust macht, verdächtigt wird, teilzuhaben an fürchterlichster Menschenverachtung. Wer den Begriff der Pornografie so weit faßt wie Alice Schwarzer – von den Sexhäschen bis zu gefolterten Frauen –, müßte in der Konsequenz nicht nur ein Bilderverbot fordern, sondern auch den gesenkten Blick, bei Männern wie bei Frauen.

Die von der Pornografie in diesem weitgefaßten Sinn – und damit auch von Teilen der Imagination – »befreite« Sexualität aber, will mir scheinen, ist eine Utopie im Schonwaschgang: Hier wird »das Böse« in der pornografischen Bilderproduktion angesiedelt, das mit dieser auch aus der Sexualität verschwinden müsse.

Das aber ist der laue Trugschluß: Auch ohne Pornografie wird Sexualität nicht zu einer heillosen gesunden Sache mit Risikoversicherung werden können, sie ist in ihrer Maßlosigkeit gewalttätig, in ihrer Leidenschaftlichkeit verletzend, sie umfaßt Hingabe wie Aufgabe, Regression und Aggression. »Wenn ich als aktiv Liebende«, schreibt Margrit Brückner, »meine erotischen Wünsche in der Begegnung mit einem Anderen, den ich als Anderen und nicht als Teil von mir wahrnehmen kann, erlebe und durch den passageren, ängstigenden Selbstverlust des Begehrens hindurchgehe, komme ich als bereichertes Subjekt mit einer neuen Kraft im eigenen Namen daraus hervor und beginne von Neuem zu wünschen – wenn es gut geht.«

Wenn es gut geht – und wenn sich weder Männer noch Frauen aus Furcht vor dieser Begegnung in die kraftlose Eingemeindung zurückziehen. Eine Folge der Emanzipation der Frauen könnte sein, daß sie sich ihr Begehren ohne allzu große Angst vor Selbstverlust zugestehen dürften, ganz einfach deshalb, weil sie sich andere Leidenschaften in anderen Bereichen des Lebens erobert haben und deshalb Hingabe an einen Mann nicht mehr als Unterordnung unters Patriarchat insgesamt empfinden müssen. Es wäre zu hoffen, daß es noch Männer gibt, die sich auf diesen Kampf aus einer komplementären Position heraus einlassen können.

Die Larmoyanz allerhand »neuer« Männer verheißt indes nichts Gutes. Die öde Wüste des Geschlechterschlachtfeldes scheint bevölkert von »Athleten der Enthaltsamkeit« (Foucault): Der »neutrale« unerotische Mann ist für Frauen bequem, weil er das beängstigende Begehren gar nicht zuläßt – er begehrt nicht und er läßt sich auch nicht begehren. Da läßt sichs ohne Furcht und Tadel bequem aneinander vorbeileben, riskante Begegnungen fallen aus, und Jokaste, die große, böse Mutter hat gesiegt: ihre Söhne begehren nicht, ihre Töchter werden nicht begehrt – heim zu Mama. Eine grauenvolle Vorstellung.

Karin Rick
Jenseits der Scham

»Das Skandalöseste am Skandal ist,
daß man sich daran gewöhnt.«
Simone de Beauvoir[1]

Die Gewöhnung an die Unterdrückung der Frau (wie die an jede Unterdrückung) wird durch die Verschleierung der Mechanismen erreicht, auf denen sie beruht. Ein typisches Beispiel für diesen Prozeß liefern mir die Versuche, Pornografie zu bagatellisieren, sobald sie als »Propagandamaschine der Frauenfeindlichkeit« denunziert wird, wie von Alice Schwarzer, die sich nicht mehr mit den Definierversuchen von »Schmutz und Schund, Kunst und Nicht-Kunst« zufrieden gibt, die früher dazu gedient haben, die Marginalisierung von Pornografie zu rechtfertigen. Es geht ja nicht mehr um die Frage der Marginalisierung bzw. um ihren marginalen Charakter – obwohl dieser immer noch zuallererst ins Treffen geführt wird, wenn Gegner der PorNO-Debatte die Unschädlichkeit von Pornografie unterstreichen wollen.

Um von der Pornografie im engeren Sinn zu sprechen: Es ist ein Skandal, daß Milliarden damit verdient werden, Frauen als Objekte für Aggression und Gewalt feilzubieten – in Film, Bild, Schrift und auf der Straße – und daß diese Milliarden in die Säckel von Männern fließen. Es ist ein Skandal, daß die Frauen, die an der Produktion von Pornografie als Darstellerinnen beteiligt sind, den geringsten Teil des Geldes bekommen, obwohl sie in den meisten Fällen unter unwürdigsten Bedingungen arbeiten[2] (und ich spreche hier nicht einmal von den sogenannten »snuff-movies«, für die die Entführung, Vergewaltigung und Folterung von Frauen bis zum tödlichen Ausgang »life« mitgedreht wird). Es ist ein Skandal, daß der französische Staat beispielsweise an computergestützter Telefonprostitution über die Telefongebühren ein Vermögen verdient und sie deshalb – einschließlich der gigantischen Plakatwerbung, die damit verbunden ist,[3] großzügig toleriert. Jedoch geht es gar nicht nur um soft- oder hard-pornos und deren schnellere Verbreitung durch Videos, um Sexshops, Kinos und Prostitution. Es geht um eine naht- und lückenlose Durchdringung unseres Alltags mit Männerphantasien, die die Frau, das andere Geschlecht, in ihrem Status der »ZURICHTBAREN« perpetuieren, sei es auf galante oder auf weniger feine Weise.

Die männliche Phantasie zur Vernichtung der Frau hat keine Grenzen, ihr werden auch durch die Gesellschaft keine Grenzen gesetzt, und genauso grenzenlos ist die Verbreitung ihrer Bilder und Symbole. Ich kenne kein Massenmedium, in dem nicht täglich Frauen in der inferioren Position abgebildet sind, die Männer gerne von ihnen haben wollen. Nur geiler Körper sein. Reizobjekt sein, um jeden Preis. So sehr den Männern daran liegt, in jeder Situation und Position ihre Kontenance zu wahren und ihrer Kleidung versichert zu sein, so sehr schaffen sie sich unermüdlich die Garantien, daß die Frauen, die sie in Zeitungen, Zeitschriften, Filmen (Kunst- UND Kommerzfilme!) und Werbeplakaten abbilden, zusätzlich zu ihrer inoffensiven Adrettheit und Appettitlichkeit noch etwas Geiles haben. Die männliche Ikonographie der, für den Massenkonsum oder für die Kunst bestimmten, Produkte reproduziert in erbärmlicher Variationslosigkeit immer wieder dieselben Züge auf den Körper der Frau. Ob diese Körper Harmloses oder Provokation ausstrahlen sollen, sie haben dieses Geile an sich, dieses kleine Tüpfelchen auf dem »i«, mal offen, mal etwas versteckter, das »mann« dazu veranlaßt, beim Hinschauen mal kurz seinen Schwanz zu massieren, das Pünktchen der Lüsternheit, bei dem es »ping« macht und er sich die Lippen leckt, ob es der hochgeschobene Rock ist oder das Brustwärzchen, das herauslugt, noch vor dem unvermeidlichen Seitenrand.

Und nur diese eine Art von Geilheit herrscht, und nur diese eine Art der Geilheit hat Öffentlichkeitsrecht, die des Mannes, die, die dem nichtsahnenden Objekt (denn nur so wird es dargestellt, in seiner totalen Bewußtlosigkeit) das Geile wie Spucke auf den fetischierten Körper klebt, als unachtsames Detail, gerade noch für den Voyeur mit Spott und Häme in seiner vollen Tragweite sichtbar. Wie der Rotz an meinem Nasenloch, über den nur die anderen lachen, genauso quillt die zugeschnürte Brust, genauso lugt die Arschbacke unter dem zu kurzen Höschen hervor und geilt den Mann umso mehr auf, je weniger die Frau davon weiß, je mehr sie in ihrer Dummheit ihm den Gefallen tut.

Ostentativ werden dieselben Bilder immer und immer wiederholt und wo kein Nachschub da ist, wird auf Altes zurückgegriffen. So zeigt das »Museum für moderne Kunst« (!) in Wien eine Helmut-Newton-Retrospektive[4] und ein aufgetakeltes, aufgemotztes, sogenanntes »intellektuelles« und »Künstler«publikum marschiert vor den überlebensgroßen Bildern nackter Frauen auf und ab. Die Ware Frau; und die Männer schleichen herum, von einem Bild zum anderen, schätzen ab, Busen, Hüften, Hintern. Sind die o.k.? Die Beine? Auch gut. Inszenierung glatt,

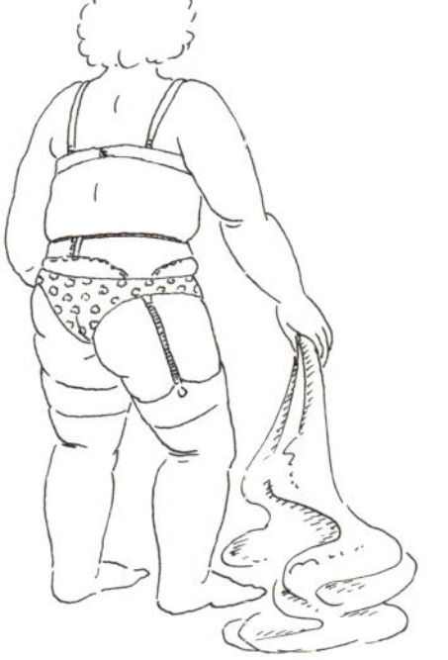

rasant, lackiert wie ein Porsche. Er ist halt ein Meister, der Newton. Die BesucherINNEN sagen nichts. Es beleidigt mich bis ins Innerste, daß auf einem dreimalzwei Meter-Bild zwei abgeschnittene Frauenkörper den Vordergrund dominieren, daß von den Körpern nur die Beine in den dünnen Stöckeln und die Hinterbacken in den kurzen Lackhöschen sichtbar sind. Sie stehen stramm da und halten einander stramm an den Händen, wie zwei Kinder vorm Herrn Papa, der in Form eines gutgekleideten Kellners verschwommen im Hintergrund steht. Es kommt mir das Kotzen bei diesen Bildern, die »Herrisches« suggerieren, das den nackten Frauen/Beinen fälschlich aufgeklatscht ist, denn eigentlich liegt das Aggressive in der Neigung des Winkels, in dem die Beine aufgenommen wurden. Von der bedrohlichen Neigung der Fläche geht Unsicherheit aus, da möchte man sich ducken, von der Frauenfaust im Lederhandschuh, die sich ballt – damit soll der Eindruck der gefesselten Brüste aufgehoben werden. Im Vergleich zum »verwegenen« Blick der Männer, der denen seit ihrer Kindheit geläufig ist, wirkt der strenge Blick, der den posierenden Frauen vom Fotografen aufgezwungen wird, lächerlich. So tun als ob, denn Newton legt trotz der Härte, den er dem Blick der Frauen auferlegt, Wert darauf, daß diese »Gören« auch in dem erkannt werden, was sie sind: Dumme Models!

Der strenge Blick der nackten Weiber – wieviel Häme darf da im männlichen Betrachter frei werden. Wie perfide, die Weiber zu entkleiden und ihnen am Höhepunkt der Antastbarkeit den unantastbaren Blick zu geben, der bei dem angezogenen Mann als natürlicher Ausdruck des Gesichts erscheint. Der Spott ist auf der Seite der Männer, die, immer angezogen, immer bepanzert, immer im Frack, im Smoking zuschauen, wie die geilen Weiber sich nackt, aber mit Stöckelschuhen, vor ihnen drehen und wenden. Sie können nicht häßlich und alt und fett genug sein, die Männer, ziehen sie sich – angezogen – eine Nackte, Junge auf die Schenkel, von der man zwar nicht das Gesicht, dafür aber den Hintern sieht. Es ist nie Fleisch an Fleisch. Es bleibt der Anzug, der Schutz des Mannes, der seinen Schwanz doppelt, dreifach bedeckt, Hemd, Hose, Jacke. Es bleibt der nackte Körper der Frau, der von den Händen des angezogenen Mannes betastet, abgegriffen wird, nach Belieben, von den Augen des Betrachters abgeschätzt, beurteilt, wie Fleisch im Laden, nur mit noch mehr Gefühl der Macht und mit mehr Freude an ihrer Ausübung.

Es erschreckt mich die Ähnlichkeit, die diese Frauen mit Kindern haben. Nicht mit Kindern in deren eigener Sicht, sondern Kinder, gesehen mit dem aneignenden, sadistischen Blick jenes Erwachsenen, der sich oft bei weitem nicht zu schade ist, ein Kind mit der Zehe in den Hintern zu stoßen, wenn ihm danach ist, wenn dieser in Reichweite ist. Die Unschuld, das Unvoreingenommene, Arglose für sich haben wollen, zum eigenen Gebrauch. Beim Kind gelingt es nicht immer, bei der Frau schlägt es nie fehl. Newton vergißt auf kein Detail, um das Bild der verkindlichten, geistig beschränkten Frau zusammenzustutzen. Es ist ihm dafür jedes Thema recht. (Nastassja Kinsky mit einer Puppe am Arm, die an ihrer Brust säugen soll.)

Es dient dem Mann/»Künstler« alles dazu, um von sich selber abzulenken, am allergeeignetsten ist die Frau. Damit sich niemand mit ihm beschäftigt und er sich mit sich selber nicht beschäftigen muß, greift er zu dem – meint ER – ästhetisch wirkungsvollsten Mittel: Dem Frauenkörper. Auf dem kann man/und wird alles abgeladen, was sich so ansammelt an Schmutz in einem Männerhirn und Gemüt. Die Frau ist nackt, daher wehrlos, zieht die Aggression damit nur noch mehr auf sich. Das, was außer Titeln und Geld in dieser Gesellschaft noch vor dem Zugriff der anderen schützt – Kleidung – hat er ihr weggenommen. Kleider machen Leute, sagt man, und ohne Kleider ist man niemand. Der Frau stößt das allerdings öfters zu, als dem Mann. Ein Niemand ist die Frau auf diesen Bildern, an denen die Leute vorbeidefilieren und sich bis zwischen ihre Schamhaare alle Einzelheiten ihres Körpers anschauen. Beschauen. Um dann zu bestimmen: »Gut gebaut ... « oder »flacher Busen ... « Die Möglichkeiten, die Identität der Frau (die bei uns eine rein körperliche ist, wenn überhaupt) bis in alle Einzelteile zu zerlegen und zu zerstören, die des Mannes, seinen Körper unter dem Vorwand der Häßlichkeit, den Messungen, abschätzenden/abschätzigen Blicken zu entziehen, sind in unserer Gesellschaft so unendlich groß, daß ich am liebsten davor kapitulieren würde. Die angebliche Häßlichkeit des männlichen Körpers ist eigentlich auf die, von Männern imaginierte, Peinlichkeit eines hängenden Schwanzes konzentriert. Den Frauen fehlt der Schwanz, der peinlicherweise auch hängen könnte, deshalb steht dem Exhibitionieren ihres Körpers per se schon nichts im Weg, und nichts dessen Beurteilung, die in unserer, vom Gedanken an Perfektion und ewige Jugend verfolgten Gesellschaft einer Infragestellung der ganzen Persönlichkeit gleichkommt.

Es genügt, daß ein Mann an einen (öffentlichen oder privaten) Ort kommt, damit eine nackte Göre (in Realität oder Bild) für ihn bereitgehalten wird. Die Männer haben nicht nur ihre Kunstkataloge sondern auch ihre Schundheftchen, nicht nur ihre Kioske, sondern auch die Museen, nicht nur die Innenseiten ihrer Spinde, sondern auch die Mechanikerwerkstätten, die Werbeflächen ihrer Sport- und Computerzeitschriften, nicht nur ihre Tageszeitungen, sondern auch ihre »hochwertige« Literatur, ihre »hochwertigen« Filme, die immer sexistischer werden, eine immer

stereotyper werdende Geschlechterbeziehung darstellen und immer weniger daraufhin kritisiert werden, denn »mann« möchte doch, trotz aller Gesellschaftskritik, nicht prüde scheinen. Die »Instrumentalisierung des weiblichen Körpers, der weiblichen Geschlechterrolle« ist heute bereits auch für sich marxistisch nennende Kulturzeitschriftenschreiberlinge – denen in Wien vor allem im Organ »Der Falter« Raum gegeben wird – ein Fremdwort geworden. Es gibt keinen Ort, an dem sie sich ihre nackten Frauenärsche und Titten nicht gegenseitig anbieten, die sie dann in Ruhe begutachten und belächeln können. Mit jenem gönnerhaften Lächeln, mit dem sich ein Mann in einem Lokal etwa zufrieden zurücklehnt und, mit dem Blick auf die Frau am Nebentisch sagt: »Geile Titten!« Jenes Lächeln, mit dem sie aus der U-Bahn steigen und der Frau am Bahnsteig zurufen: »Geile Fut, du!«

»Geile Titten, geile Fut« – nicht die Worte von Wahnsinnigen, Außenseitern, die sich an mich heranschleichen auf der Straße. Das Repertoire von jedermann, das hämische, vollgefressene Lächeln dessen, der davon alles hat und jederzeit alles haben kann, der eine »entfremdete« Sexualität überall auskosten kann, damit er sie ja nicht in Frage stellt, dem alles offen steht, der nur das Fernsehen aufzudrehen braucht, der nur am Kiosk stehenzubleiben braucht – die Infrastruktur der männlichen Wichsvorlagen ist lückenlos.

Die scheinheilige Verlogenheit der Macher sowie der Konsumenten dieser Kunstwerke, Pseudo-kunst und Nicht-Kunst ebenso. Die Argumente und Tricks, mit denen der »status quo« entschuldigt und verteidigt wird, sind ebenfalls überwältigend, lassen keine Frechheit aus, und keine Möglichkeit, die Frau, die sich dagegen auflehnt, für dumm zu verkaufen.

Denn auch Männer reden über Pornografie. Sie sollten zwar lieber den Mund halten, aber sie reden. Sie nützen die Frau aus, wo immer es geht, und wenn es einmal nicht mehr geht, gibt es immer noch die erotische »Kunst«, die sexistische Werbung. Sie entblößen die Frau zuerst, dann glotzen sie, dann schreiben sie darüber, dann reden sie darüber, dann drängen sie dem Frauenkörper alle ihre fetischierten Materialien auf. Von der kindischen Zur-schau-stellung ihrer Maschinen, Fahrzeuge über die Stoffe, das Leder und die Stricke, mit denen sie umschnürt, umwickelt, unbeweglich gemacht wird, bis zu den Theorien, aus denen ihre »wahre« Natur hervorgeht, und die sie mundtot machen sollen. Dieser Schutthaufen von Metall und Beton und Leder und Papier und Glas und Worten, mit dem sie sich selber umgeben haben und der ihnen den Blick auf das Leben versperrt, mit dem wird die Frau beladen und dann heißt es, sie sei »prüde« oder »konservativ« wolle Zensur, wenn sie sich dagegen auflehnt.

Die Frau wird ihres Körpers entäußert. Wenn sie sich dagegen wehrt, muß sie erst überlegen, in welches ideologische Lager sie mit ihrer Kritik gerät. Ihre Sexualität wird an jeder Straßenecke wohlfeil angeboten, ohne daß sie überhaupt um Alternativen zu der bestehenden gefragt wird, und sie muß das Spiel zuerst mitspielen, bevor sie den Mund aufmacht. Das Männerspiel. Die Fehden zwischen den verschiedenen Klüngeln, ihr ständiges Gerangel darum, welche Denkrichtung nun mehr rechts oder mehr links ist, ihr Schachern um die zeitgemäße weltanschauliche Richtung, um das richtige falsche Bewußtsein. Es genügt ihnen nicht, das untereinander auszutragen, die Frau muß auch dafür herhalten.

»Prüderie« – polemisch ins Treffen geführt von den sogenannten, sich selbst als solche bezeichnenden Linken ist das Pendant zur Frage »Bist wohl eifersüchtig?« des Kleinbürgers. In der Debatte zwei schlagkräftige Waffen des männlichen Chauvinismus. Das Argument der »Prüderie, die zur Zensur führe«, welches mir von den »Linken« jedesmal entgegengehalten wird, wenn ich das Wort »Pornografie« in kritischer Absicht im Munde führe, drängt mir die Vermutung auf, daß es auch hier um die Aufrechterhaltung männlicher Machtpositionen eher geht, als um eine Veränderung von Antagonismen in der Gesellschaft (und davon nehme ich auch die Frauen nicht aus, die in der gleichen Weise argumentieren), denn sonst könnten eingefahrene Assoziationen wie »Prüderie« daher »Zensur«, ist gleich »Ende der Liberalisierung«, heißt »Rückkehr zu Begriffen völkischer Sauberkeit« und damit »Faschismus« nicht derart greifen. Sie gehören, scheints, zur Weigerung, sich die Existenz realer Machtverhältnisse jenseits der Glaubenssätze verschiedener Ideologien einzugestehen. Machtverhältnisse ökonomischer Natur mit der dazugehörigen Bewußtseinsbildung (von der die Pornografie nur eine ist). Die reale Unterdrückung der Frau paßt jenen selbsternannten Linken nicht in den Kram, denen der Sinn für die Realität überhaupt verloren gegangen ist. Sonst könnte die entwürdigende Darstellung der Frau nicht mit der Begründung gebilligt werden, daß die endlich erreichte Liberalisierung der Sexualität nicht in Frage gestellt werden dürfe. Oder wie darf ich die Weigerung der Herren verstehen, sich mit der »Herrenmoral« (Adorno/Horkheimer) auseinanderzusetzen, über das Phänomen »Pornografie« nachzudenken, das eindeutig aus dem Winkel der Reaktion kommt, das eindeutig auf dem Warencharakter des menschlichen Individuums (und sei es auch nur das andere Geschlecht) beruht, um die Industriemaschinerie auf vollen Touren zu halten?

In diesen Kreisen geht man davon aus, daß der Faschismus die letzte Konsequenz eines sich in der Aufklärung von jeder moralischen Instanz befreienden bürgerlichen Subjekts (de Sade) ist.[5] In dieser Logik sind die

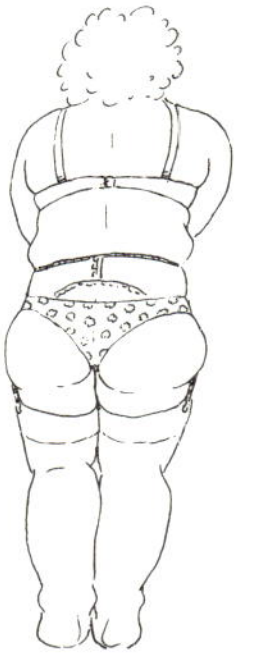

Konzentrationslager etwa die nicht zu überbietenden Höhepunkte menschlicher Grausamkeit und Gewalt und meine Anstrengungen haben sich dahingehend auf die Verhinderung einer Wiederholung zu konzentrieren.

Ich kann aber auch sagen, daß die Konzentrationslager nur EIN Ausdruck des Totalitarismus sind und ein weiterer die perfekt, all unsere Lebens- und Bewußtseinsbereiche durchdringende Verankerung des Sexismus in unserer Gesellschaft (die Verbindung von beiden zeigen Horkheimer/Adorno übrigens am Beispiel de Sades auf.[6]) Dann ist es allerdings verwunderlich, warum die angeblichen Gegner der totalitären Ordnung den Faschismus als einziges Schreckgespenst heraufbeschwören. Ein marxistischer Diskurs kann damit wohl nicht gemeint sein, denn vom marxistischen Standpunkt aus ist sowohl das Buch von Andrea Dworkin als auch die Anti-Pornokampagne der EMMA einwandfrei. In diesem Fall wird es obsolet, die Pornografiedebatte ins rechte Eck zu drängen. Das sind alles Argumente von »Pseudolinken«, die mit ihrer Faschismusangst einschlafen und aufwachen, sich aber, unter dem Vorwand der Liberalisierung mit dem alltäglichen Sexismus, dem nackten Busen auf Seite 8 der »Arbeiterzeitung« zufriedengeben, der ihnen fehlen würde, wie der Zucker im Café.

»Die Erklärung des Hasses gegen das Weib als die Schwächere an geistiger und körperlicher Macht, die an ihrer Stirn das Siegel der Herrschaft trägt, ist zugleich die des Judenhasses. Weibern und Juden sieht man es an, daß sie seit Tausenden von Jahren nicht geherrscht haben. Sie leben, obgleich MAN SIE BESEITIGEN KÖNNTE, und ihre Angst und Schwäche, ihre größere Affinität zur Natur durch perennierenden Druck, ist ihr Lebenselement.«[7]

Die Werturteile einer kritischen Theorie:

». . . das Urteil, daß das menschliche Leben lebenswert ist oder vielmehr lebenswert gemacht werden kann oder sollte. Dieses Urteil liegt aller geistigen Anstrengung zugrunde; es ist das Apriori der Gesellschaftstheorie, und seine Ablehnung lehnt die Theorie selbst ab. . . .

. . . das Urteil, daß in einer gegebenen Gesellschaft spezifische Möglichkeiten zur Verbesserung des menschlichen Lebens bestehen sowie spezifische Mittel und Wege, diese Möglichkeiten zu verwirklichen.[8]

Muß ich annehmen, daß Adorno, Horkheimer und Marcuse die letzten nuancenreichen Theoretiker in unseren Landen waren, und alles, was nachkommt, sich mit einem manichäistischen Denken zufrieden gibt (und selbst dieses Denken verleitet in den allerwenigsten Fällen zum Handeln)?

Dann steht es aber genau jenen NICHT zu, den Frauen eine, wie auch immer geartete, ideologische Richtung nachzusagen, die ihre eigenen Philosophen in dieser Hinsicht ignorieren. Es steht ihnen nicht zu, eine zivilrechtliche Klagemöglichkeit von Frauen gegen pornographische Darstellung der Frau in der Öffentlichkeit als Zensur zu bezeichnen, solange sie aus ihrer eigenen, affichierten Weltanschauung nicht die Folgen ziehen, die sie verantwortungsbewußt zu ziehen hätten, und zu dieser Weltanschauung würde gehören, alle nur erdenklichen Schritte zu unternehmen, damit die sexistische Warenästhetik zuungunsten der Frau verschwindet und die Gesellschaft diese Pornografie nicht mehr braucht. Solange sie zu jeder Instrumentalisierung der Frau (u. a. auch im Sexuellen) schweigen – sei es, weil sie selber zu prüde sind, um über Sexualität nachzudenken, sei es, daß der Status quo ihren Phantasmen nur allzu gerecht wird – solange sich jeder Mann der linken »Intelligentia« – angefangen vom Studenten, Journalisten, Künstler bis zum Theoretiker – nur genüßlich zurücklehnt in seinem Lehrstuhl oder Kinosessel und schweigend den allgegenwärtigen Sexismus toleriert – haben sie in der Pornodebatte zu schweigen. Solange sie uns – in missionarischem Eifer – alle Propagandaformen des NS-Regimes evokatorisch immer wieder unter die Nase halten und daran glauben, daß sie damit Bewußtseinsbildung betreiben, können sie mir nicht einreden, es sei absurd, an der Spitze des Eisberges anzufangen, wenn diese Spitze mich bereits durchbohrt. Denn in Bezug auf andere Themen beschreiten sie den gleichen Weg der Oberflächenreizung. Das ist die Verlogenheit einer »Linken«, die mit ihrem Mangel an Theorie und Praxis an der Stelle tritt.

Und wir schweigen. Uns wird der Mund trocken, wenn wir uns überlegen sollten, ob wir gerne ein Gesetz hätten, mit dem wir klagen könnten, wann und wenn wir wollten. »Wir machen mit dem Diskurs über die Pornografie die Frau doppelt zum Opfer.« Soll sie es lieber nur einmal sein und dafür auch bleiben? Denn sie ist es a priori, als die, die sich zur Verfügung stellt, und als die, die dargestellt wird, ob ihr das nun Spaß macht oder nicht. Daran ändert auch die Tatsache nichts, daß man darüber schweigt. Und für alle die, die vorgeben, zwischen Bild und Realität unterscheiden zu wollen (»Sind doch nur Bücher, Leute! Steht doch alles nur auf dem Papier! Ist doch nichts anderes als Zelluloid . . . !«) und dafür sind, daß die »entscheidenden Zäsur zwischen Text und Welt, Phantasie und Wirklichkeit«[9] gewahrt werde: Prostitution ist weder nur Text, noch nur Phantasie (es sei denn, man betrachtet den Körper überhaupt als Zeichen, wie es den poststrukturalistischen Denkern und ihren Aposteln beliebt. Dann ist aber alles relativ, und wir verpuffen bald alle in der Idee, die wir uns von uns selber machen.) und Kenner des Milieus werden

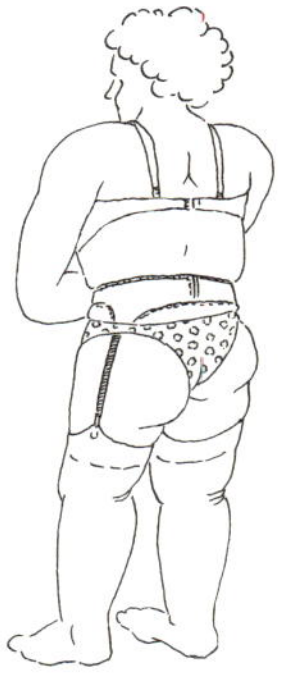

wissen, daß die Produktion von Pornografie kaum ohne Prostitution auskommt.

Sie können sich bis jetzt alles erlauben, denn wir machen mit. Aktiv, indem wir posieren, uns zur Verfügung halten. Passiv, indem wir den omnipräsenten Mustern männlicher Phantasieproduktion zu wenig und viel zu zögernd unsere eigenen entgegensetzen, beziehungsweise die Bestehenden solange und so ausgiebig denunzieren, durch Beschreibung breittreten, bis der Punkt der Saturation erreicht ist und sich andere Wünsche einstellen. Statt dessen schweigen wir. Wundern uns zwar, daß auch in unserem Imaginären die Darstellung der Frau niemals sehr von der, von außen (vor allem von Männern) an uns herangetragenen abweicht, aber unternehmen nichts, um uns an die Möglichkeit anderer Motive zu gewöhnen. Die Bilder um uns herum finden ihren Spiegel in uns selber und rechtfertigen damit unsere Billigung. Und es macht sich jene »Wahrheit« glaubhaft, die am umfassendsten verbreitet wird. »Solange es noch Frauen gibt, denen die Mitarbeit in einem Pornofilm Spaß macht . . . « »Solange es noch Frauen gibt, die beim Anblick eines sexistischen Werbeplakats erregt werden . . . « »Solange es noch Frauen gibt, denen sexueller Masochismus Lust bereitet . . . « Diese Argumente zur Aufrechterhaltung eines untragbaren Zustandes gelten nur, wenn ich es dabei bewenden lasse, daß ein einziges Bild immer wieder zur Darstellung drängt – das der unterdrückten, willfährigen, zu allem bereiten Frau. Das widerspricht meinem Selbstverständnis und meiner Würde, findet sich jedoch nicht nur in der künstlerischen und kommerziellen Verwirklichung der Phantasien anderer, sondern ist auch Bestandteil MEINER EIGENEN Phantasmen und mir als innere Wirklichkeit nur allzugut vertraut. Ich kann mich mit dem Konsum dieser fremden und eigenen Phantasien zufriedengeben oder über sie hinausgehen.

Seit ich denken kann, ist das Auftreten MEINER sexuellen Lust immer auf das Engste mit Phantasien verbunden gewesen, in denen eine Frau auf raffinierteste Weise vor einem Mann zu, ihr widerwärtigen, sexuellen Spielen gezwungen wird, von denen sie (wie auch vor dem Mann übrigens) den allergrößten Ekel empfindet. Und an diesem Ekel, an dieser lächerlich-hilflosen Position der Frau habe ich mich geweidet, weide ich mich immer noch. Sosehr, daß sexuelle Lust für mich weder allein, noch mit einem oder mehreren anderen möglich ist, ohne diese ekelerregenden Szenen in allen Einzelheiten akribisch in meiner Phantasie durchzuspielen. Sie sind immer in mir, immer bereit, diese Szenen, ich kann sie abspulen auf Knopfdruck, sofort, wenn ich allein oder mit anderen Lust erleben will. Es hat sich an ihnen in den 27 Jahren, seit ich mir damit zum allerersten Mal einen Orgasmus geholt habe, nichts geändert, sie sind höchstens schärfer, präziser, gemeiner, demütigender für die Frau, die darin vorkommt, und damit im allgemeinen noch lustvoller für mich geworden.[9] Ich habe als fünfjähriges Kind damit angefangen, mich – um den obligaten Nachmittagsschlaf schneller und angenehmer herbeizuführen – selbst zu befriedigen. Die dabei auftretenden LUSTerzeugende Phantasie war immer die Vorstellung, daß eine – erwachsene – Frau von fremden Männern in schwarzen Lackmänteln dazu gezwungen wird, in einen dunklen Lastwagen zu steigen, um mit ihnen dort eine enge, unangenehme Nähe zu erleben. Aus dieser erstikkenden Nähe wurde im Laufe der Jahre der (vom Mann auf die Frau ausgeübte) Zwang, einen, ihr widerwärtigen Sexualverkehr über sich ergehen zu lassen. Und ich spiele mir weiterhin jede Geste, jedes Wort dieser schlüpfrigen, glitschigen Situation aufs Deutlichste vor – mit der gleichen Sicherheit, damit zu einem Höhepunkt zu kommen, wie jemand sich in die Sonne legt, weil er weiß, sie wärmt gleich darauf die Haut so angenehm auf. Der Genuß, den sie mir verschaffen, ist über all die Jahre geblieben und die Anwesenheit eines jeden, der mit mir im Bett ist, verblasst vor der Vehemenz, mit der sie mein Bewußtsein durchdringen, solange bis der Höhepunkt mich wieder auf mich selbst und auf den anderen mit mir zurückwirft. Ich müßte auf jede Lust verzichten, wollte ich auf diese Phantasien verzichten, deren Geilheit von der Schmach lebt, die einer Frau angetan wird.

Ich lasse mir die Fut lecken und stelle mir dabei vor, ich würde eine Nutte zu mir nach Haus nehmen. Die wäre in Leder gekleidet. Das Kleid – hauteng und hauchdünn – wäre gerade um den Hintern herum ausgeschnitten. Sie müßte sich mit dem Rücken zu mir hinstellen, sich nach vorn beugen und mir ihren nackten Arsch entgegenrecken, auffordernd, anbietend, – den Rest des Körpers, vor allem aber die Schenkel, in dem, zum Platzen engen, dünnen Leder. Ich würde mich hinknien und sie von hinten zu lecken beginnen. Ich brauche gar nicht weiterzuphantasieren, schon bei dieser Stelle kommt es mir, ich werde rasend vor Geilheit, auch jetzt, wenn ich darüber schreibe.

In diesem Sinne scheint von Männern für den Gebrauch von Männern produzierte Pornografie nichts anderes als die von außen kommende Bestätigung dieser inneren Disposition. Das eine rechtfertigt das andere. Nichts scheint dieses Wechselspiel unterbrechen zu können, wobei für mich die Zuflucht zum Abspulen dieser Szenen weitaus zwingender ist, als die Existenz von Pornografie überhaupt. Bis jetzt. Das alles nur »bis jetzt«.

Das alles trotz aller Evidenz und Selbstverständlichkeit immer noch als ein Änderbares. Denn ich muß sie nicht nur zwanghaft immer aufs Neue erleben. Ich muß auch darüber schreiben. Genauso, wie diese Phantasien von selbst sich mir als die angenehmste Form anbieten, zu einem sexuellen

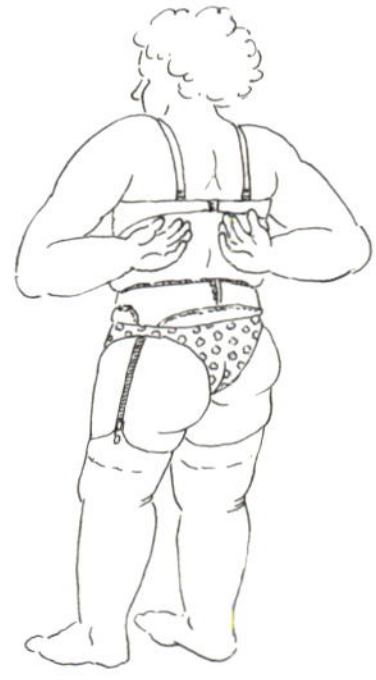

Höhepunkt zu kommen, genauso ist wie von selbst die Notwendigkeit da, darüber zu schreiben. Ich schreibe die Szenen auf und ich schreibe über die Männer, mit denen sie verknüpft sind. Für meine sexuelle Lust das Abspielen von Unterwerfungsphantasien, für mein intellektuelles Vergnügen, oder auch psychisches Überleben das Schreiben darüber. Bewußtes Nachvollziehen und damit Überwindung.

Das Schreiben dieser Szenen bereitet mir Lust, weil es der Haß ist, der mich zum Schreiben treibt. Ich hasse die Männer überhaupt, und die, an die sich meine Lustphantasien der Unterwerfung knüpfen, besonders, und mein Schreiben ist das Aufbegehren gegen die Selbstverständlichkeit der Lust daran, daß eine Frau von einem Mann zu dem gezwungen wird, was er will. Ich schreibe gegen die Unvermeidbarkeit dieser Lust und gegen die Absurdität realer Situationen, die meine Phantasien einholen, ja übertreffen. Das Schreiben, der Hinweis auf das Absurde, auf das Horrende von Augenblicken, in denen Frauen mit Männern zu tun haben und in denen sich das, zuerst nur Imaginierbare, in der Realität wiederholt. Die Realität – ein Alptraum. Auch die perversesten Phantasien werden der Realität nie gerecht, sie überrumpelt immer wieder aufs Neue.

Das Schreiben, der formulierte Haß gegen das, was sich zwischen Männern und Frauen abspielt, die Rache an jenen, an denen sich meine Phantasien nähren, die mich isolieren, eine Wand aufstellen zu dem, was ich als »konfliktloses Leben« bezeichnen würde. Das Schreiben, das Durchbrechen der Wand, das Trennen der verschiedenen Realitäten, die sonst die gleiche Qualität hätten, Imaginiertes und Geschehenes hätten die gleiche Chance, auf mich Einfluß zu haben. Mit dem Schreiben begeile ich mich, nicht, wie in meinem sexuellen Phantasien, an meiner eigenen Unterwerfung, sondern daran, daß ich die Männer bloßstelle, so gut ich kann. In meinem Haß stelle ich sie bloß und lasse keine Gelegenheit, die sie mir geben, aus – und sie geben mir, weiß Gott, genug. Ich stelle sie bloß, dafür, daß ich sie in meinen sexuellen Phantasien mit einer Allmacht ausstatte, die sie nicht haben und dafür, daß sie sich auch in der Gesellschaft auf ganz natürliche Weise (so wie in meinen Phantasien auf natürliche, wie von selbst sich ergebende Weise) den besten Platz, den der Macht, den ganz oben, anmaßen, an den sie nicht gehören, der ihnen nicht zusteht. Sie haben dort nichts verloren, weil es keinen Platz »oben« gibt, auf dem ein Mann sitzt, auf dem eine Frau nicht zehnmal mehr angebracht wäre.

In den Geschichten, die ich schreibe, haben Frauen auf verschiedene Weise Geschlechtsverkehr mit Männern, haben unter anderem auch Lust an der eigenen sexuellen Unterwerfung in sadomasochistischen Inszenierungen, geilen sich aber immer gleichzeitig daran auf, Männer zu beobachten. Der voyeuristische Blick wird nie dem Leser allein überlassen. Bis dieser soweit kommt, hat die Frau im Text schon längst ihr Vergnügen daran gehabt, dem Mann bei der Vorbereitung und Verrichtung des Verkehrs zuzuschauen. Ich beschreibe mit Genuß die Frau, die dem Mann dabei zusieht, wie er den Gürtel aufmacht, den Hosenknopf, den Zipp, wie peinlich es ist, wenn er die Hosen runterläßt, weil es ihm immer um den Schwanz geht, steht er oder hängt er, das ist die Frage, ganz egal, mit wem er im Gemach, auf der Toilette, im Aufzug, im Auto, im Zugabteil oder auf einer Wiese vögeln will. Wegen seines Schwanzes vergißt er auf alle Bewegungen, die seine Zunge, seine Hände und Lippen am Körper der Frau ausführen könnten, macht er aus einem einfachen Geschlechtsverkehr ein Desaster. Gegen die Peinlichkeit, die entsteht, wenn er seine Hosen runterläßt, kommt keine sadomasochistische Inszenierung heran, denn an seinem Schwanz, dem schwächsten Glied der Kette, liegt ihm alles. Mit seinen Händen kann er schlagen, Mord und Totschlag treiben, züchtigen von mir aus, mit dem Mund beleidigen, mit dem Hirn der Frau die erdenklichsten Erniedrigungen bereiten, aushecken, in Worten und Bildern – der Schwanz ist zu nichts gut, außer zum Stoßen und das gelingt in den seltensten Fällen einwandfrei und trotzdem klammern sie alle ihre Hoffnungen auf eine vollkommene Durchführung des Verkehrs an ihn.

Die Frauen in meinen Texten machen viel, um einen vergnüglichen Geschlechtsverkehr zu erleben, manchmal um überhaupt einen und den dann auch nur irgendwie zu erleben. Sie ficken für ihr Leben gern und werden von Unappetittlichem weniger abgeschreckt, als die Partner, die sie wählen (das heißt, zur Auswahl haben). Sie lassen sich von dem Mann, mit dem sie zuvor noch am Tisch gesessen, Wein getrunken, gescherzt und diskutiert haben, im nächsten Moment vor einem Spiegel schlagen, wegen einer Bagatelle, zum Beispiel, weil sie über alles die Hingabe in seinen Augen lieben, danach. Ein verzweifelter Versuch, die interiorisierte Opferrolle wenigstens in einer selbstgewählten Inszenierung aufrechtzuerhalten. Es gelingt ihnen anfangs auch, den Mann so dominant werden zu lassen, daß dieser sexuelle Masochismus seine Glaubwürdigkeit eine zeitlang behält. Doch leider nicht lange. Eines Tages überwiegt die Langeweile. Sie geben sich die größte Mühe, aller Realität ZUM TROTZ den Mann großartig zu finden, und wissen GLEICHZEITIG, daß er es nicht ist. Die Hingabe an den, von ihm zugefügten, Schmerz, die sich zuerst von selbst versteht, wird durch die Unzulänglichkeit des Mannes, die Rolle des »Meisters« glaubhaft durchzuziehen, entkräftet.

Die Frau geht weg. Oder sie macht weiter, wobei der Akt des Schlagens zu einer – selbstgewollten – Farce wird und sie mit dem Mann die Rollen beliebig oft vertauscht. Nun fügt jeder dem anderen Schmerz zu, ohne

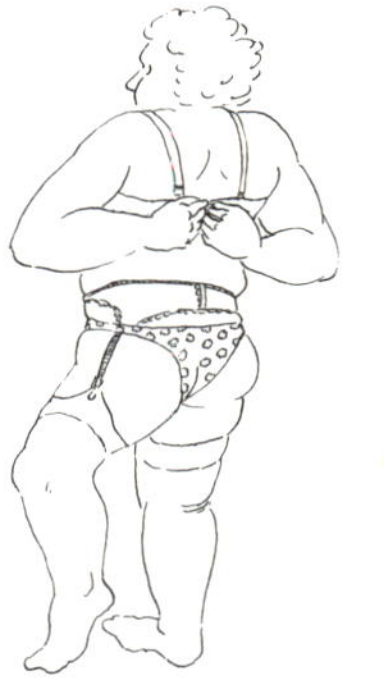

gefühlsmäßig an der Sache beteiligt zu sein, sollte es je eine psychische Disposition zum Masochismus gegeben haben – es ist davon nichts mehr zu spüren. Der sexuelle Masochismus entspringt aus nichts anderem mehr, als aus der dekadenten Lust an perversen Spielen, eine Lust, die keiner von beiden sich erklären will, einer Lust an einem »acte gratuit«, der genausogut auch nicht stattfinden könnte und trotzdem im Moment selbst eine Art Genugtuung phantasmatischer Wunscherfüllung mit sich bringt.

Auch andere – »harmlosere« – Beziehungen scheitern in meinen Texten. Zum ungenügenden sexuellen Spaß mit dem – schwanzfixierten – Mann, kommt die Enttäuschung über seine intellektuelle Mittelmäßigkeit – auch hier hat er mehr versprochen, als er halten kann. Zurück bleibt aber seine relative – meist relativ gute – Machtposition in der Gesellschaft, der weder der eine noch der andere Mangel wirklich etwas anhat. Der Mann kleidet sich an, und alles ist, als ob nichts gewesen wäre. Er schlüpft in seine Kleidung und damit in die selbstsichere Haltung hinein, die ihm die Macht verleiht. Schon deshalb muß für ihn die Frau NACKT BLEIBEN. Die, der er die Kleidung auch jederzeit wegziehen kann. Darf sie den Sprung zur Seriosität nicht machen, damit er dort, wo es nicht ums Abspritzen geht, vor ihr sicher ist. Damit ihre Anwesenheit nicht auch an Orten, wo er nur unter Männer ist, eine Forderung an ihn heranträgt, die ihn an seine Grenzen verweisen könnte und er sich höchstens dadurch stark macht, daß er – anstatt »ihr gegenüberzustehen« – sie bei Bedarf heranschleift, als »unerläßlichen Plus« zur Festigung seiner Position.

Es ist nicht nur notwendig, daß Frauen Einhalt gebieten dagegen, daß diese Konstellation an öffentlichen Orten, in öffentlichen Medien ihnen als einzige Logik vor Augen gehalten wird und sie demoralisiert, es ist auch endlich an der Zeit, daß wir männliche Gewalt mit unserer vergelten, mit den Mitteln, die jeder von uns zur Verfügung stehen.

Wenn sie mich ausziehen, dann müssen sie in meinen Büchern die Hosen runterlassen und ihre Worte, mit denen sie mich und andere bestürmen, um von ihrer Überlegenheit zu überzeugen, werden zu nichts reduziert, wenn ich es mir angelegen sein lasse, sie einmal wortwörtlich wiederzugeben. Ich schreibe über nichts lieber als über das Vögeln, Ficken, Bumsen, ich mache nichts lieber als das und nichts ist es mir mehr wert, im Nachhinein oder Vorher oder als Phantasie überhaupt beschrieben zu werden. Ich nehme gern die Worte Fut und Schwanz, Eichel und Kitzler in den Mund (und die dazugehörigen Körperteile auch), doch genügt es nicht, sich nur daran zu begeilen. Die Position des Mannes muß ins Wanken kommen, und das geht nur durch das Wiederkäuen – das wortwörtliche – der Worte, mit denen er diese Macht begründet und die nicht mehr

Stand halten, wenn sie einmal notiert sind und der Zauber der Situation verschwunden ist, in der sie gesagt wurden. Der »Zauber der Situation«, der bewirkt, daß ich mich nicht sofort dagegen auflehnen kann, was mir in Worten zugemutet wird. Ihre verbalen Injurien der Frau gegenüber reichen von der Anmaßung, die Intelligenteren, Gebildeteren zu sein, bis zu der Zumutung, ihre nicht ausgelasteten sexuellen Energien über Worte an ihr abzuladen, wenn er aus irgendwelchen Gründen sonst nicht geht.

Der Mann, der möchte und sich nicht traut, weil er seinem Täubchen ewige Treue geschworen hat, verzichtet dennoch nicht darauf, der Frau, die ihn anmacht, für alle Fälle einmal einen Wortfick zuzumuten, an dem er alles genießen kann – außer der Tat. Die Frau, die sexuell offensiv ist (»aggressiv« nennen das die Männer), ihr Begehren zeigt, sich verbal und in der Körpersprache so verhält wie ein Mann, zieht den Kürzeren: Das erotische Spiel läuft nur solange sie sich mit SEINEM Wohlgefallen an IHRER Selbstinszenierung und an der, von ihr aufgeladenen, Atmosphäre zufrieden gibt. Er läßt sich von den Darbietungen ihres Begehrens berieseln und stimulieren, wie von einem Film, der vor ihm abläuft. Den Schritt zur Realität der körperlichen Berührung darf aber nur ER überwinden. IHR Frontalangriff, wenn das Begehren einmal doch so stark wird, daß sie nicht mehr warten will, geht meistens schief. Sie, Akteurin dieses Films, hat nicht ungefragt die »Leinwand« zu verlassen, hat die letzte Konsequenz aus ihrer beider Worte NICHT zu ziehen, darf nicht zu ihm hinüberlangen. Für ihn der erste Schritt oder statt dessen die Vorlust bis ins Leztzte – dann geht er aufs Klo onanieren.

Ich mache trotzdem weiter. Zur Entfaltung meiner eigenen Lust bestehe ich auf diesem »aggressiven« sexuellen Verhalten. Der Spiegel aber, der ich ihm sein soll, splittert, wenn ich mich an seine Worte mache, die sich in meinem Gedächtnis eingraben.

Ihrer Berechtigung beraubt, des »sous-entendus« männlicher Überlegenheit, das jedem Treffen zwischen Frau und Mann unterschwellig seinen Stempel aufdrückt, verlustig, werden sie – nachher wiedergegeben – zum albernen Geschwätz. Der Augenblick selbst verurteilt jede Reaktion der Frau zum Scheitern, so dicht sind die Strukturen, die ihn, den Mann im Sattel halten. Da kann keine Äußerung einer Frau wirklich verletzen, sie verweht, denn weder Schlagfertigkeit erwartet man von ihr, noch, daß sie regelwidrig reagiert. Worte der Frau, die zeigen, sie hat die Situation schneller, besser durchschaut, sind, als wären sie nie gesagt worden (ein typisches Beispiel dafür gibt der ausgezeichnete Film von Gabor Body: »Narziß und Psyche«. Die Frau bewahrt in jeder Situation klaren Kopf, doch hört ihr keiner zu. Sie lebt wie von einer Glaswand von den anderen getrennt.)

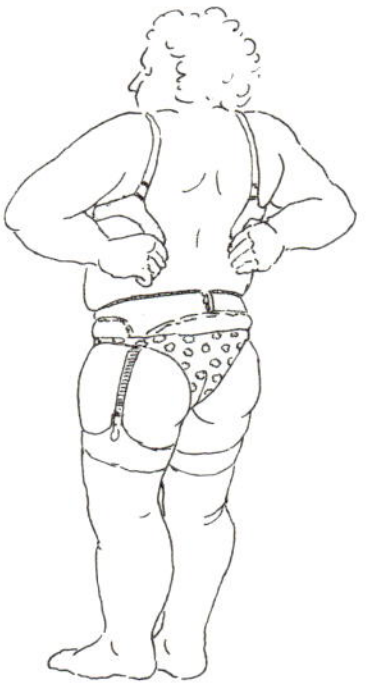

Für mich gehört die Beschreibung der »Infamie der Worte« und die des Sexualverkehrs – das »Öffnen der Alkôven« – zu den wichtigsten Mitteln der Zerstörung männlicher Macht und ist als Profanierung[10] auf das Engste mit Erotik verbunden, einer Erotik, die von der Beschmutzung des Schönen (des schönen Scheins der Worte) und der Vollkommenheit (des männlichen Machtgefühls) lebt.

Anmerkungen

1 Simone des Beauvoir in einem Artikel in »Le Monde« vom 3. Juni 1960, den sie anläßlich der »Affaire Djamila Boupacha« geschrieben hat. Djamila Boupacha, Algerierin, wurde von französischen Militärs gefoltert, um zu dem Geständnis gebracht zu werden, sie hätte an einem Bombenanschlag in Alger teilgenommen. Auf Grund dieser erzwungenen Aussage sollte sie später zu Tode verurteile werden. Sie erhob Klage gegen den französischen Staat. Das Untersuchungsverfahren wurde jedoch vereitelt, durch die Weigerung Messmers (Heeresminister) und Aillerets (General der in Algerien stationierten Armee), eine Identifizierung der Folterer vorzunehmen (damit könne die Moral der Armee zersetzt werden). Näheres zur Affaire Baupacha: »Djamila Boupacha« par Simone de Beauvoir et Gisèle Halimi, Editions Gallimard, Paris 1962.

2 Die Dreharbeiten des Kassenschlagers »Deep Throat« mußten mehrere Male unterbrochen werden, da die Hauptdarstellerin Lovelace auf Grund wiederholter Weigerungen, weiterzudrehen, von ihrem Zuhälter so zusammengeschlagen wurde, daß die Wunden auf ihrem Körper durch Kosmetik nicht mehr zu vertuschen waren.

3 Mit Slogans wie »Rufe 2230, Susanne wartet auf dich.« und der entsprechenden Bildgestaltung – entweder ganz explizit, das nackte Girl neben der Telefonnummer – oder, diskreter, der aus dem Film »Emmanuelle« bekannten Rattanfauteuil vor wehendem Vorhang.

4 Diese Ausstellung wird (mit der allerdings lächerlichen Summe von 6000 DM) von der Baufirma »Bauwelt« subventioniert, die mit von Newton photographierten Plakaten in Leder verpackten Frauen für Abflußrohre, Schaufeln und Klomuscheln wirbt. Die in Österreich in den Rubriken »Kunst und Kultur« viel besprochene Ausstellung bringt so auch für die Baufirma zusätzliche Publicity und die Frauen werden doppelt verarscht.

5 Siehe: »Exkurs II«: »Juliette oder Aufklärung und Moral«, in: »Dialektik der Aufklärung«, Max Horkheimer / Theodor W. Adorno, S. Fischer, Ffm. 1969.

6 Ebenda.

7 A.a.O., S. 120.

8 Marcuse Herbert, »Der eindimensionale Mensch«, Luchterhand 1967, S. 12–13.

9 Lenger, Hans-Joachim: »Die Konsequenz des Gedankens«, in: Konkret, Heft 2, Februar 1988. In diesem Artikel werden noch andere Ungereimtheiten leichtfertig dahingeschrieben, wie etwa: »Einig sind sich die Rechte wie die Linke darin, daß jene Texte verboten werden müssen, in denen sich eine philosophische Erfahrung ausspricht, die nicht politisiert werden kann, weil sie weder der Ordnung des Theologischen, der Moral noch der Emanzipation angehört, eine Erfahrung, die den gemeinsamen Horizont der Linken wie der Rechten verblassen läßt und aus der die Mutter in Batailles »Obszönen Werk« an ihre Tochter schreiben kann: »Das Laster ist in meinen Augen wie das schwarze Strahlen des Geistes, das mich blendet . . . « Auch bis zu Herrn Lenger, der mit einem ausgesprochenen Hang zum Melodrama seinen Bataille zitiert, müßte es sich schon herumgesprochen haben, daß KEINE philosophische Erfahrung politisierbar ist, weder die von Batailles »Mutter« noch eine andere und somit sein Argument nicht nur wehleidig, sondern auch absurd ist.

10 Zur Idee des erotischen Aktes als Profanierung siehe Georges Bataille, L'Erotisme, Les Editions de Minuit, Paris, 1957, auf Deutsch erschienen als: »Der heilige Eros«, Luchterhand, Neuwied / Berlin, 1963.

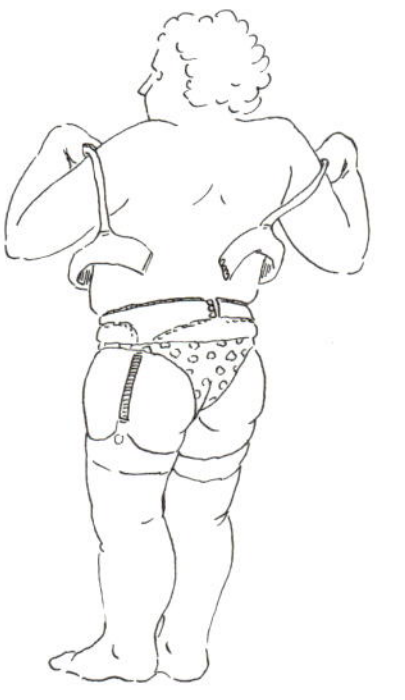

Jutta Bahr-Jendges
Gesetze gegen Pornografie im männlichen Staat?

Für oder Wider Männer-Privilegien

Seit meine kleine Tochter sprechen und ihre Wahrnehmungen wiedergeben kann, reagiert sie empfindlich auf die Pornografie, die ihr im Alltag überall begegnet, die weiche Pornografie auf Plakatwänden auf den Straßen, auf Litfaßsäulen, auf Zeitschriftentiteln, Filmwerbung, Büchern u. a. Sie hat dazu immer drei Sätze: Frauen sind immer nackig. Warum macht »man« nichts dagegen? Das will ich mir nicht gefallen lassen.

Sie reagiert damit adäquat auf die reale und keineswegs phantastische Rollen-Zuweisung aus dem Be-herrschenden Blick in die Be-herrschte Wirklichkeit, in die sie geworfen ist, mit der Folge, daß sie (wie auch ihre kleinen Freundinnen) gegen allen Mütter-Widerstand bemüht ist, ihren Körper zu verhüllen, in der Öffentlichkeit entschlossen sich nicht mehr auszukleiden, was aus offensichtlicher Besorgnis vor Be-mächtigung ein schamhaftes Gegenbild zeitigt: Be-kleidet und stets in Hosen. (Und dies nicht aus anderer Art Protest, wie Pornografiefreunde unverzüglich vermuten könnten).

Ihre Feststellungen und Fragen trafen auf meine juristische Interpretation und Tatbestandsfeststellung:

1. Die Feststellung einer Rollen-Zuweisung und Verletzung aus ihrer weiblichen Empfindlichkeit: »Frauen sind immer nackt«.
2. Die Frage an das gesellschaftliche Subjekt: »man« nach Eingriff und Regelung und die Erwartung einer Ordnungsfunktion: »warum macht man nichts dagegen«.
3. Die Abwehr und das Bedürfnis nach individuellem Rechtsschutz als Subjekt, das diesen Inhalt der Abwertung und Funktionalisierung nicht will: »Das will ich mir nicht gefallen lassen«.

Ich wiederum, doppelte, private und juristische Mutter, stehe im Widerspruch der Besorgnis ihrer Deklassierung als weibliches Geschlecht und weibliche Klasse wie *meiner* Besorgnis, daß *ihre* schamhafte Besorgnis sich in konservatives Gegenteil flüchten könne, sozusagen den islamischen Schleier selbst überziehend, und dem Zweifel, ob juristische Normen innerhalb patriarchalen Rechtssystems Schutz geben können für Frauen und Mädchen oder ob vielmehr ein solches Schutzverlangen in diesem Bereich nur »patriarchale Empfindlichkeiten weckt?« [1]

Die These ist sicher richtig, daß immer dann, wenn herrschende gesellschaftliche Kräfte ein einseitiges, reduziertes, auf Heterosexualität und Familienleben festgelegtes Frauenbild und Frauendasein durchsetzen wollen, die staatliche Verbotspraxis sich auch gegen nicht angepaßte, ungewöhnliche Frauenbilder im Film- und Videobereich richten wird.[2] Weiter ist offensichtlich, daß wir in einer frauenfeindlichen, einer rollback Situation leben, zunehmend mit dem Rücken an der Wand, wenn ich z. B. an die verschärfte Handhabung des § 218 StGB denke, im Zusammenhang mit dem neuen Beratungsgesetzentwurf, an die Verschärfungen im Familienrecht zu Lasten von Frauen und Müttern, an die Praxis in Vergewaltigungsverfahren, die ich – trotz aller angeblich verbesserter formeller Rechte der Frauen – überwiegend als sadistisch sexualisierte Veranstaltungen erlebe.

Die Problematik, mit diesen Widersprüchen zu leben, ist mir bewußt, als einer derjenigen Juristinnen, die in den vergangenen Jahren vehement im Bereich der Delikte gegen die sexuelle Selbstbestimmung die Versagung staatlichen Rechtsschutzes angeprangert und nicht zuletzt Änderungen in der Strafjustiz eingefordert haben, wohl weil ich mich als Juristin immer in dem Widerspruch befunden habe, ob es politisch legitim sei, sich des Machtfaktors Justiz zu bedienen.[3]

Aber als Juristin kann ich auch nicht verzichten auf den Einsatz von Recht zugunsten und zum Schutz von Frauen, dem Einsatz von Recht als funktionellem Instrument, zum Versuch der Regulierung mit Hilfe von Gesetzgebung und Judikative mit dem Ziel der Verhinderung von Geschehen und Beseitigung von Folgen von Geschehen. Das Recht, insbesondere das Strafrecht, mag ein grobes Mittel sein, aber es hat schon in anderen Fällen getaugt, barbarische Seiten des menschlichen Miteinanders zumindest einzudämmen. Die Argumente, die dagegen aufgebracht werden, gehen letztlich von der Annahme aus, daß es völlig illusorisch anzunehmen sei, Männer könnten sich einmal Frauen gegenüber menschlich verhalten. Und wo die Zivilisierung des Mannes unerbittlich auf der Tagesordnung steht, ist es nicht schlicht unzulässig, Männer-Privilegien durch andere leges zu brechen.[4]

Die Rechtsanwältinnen Petra Roggen und Helga Wullweber haben in der Dezembernummer der EMMA (1987) einen Gesetzentwurf gegen Pornografie präsentiert. Dieser käme der Frage meiner Tochter entgegen. In § 1 des Gesetzes heißt es: »Wer Frauen oder Mädchen durch Herstellung, Verbreitung oder Öffentlichmachung von Pornografie in ihrem Recht auf Würde und Freiheit, körperliche Unversehrtheit oder Leben

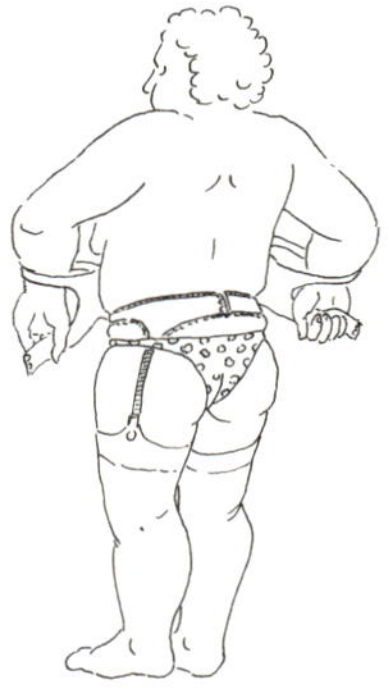

verletzt, ist zum Ersatz des daraus entstehenden Schadens und zur Unterlassung verpflichtet.«

§ 2 beginnt: »Pornografie ist die verharmlosende oder verherrlichende deutlich erniedrigende sexuelle Darstellung von Frauen oder Mädchen in Bildern und/oder Wort, die eines oder mehrere der folgenden Elemente enthält:

1.) die als Sexualobjekt dargestellten Frauen oder Mädchen genießen Erniedrigung ... sie genießen Verletzung oder Schmerz, die Tatsache oder Darstellung von Vergewaltigung durch Penetration, die Tatsache oder Darstellung einer Penetration durch Gegenstände oder Tiere und schließlich, als letzte Alternative ... die Darstellung als Opfer von Zwang und Gewalt.«

Zwei andere Juristinnen, Susanne Behr und Vera Slupik haben gegen diesen Gesetzentwurf der EMMA einen eigenen Entwurf vorgestellt, der sich näher an das amerikanische Vorbild hält, das Bürgerrechtsgesetz gegen Pornografie, in der Fassung von 1984, von Andrea Dworkin und Katherine McKinnon. Diese streben eine offensive Nutzung von Recht für Frauen an und wollen im Rahmen einer Anti-Diskriminierungsgesetzgebung den ersten Artikel der amerikanischen Verfassung (bzw. der des jeweiligen Staates der USA) ergänzen um einen Zusatz zum besonderen Rechtsschutz von Frauen. Pornografie wird als Verletzung des Grundrechtes von Frauen auf freie Entfaltung der Persönlichkeit und Verletzung des allgemeinen Gleichheitsgrundsatzes angesehen, weil Pornografie eine zentrale Bedeutung für die Schaffung und Aufrechterhaltung der Ungleichheit der Geschlechter habe, Frauen systematisch diskriminiere, Hierarchie erotisiere, Ungleichheit sexualisiere und männliche Herrschaft über Frauen institutionalisiere.

Die Definition des Begriffs Pornografie ist sehr unterschiedlich, obgleich der Wortlaut eigentlich eindeutig ist: Beschreibung und Darstellung von Huren. Das männliche Wertesystem gibt allerdings auch vorweg Definitionsmuster. Bei der Definition von Pornografie kommen immer wieder angeblich allgemeinverbindliche Standards und Wertvorstellungen zu Tage. Heute gilt überwiegend die Definition, nach der pornografische Darstellungen zum Ausdruck bringen, daß sie ausschließlich oder überwiegend auf die Erregung eines sexuellen Reizes beim Betrachter abzielen und dabei die im Einklang mit allgemeinen gesellschaftlichen Wertvorstellungen gezogenen Grenzen des sexuellen Anstandes eindeutig überschreiten. Indizien für das Vorliegen von Pornografie sollen demnach sein: »Der Verfall in die Sinnlichkeit, die Zunahme der Frequenz der sexuellen Betätigung und parallel dazu die abnehmende Satisfaktion; Promiskuität und Anonymität, der Ausbau der Phantasie und von Praktiken der Betätigung, Süchtigkeit und dranghafte Unruhe, Darstellungen, in denen eine Frau zur Ware und zum reinen Lustobjekt erniedrigt wird, Handlungen wie von Maschinen, deren Teile auswechselbar sind, Isolierung der Sexualität vom Humanen, Lustgewinn ohne Schicksal und Liebe . . . «[5]

Bei einem längeren Text oder zusammenhängendem Bildmaterial soll es auf die Gesamttendenz ankommen.[6]

Ohne in die einzelne Definitionsdeutung zu gehen, ist offensichtlich, wie schwierig und ggf. unmöglich es ist, jeweilige Rechtsanwender zu einem nicht sexistischen Verständnis von der Würde bzw. Integrität einer weiblichen Person zu bringen, solange diese sich unabänderlich und ungebrochen anmaßen, Frauen in weiten Bereichen das Selbstbestimmungsrecht abzusprechen und sie gar vor sich selbst schützen zu wollen.

Wie die nun anhaltende Diskussion um das für oder wider der juristischen Behandlung und Regelung der Pornografie zeigt, enthält die Frage nach der Überantwortung an den Staat Probleme, die sich mit feministischer Gesellschaftskritik vielleicht nur schwer in Einklang bringen lassen. Die Schöpferinnen der Gesetzesentwürfe verkennen selbst nicht, daß, einem männlich dominierten Staat ein Mittel in die Hand zu geben, um Pornografie zu bekämpfen, Gefahren und Widersprüche in sich berge, die sich schnell zu Ungunsten von Frauen auswirken können.[7]

Auch die Forderung nach besonderem Schutz *für* Frauenkunst und Frauenphantasie *gegen* die Entscheidungsmacht des männlichen Staates einerseits, wider narzistisch gekränkte Weiblichkeit, ungeachtet deren Unterschiedlichkeiten in Lebenssituation und politischem Handlungsbezug, bleibt nicht verkannt.[8]

All diese Einwände sind ebenso berechtigt, wie nach meiner Meinung ablenkend. Das Problem enthält, wie oftmals, mehr als ja oder nein und mehr als schwarz oder weiß. Die Schöpferinnen der Gesetzesentwürfe tun zwar durchaus Zulässiges: sie greifen ein auf der Ebene einer Erscheinung innerhalb des Systems und mit dem System, das dafür geschaffen ist, dem Recht. Sie halten sich überdies in bescheidenem Maßstab, nämlich nur dem, daß Rechtsnormen allenfalls schützend wirken können und sollen – und warum dann nicht auch für Frauen? Sie wagen vielleicht die weitere mögliche Hypothese, daß Rechtsnormen ggf. auch gestaltend wirken könnten. Aus dem männlichen, ja durchaus kreativen Umgang mit männlichem Recht und Staat erfahren wir eigentlich mehr als zuweilen über solch gestalterische Wirkung von Normen und wissen, daß juridische Diskurse auch gestaltend sein können. Wir haben uns diese Diskurse auch zuweilen durchaus zugeeignet, »zumindest in der Möglichkeit, das männliche Wertesystem, auf dem die Pornografie beruht, zu denunzieren«. (nach Elfriede Jelinek). Warum nicht auch hier.

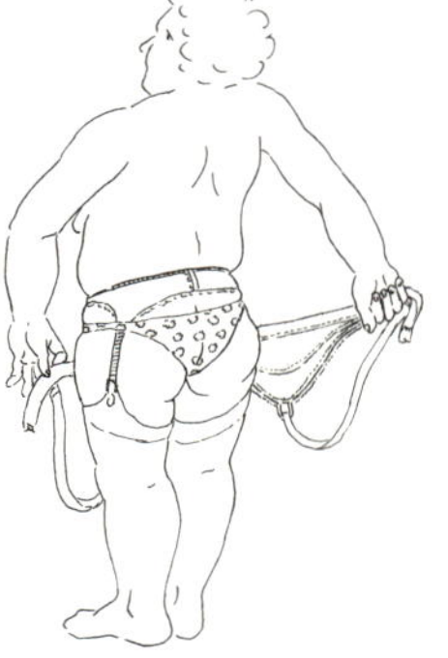

Daß Konservative gleiche Inhalte propagieren oder gar denken, kann zum einen mehrere Gründe haben (eben ggf. propagandistische, strategische wie taktische), muß andererseits aber auch nicht immer falsch sein; denn es wäre wirklich vereinfachend und verfälschend, dem Konservativismus zu unterstellen, er sei einerseits immer eindeutig und andererseits jedenfalls in allen Teilen immer falsch, mit der Konsequenz, daß Feministinnen jeweils nie das denken oder gar tun dürften, was Konservative je denken oder tun. Das hieße nämlich z. B., daß, weil Konservative sich ebenfalls auf Freiheitsrechte berufen, auf Freiheit von Forschung, Lehre und Kunst, der Bezug darauf konservativ und falsch sei, daß konkrete Frauenschutzrechte gar (Ausgestaltung von Arbeitsschutz, Mutterschutz etc.), von Feministinnen abzulehnen seien, weil zu gefährlich, weil von Konservativen auf deren Fahne geschrieben.

Ich halte deshalb den Einwand, daß die Pornografie-Verbots-Strategie eines Teils der Frauenbewegung die rechten Saubermänner bestätige, für nicht nur simpel, sondern ebenfalls ablenkend.

Es ist meines Erachtens nicht mehr zu bezweifeln, daß die Darstellung von »sexueller Gewalt« gegen Frauen auch bei konkreten Tätern die Legitimationsmuster für tatsächliche Gewalttätigkeiten zumindest bestärkt, wenn nicht gar liefert. Insbesondere ist nachgewiesen worden, daß die »Akzeptanz von Vergewaltigungsmythologien« (wenn im pornografischen Film z. B. ein Orgasmus einer vergewaltigten Frau gezeigt wird) unter dem Einfluß einer bestimmten Art von Pornografie steigt.[9] Unbestritten auch werden sich Frauen und Mädchen, wenn sie in Zukunft in größerem Ausmaß zu den Konsumenten der harten gewalttätigen Pornografie gehören sollten, in *ihre* vorgegebenen Opferrollen einüben können; eine reale Gefahr ist hier solange anzunehmen, wie es Mädchen und Frauen nicht in anderen gesellschaftlichen Bereichen gelungen ist, ein Widerstandspotential zu entwickeln. Die bedrohlichsten Auswirkungen bestehen jedoch in der Gleichgültigkeit und Oberflächlichkeit nicht gegenüber den Bildern von sexueller Gewalt, sondern gegenüber deren tatsächlicher Ausübung. Insofern trifft die Benennung von Pornografie von Gorsen zu als »wahre Gestalt des Scheiterns und Mißlingens von sinnlicher Emanzipation in der bestehenden Gesellschaft« und als »unleugbare Form der sinnlichen Unterdrückung und materiellen Ausbeutung des Menschen ... abgeleitet aus einem viel allgemeineren und gefährlicheren Unterdrükkungszusammenhang, der in der Regel übergangen wird und über dessen Pathologie weitaus weniger Klarheit und diagnostisches Verständnis angestrebt wird, als über das Sekundärphänomen Pornografie«.[10]

Sicherlich beruht das verfahrene Geschlechterverhältnis auf anderen Ursachen als Bildern und Texten. Sicherlich spiegelt jedoch dieses verfahrene Geschlechterverhältnis Bilder und Texte wider. Darüberhinaus wissen wir aber auch, daß Bilder und Texte ebenso Wirklichkeit werden und nicht nur Phantasmen sind; daß Denken Gestaltung ist.

Dann können wir uns auch nicht darauf zurückziehen, daß der Zugriff auf der Erscheinungsebene fehlgehe und den Inhalt sozusagen verpasse. Beides kann richtig sein. Auch der Zugriff auf der Erscheinungsebene.

Und auch der Einwand, die *tatsächliche* Demütigung, Entwürdigung, Unterdrückung und Gewalt / Unterwerfung durch Pornografie finde auch ohne die Bilder dazu statt, brauche die Bilder nicht, habe immer stattgefunden, trägt nicht weiter – unabhängig selbst davon, ob er inhaltlich überhaupt richtig ist –; denn daß etwas ohne Bilder stattfinden kann, besagt nichts darüber, daß die Bilder dennoch Ursache, Wirkung oder Begleitung sein können und daß gegen die Bilder ggf. zu schützen sei.

Als Juristin ist mir in meiner Praxis zudem allgegenwärtig, was die Frauenforschung längst weiß, daß es Frauen an Rechts-Bewußtsein fehlt, wie es den Männern gegenbildlich vollständig an Unrechtsbewußtsein mangelt; Männer vielmehr jegliche Grenzüberschreitung, auch die von der Bilderwelt in die Handlungs-Alltagswelt für normal halten, weil ihnen Grenzen als zum Überschreiten bewußt sind.

Gerade aus meiner alltäglichen anwaltlichen Praxis ist mir weiter gegenwärtig, wie eng und ununterscheidbar der Zusammenhang von Pornografie und mißbrauchender, gewalttätiger Handlung ist und wie nahtlos der Übergang. Wenn Männer sich zu den Vorwürfen gegen sie (Vergewaltigung, sexuelle Nötigung, Mißbrauch u. a.) in den Verhandlungen einlassen, daß sich ihre sexuellen Phantasien ihrer bemächtigt hätten und die Durchsetzung als Handlung gegen eine Frau – einen anderen Menschen, ein anderes Subjekt – sozusagen natürliche, zwangsläufige Folge gewesen sei; und wenn Männer ihr eigenes Vorerleben im pornographischen Bild als Rechtfertigung ihrer Handlung nehmen, als Entlastung, im eigenen Handeln das andere Subjekt zum Objekt verkommen lassen, kann ich Pornographie nicht mehr einfach als Ausdruck einer »sexistischen Kultur« verstehen, sondern erlebe sie als grausame Realität gegen Frauen, als alltägliche Grausamkeit.

Wenn ich in meiner alltäglichen anwaltlichen Praxis den Verbrauch pornographischer Werke des Massen-Video-Marktes, der Videokassetten, der Billigpornohefte, im Alltag der Familien in dieser Republik erlebe; wie in den Wohnblocks und Straßenzügen der Kleinfamilienreihenheime sich abendlich die kleinbürgerliche Porno-Kultur am sogenannten Kulturobjekt Pornografie bildet, sich Männer, Frauen und auch Kinder (unter dem Schutz des Erziehungsprivileges ihrer Eltern), oft gemeinsam sich

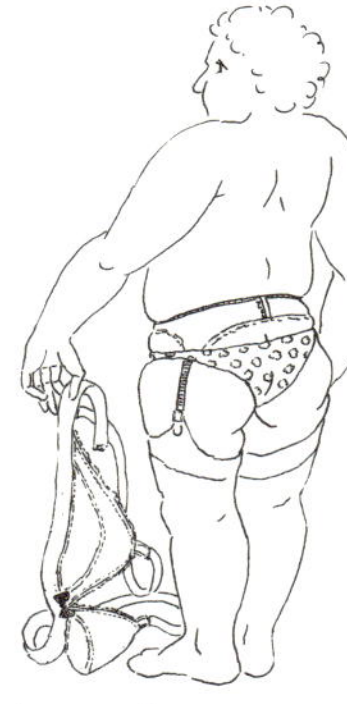

die Bilder reinziehen und den Konsum üben, um sogleich der Übung die Kür folgen zu lassen, abbildgetreu, im partnerlichen oder ehelichen Bett oder auch Ersatzbett mit den Töchtern, wo dann allerdings der noch vorher ggf. als geschlechtsneutral erscheinende oder wechselgeschlechtlich gemeinsame Konsum sich ganz eindeutig verkehrt, nämlich in der Unterwerfung des anderen Geschlechts, und wenn nachfolgend tagtäglich Frauen in unseren Anwältinnenbüros nach Schutz gegen die erfahrene oder weiter befürchtete Vergewaltigung fragen, so erlebe ich ebenfalls die alltägliche Pornografie als Gewalt des Alltags.

(Nur ein Beispiel einer Verhandlung, die ich als Nebenklagevertreterin gerade in den Tagen erlebte, als ich diesen Beitrag schrieb: Ein junger Mann nimmt des nachts zwei junge Mädchen in seinem Kraftfahrzeug mit, die ihren Bus verpaßt hatten und nach Hause wollen, in ein Wohnviertel einer Großstadt. Es ist Winter, sehr kalt, der Mann friert, er fühlt sich allein, er hat, wie er sagt, oft sexuelle Phantasien und er mag Pornografie; er hat diese Phantasien jetzt und konkretisiert sie, zunächst in seinen Gedanken, er will von den Mädchen befriedigt werden.

Er fährt sie an einen abgelegenen Ort, er ängstigt sie, er bedroht sie, er nötigt sie zu sexuellen Handlungen an ihm; er setzt seine Phantasien um. Es wird dem Mann zugute gehalten: Seine Bilder träfen »auf eine Versuchungssituation wie ein Schlüssel auf ein Schloß« (wie der psychiatrische Sachverständige sagt: es ist kalt, es ist nachts, es sind zwei junge Mädchen da, seine Phantasien, die sich so ausgeprägt haben, auch anhand anderer Abziehbilder, bemächtigten sich seiner und er vergegenwärtigt sich der gesehenen Abziehbilder wie der eigenen Phantasien und handelt).

Pornografie ist hier Stück eines Gesamtzusammenhangs, sie ist nicht so sekundär, daß sie im Nebel der Phantasmen verschwindet, weil sie immer wieder männlich produzierte Bilder von Weiblichkeit und Männlichkeit nach außen wiedergibt, die Frauen nicht nur Opfer werden lassen, sondern Täter noch durch die doppelten Weiblichkeitsmythen (in Bild und Tat) verstanden und entlastet sein läßt.

So scheint mir schon aus meiner Praxis die sogenannte Katharsis-Hypothese, die besagt, das Gewalterleben in Bild enthebe den gewaltgeneigten potentiellen Täter der Notwendigkeit, Gewalt tatsächlich auszuüben, als schlicht und alltäglich widerlegt.

Der Zusammenhang wird nicht etwa unterbrochen, sondern geradezu und immerwieder hergestellt.

Ich halte auch den Einwand, beide Geschlechter, Männer und Frauen hätten gleichermaßen sexuelle und auch gewalttätige Phantasien, für zu simpel, um daraus gleichzeitig einen Einwand gegen eine Konstruktion derer rechtlicher Folgen zu erfinden. Unstreitig haben beide Geschlechter sexuelle, auch gewalttätige Phantasien. Dazu gibt es inzwischen genügend Material. Zum einen aber ist höchst streitig, ob beide Geschlechter dieselben Phantasien haben; zum anderen unterscheiden sie sich in einer ganz wesentlichen Tatsachen-Folge.

Männer nämlich setzen ihre Phantasien in die Wirklichkeit um, richten ihre Phantasien ganz real nach außen, gegen Frauen; Frauen tun dies nicht.

Es muß in diesem Zusammenhang deutlichst daran erinnert werden, daß sämtliche hier in Frage kommenden strafrechtlichen Tatbestände (insbesondere die Gewalttaten gegen die sexuelle Selbstbestimmung, Vergewaltigung, Mißbrauch, schließlich aber auch die Gewalt- und Tötungsdelikte) fast ausschließlich Männer als Täter und Frauen als Opfer haben; daß zum Beispiel auch Tötungsdelikte Frauen zu einem hohen Grad als Opfer ausweisen und als Täterinnen nur zu 10–11% (ganz konstant), wie überhaupt Frauen einen Anteil von etwa 12% (ebenfalls ziemlich konstant) an der Gesamtkriminalität haben. Kriminalität, d. h. normverletzendes Handeln nach außen, ist schon allgemein eine Sache von Männern, nicht Frauen; im Bereich der Sexual- und Gewaltdelikte dann fast ausschließlich.[11]

Bei dieser Kenntnis geschlechtsspezifischer Handlungsmuster bin ich geneigt, die geschlechtsunspezifische Bewertung von Gedanken-Bilder-Mustern (Männer wie auch Frauen . . .) als oberflächlich zu beurteilen oder zumindest mit dem Vorwurf zu belegen, sich der Realität von Handlungsmustern entweder zu verschließen oder sie zu vernachlässigen.

Und ich nähere mich, geprägt durch meinen Beruf und mein Wissen von Sachverhalten und Rechtsfolgen, dem Gedanken, daß da, wo Unrechtsbewußtsein bei Männern geprägt werden muß, auch Grenzen, Gebote und Verbote, gesetzt werden können, gestaltend wirken könnten, ggf. aber auch nur zu Demaskierung ihrer Ordnung; genauso wie ich bestrebt bin, ein Frauen-Rechtsbewußtsein zu prägen, dahin, daß Frauen Rechte haben und sich ihrer Rechte bewußt sind.

Ich habe also nichts einzuwenden gegen juridische Diskurse wie Maßnahmen, wo es um entscheidende Rollenzuweisung der Geschlechter in Gegenwart und Zukunft in fortschreitendem Patriarchismus geht. Und darum geht es m. E. auch in der Pornografie gerade im Zusammenhang mit dem Fortschritt der Reproduktionstechnologie.

Was in der Reproduktionstechnologie tendiert und schon gelungen ist, nämlich die Abtrennung von Fortpflanzung und Sexualität, ist in der Pornografie entsprechend bewiesen, in Bild und Sprache über denselben Inhalt.

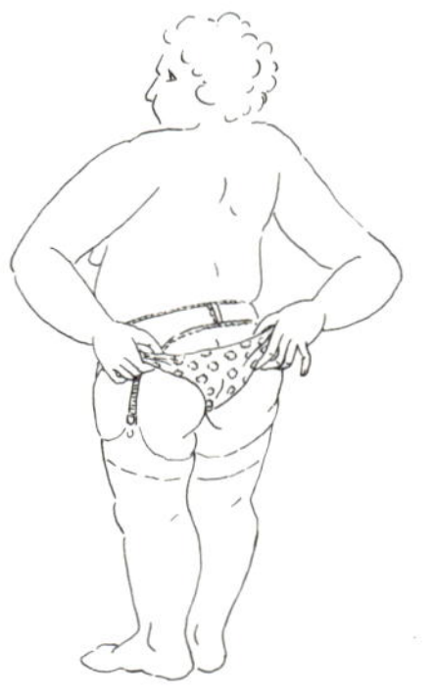

Damit meine ich – gegen jeden falschen Verdacht auf puritanisch klerikalen Konservatismus und Mütterlichkeitsideologie – weder, daß zur Sexualität einer *Person* überhaupt noch gar zur Sexualität einer *Frau* als *Person*, die Fortpflanzung gehöre.

Ich meine die tatsächliche Abspaltung der Fortpflanzungsfähigkeit der Frau als *Geschlecht* zur künstlichen Technik, zur Methode, die sie, die Frau, als Geschlecht wie als Person vollständig verdinglicht. Wo Frauen gerade eine Position erreicht hatten, in der ihr Recht auf Selbstbestimmung über ihren Körper erstarkte und es ihre Sache und Entscheidung war, ob sie ein Kind haben wollten oder nicht, und ausschließlich ihre Entscheidungs- wie Rechtssetzungsbefugnis war, wird diese Position nun genommen. Die privaten Regelungen, die Frauen im Bereich traditioneller Empfängnis- und Empfängnisverhütungsmethoden Einfluß- und Kontrollmöglichkeiten eröffneten, finden sich im Bereich der hoch entwickelten Technologien von Fortpflanzung und Gentransfer nicht wieder und im Bereich der weniger fortgeschrittenen Techniken ist ihr Fortbestand zumindest gefährdet. Die Handhabung der Reproduktionstechnologien hat andererseits brachliegende Rechtsinstitute wie das der traditionellen Familie und der Vaterschaft neu belebt.[12]

Die Brisanz des Problems, das Feministinnen – und wir Juristinnen – zudem ein Jahrzehnt verspätet erkennen, scheint mir darin zu liegen, daß Frau in diesem Zeitalter vollends zum tatsächlich wie rechtlich nicht existierenden Selbst gerät. Sie ist kein Subjekt (mehr), vermittelt kein Subjekt mehr und gerät vollends zum Objekt. Die Pornografie ist, auf der Erscheinungsebene, was die Reprotechnik beinhaltet. Sie zeigt in Sprache und Bild, zu was Frau gerät, zu (fleischlichem) Rohmaterial.

Nach so gelungener Trennung von Fortpflanzung und Sexualität in der Zeit der Gentechnik kann der Ruf nach sexueller Befreiung und der nach Sexualität als Selbstverwirklichung auch der Frauen für mich nichts Befreiendes mehr an sich haben, ganz zu schweigen vom schwarzen Reiter am heutigen Horizont: AIDS. Der Kunstgriff besteht nun meines Erachtens darin, daß der Schritt der Trennung beiderseits nun als geistiges Produkt dargestellt wird. Gekünstelt und verziert, mit dem Glanz richtiger oder angeblicher »Kunst« versehen, die verbleibt, als gäbe es darin Wertneutralität.

Und Frauen fallen auf diesen Kunstgriff rein, in dem Bestreben, sich doch Kunst für sich selbst als Frauenkunst schaffen und erhalten zu wollen.

Dabei geht es meines Erachtens in der Pornografie in Wirklichkeit nicht um Kunst, jedenfalls nur sekundär und zu einem so geringen Teil der »Bilderwelt« der nackten Geschlechtlichkeit, daß es besonderen juristischen Schutzes nicht bedürfte, dieser vielmehr als Einzelfallregelung sich ergäbe. Ebensowenig geht es meines Erachtens bei der Gen- und Reprotechnik um ärztliche Kunst, um Fortpflanzungshilfe für Leidende. Aber Feministinnen wie Juristinnen fallen rein auf die schöne Verpackung als Schein dessen, was Frau noch bleiben soll. Sex einerseits und Kunst andererseits, als das einzige, was Frau in dieser Welt bleibt. Ob nun passiv oder aktiv – wie ehemals im Kampf um weibliche Freiheit erwünscht – rechtfertigt Frau die angeblich ihr verbliebene Sexualität unter dem Mantel von Kunst, Freiheit und Rebellion.

Juristischer Kunstgriff ist dabei der Rekurs auf die Freiheit von Kunst, auf den Kunstvorbehalt. Dieser Rekurs auf die Kunst ist in sich meines Erachtens ebenso falsch, wie allerdings der Gesetzesentwurf zum Schutz und zur Abwehr von Pornografie sinnlos ist, wenn er sich auf diese Diskussion einläßt, auf die Ebene der Erscheinung der Erscheinung. Pornografie mit dem Argument des Schutzes der Kunst zu verteidigen, halte ich tatsächlich für den durchaus kunstvollen Erfolg der »Kolonisierung der Körper und Seelen der Frauen«, denselben Erfolg des Kunstgriffes, der die Reprotechnik als Kinderwunscherfüllung für Frauen verkauft, als Durchsetzung von Rechten von Selbstverwirklichung und Freiheit. Auch ich meine, daß es in der Diskussion über angebliche pornographische Künstler (etwa de Sade als Prototyp und Metapher für literarische und künstlerische Pornografie) in Wahrheit nicht um Kunst geht.[13]

Pornos sind eben keine Phantasieprodukte, sie sind Realität, eben die Graphie von Sexualität und Herrschaft. Die alltägliche Pornografie ist auch die Pornografie des Alltags. Was hat sie mit Kunst zu tun? Sie ist der Zusammenhang von Herrschaft, aus dem heraus dann geschrieben, gemalt, fotografiert, gefilmt wird und über den hinaus Kunst nur dann notiert werden könnte, wenn die derzeit bestehenden drei Definitionstatbestände für Pornografie, wie sie ein Gutachter der Bundesprüfstelle für jugendgefährdende Schriften, benennt Prof. Herbert Mainusch: nämlich 1. die Instrumentalisierung, 2. das Leidensverbot und 3. die Propaganda.

Die real abgewertete Frau wird verdinglicht und vermarktet. Sie ist Teil einer Maschine, auswechselbar, weibliches Produkt eines männlichen Produzenten, sowohl in der Reprotechnik, wie in der Pornografie in der Bilderebene, Puppe, Gefäß und Opfer. In ihrer abgetrennten und reduzierten Form wird sie als Sexualität idealisiert. Die Verquickung von Sexualität und Gewalt liefert jenes Bild von der Sexualität, das deren Unterdrückung erst möglich macht. Auch insofern ist Pornografie alltäglich, und weder Phantasie- noch Kunstprodukt. Mit dem Rekurs auf den Kunstvorbehalt, der Zulässigkeit dieser wie jener Bilder, geschieht jedoch

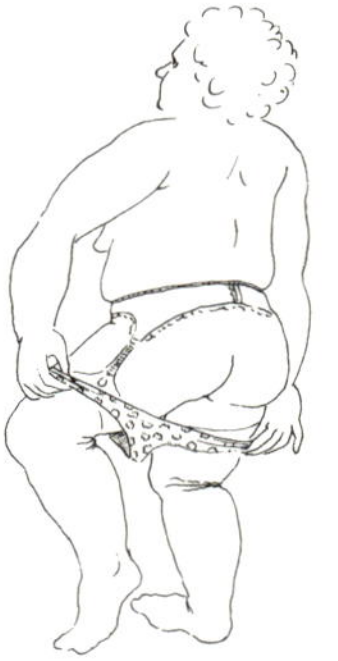

noch mehr: Gewalt und Herrschaft in der Sexualität in Bild und Text: dies verdoppelt die Normalität der alltäglichen Gewalt. Eine nochmalige Tabuisierung der Gewalt wie der Sexualität und die Struktur derer Benutzung im Alltag!

Die Beschwörung der politischen Gewaltfreiheit überdies, die Ablehnung jeder revolutionären Gewalt, auf die heute kaum eine Fraktion der ehemals oder heutigen Linken mehr verzichten kann, scheint darüberhinaus ein weiteres Klima der Tabuisierung geschaffen zu haben. Das mag ein Grund sein, aus dem manch ehemalige/r Linke/r inzwischen mit der Gewalt in anderen Bereichen zu liebäugeln beginnt, zum Beispiel just in dem der »Erotik«.[14] Deshalb auch fühlt sich womöglich manch ehemals oder noch linker Strafverteidiger, der zur Gewaltfreiheit in der Gesellschaft zu bekennen sich stets bemüßigt fühlt, ebenfalls stets so bemüßigt, in Vergewaltigungsverfahren engagiert so zu verteidigen, wie früher in politischen Prozessen, nun mit dem Muster von Weiblichkeit, das männliche Gewalt liebt und anerkennt und männliche Gewalt jedenfalls im privaten Bereich als normal bestätigt.

Der Kunstvorbehalt (Freiheit von Kunst) entzieht Darstellungen von Handlungen auch wohlweislich dem Zugriff des (»Sitten«)richters, wie der »Forschungs«vorbehalt (Freiheit von Forschung und Lehre) Handlungen der Forschung dem Zugriff der Exekutive entzieht. Insoweit werden innerhalb gesellschaftlichen Konsenses des fortschreitenden Patriarchismus Pornografie wie Reprotechnik weiter wachsen können. Neue Gesetze werden herrschende Wertvorstellungen weder brechen noch gar größeren Schutz bieten für Frauen, bei deren zunehmend geringerer Wertschätzung.

Aus dieser Einschätzung heraus scheinen mir die Gesetzesentwürfe ggf. obsolet. Sie abzulehnen wegen drohender Eingriffe in Kunst, scheint mir nicht so relevant, vielmehr ablenkend. Richtig kontert in dieser Auseinandersetzung Ingrid Strobl (vgl. oben) daß der Konsens der Interpreten bestimmt, ob etwas Kunst ist oder nicht. Kunst ist immer Interpretation, Er-messen und Er-kenntnis innerhalb des Rechtsgefüges von Herrschaft, Wissen und Macht. Kunst ist also immer Definitionssache, wie Geschmack Kontext ist. Weil Kunst sich nicht begrifflich festlegen läßt, können weitere Begriffsbildungen auch nicht befriedigen. Sicherlich wäre unbefriedigend, wenn der Schutz der Kunst nach staatlich definierten Qualitätsstandards differenziert werden dürfte, und noch unbefriedigender wäre, wenn offensive Frauenkunst in den Maschen dieser staatlichen Qualitätsstandards hängenbliebe. Denn auch nach den Abgrenzungskriterien des – noch hinlänglich bemühten – Bundesverfassungsgerichtes (»das wesentliche der künstlerischen Betätigung ist die freie schöpferische

Gestaltung, in der Eindrücke, Erfahrungen und Erlebnisse des Künstlers durch das Medium einer bestimmten Formensprache zu unmittelbarer Anschauung gebracht werden«, Bundesverfassungsgerichtsentscheidung, 30, 173, 188; 31, 229, 338f.), ist weitere Abgrenzung innerhalb dieser Vielzahl von unbestimmten Begriffen nötig. Die Schranken des Art. 5 Abs. 2 GG stellen wiederum eine Vielzahl von unbestimmten Rechtsbegriffen dar, als da sind, die Schranken der allgemeinen Gesetze, sowie der Vorschriften des Jugendschutzes, die verfassungsrechtlichen Schranken der Würde des Menschen und der Schutz der Familie, sowie die Gesetzesschranken aus den einschlägigen Strafgesetzen. Ein Wust von Ermessen und Er-kenntnisgebrauch, mit Machtgebrauch, in dem kaum zu bestimmen ist, ob ein Bild zum reinen Selbstzweck Gewalt darstellt oder ob der Gewaltdarstellung eine Bedeutung für die ästhetische Form zukommt. Fraglos werden wir nicht jede Darstellung sexueller Gewalt ablehnen können, die auch zu einer Aufklärung über das Geschlechterverhältnis, über die Destruktionen männlicher sexueller Machtausübung führen können. Auf diesem Glatteis ist schwer zu wandeln.

Gesetzliche Maßnahmen, die sich gegen die Bilder von Herrschaft und Gewalt in der Sexualität (und es gibt kaum andere) richten, sind demnach Verkehrsvorschriften, die über die Gefahr der Fahrzeuge und ihrer Fahrzeugführer/innen nichts besagen. Und deshalb denke ich auch, trotz aller Sympathie für die Suche nach frauenschützenden Regelungen wie Sympathie für die Regelungsentwerferinnen, daß im Sturm auf die Bilder der Gewalt und Entwürdigung kein Potential herrscht, den gewalttätigen Sexismus zu verhindern. Ich denke auch, daß ggf. das Beharren auf dem Verbot der »schlechten« Bilder die Entwicklung von Frauen-Kultur wie Frauen-Recht lähmt und bindet.

Weiter befürchte ich, daß Frauen sich durch weitere besondere Rechte für Frauen, Antidiskriminierungsrechte, aussondern und einzäunen, und ihre Behandlung als Zootiere damit gleichermaßen fördern.

In der Erkenntnis dessen jedoch, daß juridische Diskurse eben sehr wohl nicht nur schützend, sondern auch gestaltend sein können, schiene mir notwendig und richtig ein anderer kreativer Umgang mit dem Recht und im Recht von Frauen für Frauen: Am Orte des Gegenstandes und nicht nur seiner Erscheinung, und in dem Recht, das für Menschen bislang festgeschrieben ist, auch wenn bislang damit Männer gemeint waren. Genausowenig, wie wir bei kreativem Umgang mit dem Recht meines Erachtens ein Antidiskriminierungsgesetz bräuchten und über unmittelbare oder mittelbare Wirkung der Grundrechte, insbesondere des Art. 3 GG (Gleichheitsgebot und Diskriminierungsverbot) mit Rechtsfortbildung Bahnbrechendes leisten könnten, genausowenig bräuchten wir meines

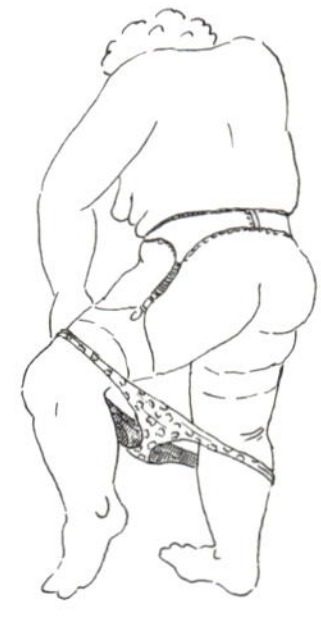

Erachtens neue Gesetze gegen Pornografie. Aber wir haben einen mühsamen Umgang mit der Kreativität (da sind die Machthaber immer noch kreativer, denen es gar nicht schwerfällt, Gewalt immer dort feinsinnig zu interpretieren, wo sie es selbst anders für sich selbst brauchen, etwa passive Demonstranten als gewalttätig einzustufen, etc. pp.); und außerdem trifft unsere Kreativität und unser Handlungsbegehren auf so manifesten Widerstand, daß es sicher einfacher erscheint, im vorgegebenen System von Recht und Maßnahmen zu operieren und dabei sich der Möglichkeiten strategisch und taktisch zu bedienen, derer sich der Gegner bedient.

Kreative Nutzung von bestehenden Rechtsnormen und Grundsätzen, ohne daß Frauen sich durch weitere Besonderungen stets selbst außerhalb der menschlichen Regel einzustufen bräuchten, könnte mehreres beinhalten.

Nach § 131 StGB wird die »Verherrlichung von Gewalt« und die »Aufstachelung zum Rassenhaß« unter Strafe gestellt. § 131 StGB stellt die Verherrlichung oder Verharmlosung von grausamen oder sonst unmenschlichen Gewalttätigkeiten von Menschen unter Strafe. Die Verherrlichung von Gewalt gegen Frauen wäre hier zu benennen und einzubeziehen. Wenn dies bisher wenig Eingang in die Rechtswirklichkeit gefunden hat, so liegt dies nicht am Gesetz – das zur Klarstellung ggf. um die Worte »insbesondere Gewalttätigkeiten gegen Frauen« ergänzt werden könnte, sondern an der tatsächlich mangelnden Sensibilisierung und Problematisierung der Gewalt gegen Frauen und der Gewalt der Geschlechterdifferenz.

So würde ggf. die pornografische Abbildung eines männlichen Paares mit schwarzer und weißer Hautfarbe eine rassistische Darstellung beinhalten, die unter § 130 StGb fallen würde.

Solch bestehende Regeln auszunutzen, halte ich für sinnvoller, ggf, auch deshalb, weil damit die alte Menschenrechtsdiskussion aus der Aufklärung, die eine rein männliche gewesen ist, zugleich aufgenommen wie aufgeweicht würde.

Die Bilder zur Be-zwingung von Frauen zu deren Ver-gegenständlichung vermischt mit Schönheitsidealen als Geschmackmuster (schön, jung, dumm) wie deren Gegenteil (häßlich, dreckig, nichts- oder allnutzig) könnten als Bilder über offizielle Normen von Männlichkeit und Weiblichkeit sanktioniert werden, weil sie die Menschenwürde verletzen oder/und weil die Gewalt der Deklassierung des Geschlechtes sei es verherrlicht oder verharmlost wird (§ 131 StGB), wobei das Geschlecht Frau nunmehr unter Menschenwürde einbezogen und ausgestaltet werden kann.

Die Regeln über die Unterlassung und Abgeltung von Eingriffen in Persönlichkeitsrechte (§ 823 Abs. 1 und 2, 826, 847, 1004 BGB) könnten kreativ und offensiv ausgestaltet werden. Dies alles wird ebenso erfolgreich oder erfolglos sein, wie die Einführung neuer Besonderungen von Frauen, aber ggf. gefahrloser, weil in den Besonderungen *für* Frauen auch gleichzeitig die Besonderungen *gegen* Frauen liegen könnten. Meine Zweifel an einer solchen feministischen Rechtspolitik schließen jedoch nicht aus, daß ich respektiere und ggf. unterstütze, daß Frau sich bestehender Gebots- wie Verbotsgesetze in Einzelfällen bedient, sie solche entwirft, und sei es auch nur um eine öffentliche Diskussion, hier über pornografische Darstellungen und deren Bedeutung wie Wirkung zu erreichen. Wir haben keine erfolgreichen politischen Konzepte, die es überflüssig machen würden, sich im Gefüge der staatlichen Normen zu bewegen. Die Bewegung sollte nur so frei wie möglich sein und jegliche neue Verkettung wie Opferung vermeiden.

Anmerkungen

1 vgl. Claudia Burgsmüller, Patriarchale Empfindlichkeiten wecken? Ein Plädoyer für Frauenkunst und -Phantasie und gegen die Entscheidungsmacht der narzistisch Gekränkten, STREIT 87, 107 ff.
2 Vgl. Claudia Burgsmüller, a.a.O.
3 vgl. nochmals Claudia Burgsmüller, a.a.O., sowie Brants und Kok, Der Einsatz strafrechtl. Sanktionen im Rahmen einer feministischen Strategie, – ein Widerspruch in sich?, zur Diskussion über das Pornografieverbot in den Niederlanden, in: STREIT 86, S. 76–85.
4 vgl. taz-Kommentar vom 07. 12. 87, taz Bremen, Bl. 17.
5 vgl. Leipziger Kommentar, herausgegeben von Jeschek u. a., Berlin, New York 1978, § 184, Rd.Nr. 17, Z. 5.
6 vgl. dto.
7 vgl. Susanne Behr, Neue Gesetze gegen Pornografie, STREIT 1987, S. 115 ff.
8 vgl. Claudia Burgsmüller, a.a.O.
9 vgl. hierzu nochmals Claudia Burgsmüller a.a.O. sowie insbesondere Herbert Selg und Mathilde Bauer, Pornografie, psychologische Beiträge zur Wirkungsforschung, Bern 1986.
10 vgl. Peter Gorsen, Sexualästhetik, Grenzformen der Sinnlichkeit im 20. Jahrhundert, rororo, Reinbek 1987, S. 84.
11 vgl. hierzu Dagmar Oberlies, in STREIT 86, 3 ff, S. 15–18, 50 ff.; Ilka Junger in STREIT 84, 35 ff.
12 vgl. Kirsten Ketscher, Rechtsprobleme der Fortpflanzungstechnologie – Regelung durch den Gesetzgeber oder private Institutionen, STREIT 1/88; Jutta Bahr-Jendges, Renaissance des Vaterrechts durch neue Reproduktionstechniken, STREIT 87, 98 ff.
13 Ingrid Strobl, Justine, Juliette und die Justiz, EMMA Febr. 88, S. 32, 33.
14 vgl. Ulrike Heider in: Psychologie heute, Nr. 4/87, S. 44.

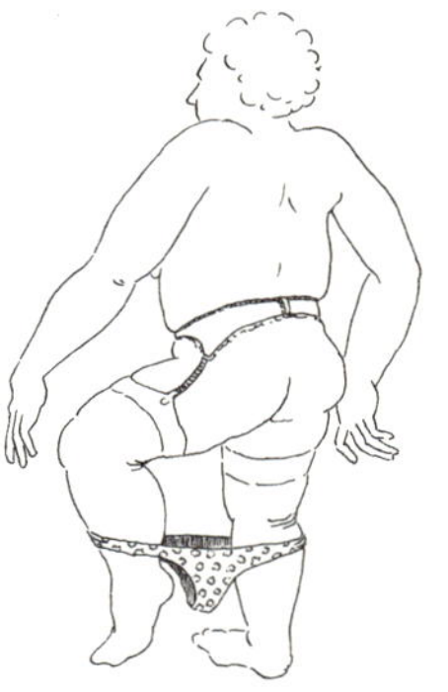

Elfriede Jelinek
Der Sinn des Obszönen. Vorrede

Um eine entschiedene und ausformulierte Meinung zu den Problemen im Zusammenhang mit der Pornografie und der Erniedrigung von Frauen zu äußern, bedarf es langen Nachdenkens, und das ist bei mir einfach noch lange nicht abgeschlossen. Darum kann ich noch keinen Aufsatz zu diesem Thema schreiben, kann im Grunde nur stottern. Deshalb sei im Folgenden wiederholt, was ich dazu in einem taz-Interview gesagt habe.

Kriterien für das, was sexistisch ist, muß man sich erst erarbeiten. Die Intention der Darstellung ist für mich das Entscheidende. Die Frage ist, ob die Erniedrigung der Frau, ihre Verfügbarkeit als Hure, beabsichtigt ist oder gerade eben kritisiert wird. Da gibt es haarfeine Unterschiede. Wenn man diese Definition gelten ließe, dann müßte man allerdings vielleicht De Sade verbieten. Oder sogar bei Rubens wäre unklar, ob seine nackten Frauen nun als Aufforderungen dargestellt sind oder als rein künstlerischer Ausdruck. In der trivialen Kultur sehe ich eine ganz heftige und unüberlegte Reaktion des Patriarchats, z. B. in Filmen wie »Eine verhängnisvolle Affäre«. Das ist eine Reaktion total verunsicherter und aggressiver Männer auf die Frauenbewegung, die sie anders nicht totkriegen können.

Elfriede Jelinek
Der Sinn des Obszönen

Ich bin selbst immer wieder beschuldigt worden, pornografische Sachen zu schreiben. Ich würde aber sagen, daß ich Anti-Pornografie schreibe. Es ist selbstverständlich so, daß sich Frauen die Darstellung des Obszönen und des Nackten zurückerobern müssen. Ich versuche das, merke aber in meiner eigenen Arbeit, daß die Darstellung des Obszönen von Männern so usurpiert ist, daß Frauen dafür keinen Ort haben und scheitern müssen. Natürlich muß es Pornografie von Frauen geben, aber ich glaube nicht, daß sie frauenverachtend wäre. Der männliche Blick auf die Frau dagegen ist immer verachtend. Pornografie ist nicht die Darstellung einer Handlung sondern der Erniedrigung.

Eine pornografische Darstellung ist immer auch eine geschichtslose Darstellung. Deshalb versuche ich zum Beispiel die Geschichte der Herabwürdigung der Frauen wieder zu schreiben. Meine Arbeit nenne ich antipornografisch, weil ich einen Bewußtmachungsprozeß erzielen und nicht nur einfach aufgeilen möchte, obwohl mir das auch schon vorgeworfen worden ist. Es geht darum, Sexualität als etwas Politisches und nicht als etwas Unschuldiges zu begreifen, das einfach da ist.

In dem, was ich schreibe, gibt es immer wieder drastische Stellen, aber die sind politisch. Sie haben nicht die Unschuldigkeit des Daseins und den Zweck des Aufgeilens. Sie sollen den Dingen, der Sexualität, ihre Geschichte wiedergeben, sie nicht in ihrer scheinbaren Unschuld lassen, sondern die Schuldigen benennen. Die nennen, die sich Sexualität aneignen und das Herr/Knecht-Verhältnis zwischen Männern und Frauen produzieren. Im Patriarchat ist es auch heute noch so, daß nicht Männer und Frauen gleichermaßen genießen, wie sie genießen wollen. Ich will dieses Machtverhältnis aufdecken.

Das Obszöne ist dann gerechtfertigt, wenn man den Beziehungen zwischen Männern und Frauen die Unschuld nimmt und die Machtverhältnisse klärt.

Man merkt oft in der Darstellung, daß es einem nicht mehr gelingt, seine Figuren zu bewegen. Der Text wird immer statischer und erklärender, weil es offenbar für Frauen nicht vorgesehen ist, einfach die Pornografie zu beschreiben, wie das die Männer immer gekonnt haben. Nicht umsonst gibt es kaum literarisch interessante weibliche Pornografie.

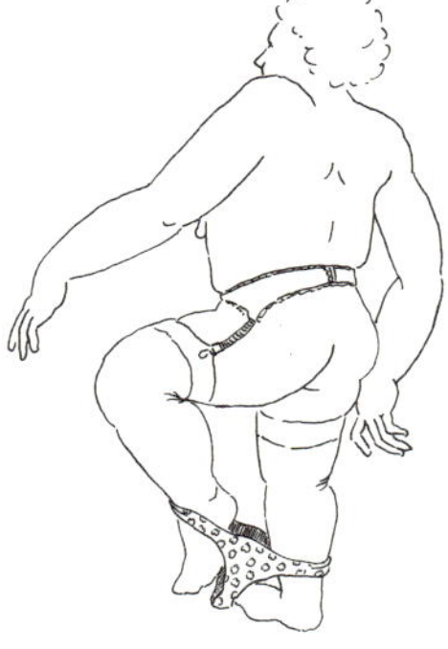

Erika Jong oder Anaïs Nin sind ja literarisch uninteressant. Die einzige ist eigentlich Pauline Reage, die Autorin von »Histoire d' O«. Und zwar nur deshalb, weil sie den weiblichen Masochismus vollkommen annimmt und ins Extrem weiterschreibt. Das stimmt ästhetisch und erhellt gleichzeitig die Machtverhältnisse. Ich versuche eben, noch einen Schritt weiter zu gehen und diese Macht politisch zu erklären. Ich bin mir bei all diesem aber immer noch sehr unsicher, obwohl ich mich selbst seit Jahren damit beschäftige.

Elfriede Jelinke
Lust

Der Direktor könnte seine Frau jederzeit mit dem Schädel voran in den Garten schmettern, sie soll nur aufpassen, wenn sie sich die Wimpern wieder einmal tuscht. Dann läßt er's aber tuschen, dann regt sich sein Bedürfnis wie eine Quelle im Wald, und unnütze Tränen werden ihr Gesicht bis zur Unkenntnis verschmieren (bis ihr keiner mehr sagen kann, zu wem sie gehört). Außer durch Armut kann jeder auch auf andre Weise weichgeklopft werden, wenn der Tag sich in der Früh entzündet und der Kaffee einem in den Schlund fährt. Es geht uns nicht gut, wenn wir außer dem Reinigen unsrer Zimmer nichts lieben und von niemandem jeden Tag neu geöffnet werden, ob was zu unsren stattlichen Organen dazugekommen ist. Doch keine Angst, wir bleiben die gleichen. Bald wird der Abgrund mit uns gedeckt werden wie wir unsre Einfamilienhäuser mit frischem Eternit zuzudecken versuchen, und die Zinsen der Kredite fallen wie Schatten darauf. Der Chef geht dann bald in den Stall zu uns Viechern, die wir an der Kette unsrer Wünsche liegen und getreten werden. Wer einen kleinen Hof und ein kleines Häusel dazu hat, der wird als erster die Arbeitslosigkeit schmecken: so sprechen die Menschen, die in einer himmlischen Boutique eingekauft haben und sich dann hinter ihre Schreibmaschine klemmen, wo niemand sie mehr zu besänftigen vermag. Nicht einmal das leise Reiben, mit dem das Wasser auf ihr Geschlecht rinnt, macht sie so milde, daß sie gut wären zu ihren lebendigen Gütern, den ängstlichen Angestellten in ihren Todeszellen. Die müssen oft stundenlang fahren, bis sie zu ihrem lieben Menschen nach Haus kommen und den Strom, der die Stühle durchzuckt, einschalten können.

Man speist nicht in fremden Gaststätten, wenn man ein wunderbares Haus gebaut bekommen hat, wo man an der Genickschußfalte gebeutelt wird. Auf die Straße fällt Schatten, die von der Arbeit heimkehren wollen einkehren in diesem armen Haus ein Bier trinken. Die Stirn des Direktors ist von keiner Mühe gezeichnet. Als Geigenkünstler ist er bloß ein kleines Gesäß, aber seine Frau durchquert er trotzdem in fünf Minuten. Er ist gut gefedert, wie er da behende mit seinem warmen Gehänge gegen ihr Euter schlägt, haben Sie gesehen, wie er es ihr jetzt in den Mund stopft. Seine Schwingen haben Schwierigkeiten, sich einzuparken. Aber die Herren stürzen ja immer gern wie Wasserfälle ins kleine Geschäft und haben es

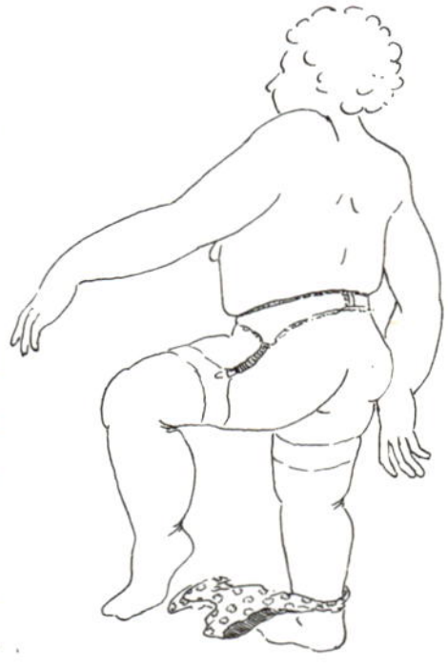

eilig. Es brennt auch bei Ihnen, wenn in Ihre Flut gebrunzt wird! Und draußen geht geschäftig der Polizist vorbei und macht Eintragungen, so mancher von ihnen hat einen Starken schmächtig gesehn vor einem Verbotsschild, aber ihre Frauen am warmen Ort, die können sie jagen! (dieses Wild ist immer in Stellung. Die Vorhänge streifen ihm über die kalten Hände, die viel Wäsche gehabt haben.) Als ein Himmelszeichen erscheint dieser Herr, in dem ein Bedürfnis nach Aufregung sich geregt hat, über der Frau, das heißt, er steht ganz groß da vor sagen wir seiner Kaffeemaschine, die kleiner ist (aber ebenfalls Pulsschlag erzeugen kann). Man muß auch die Faust zeigen können, mit der man auf den Tisch haut. Wo anders lassen sich knatternd Leute regeln und brüten über ihren Motoren, damit sie nicht zu spät zu ihrem Werk kommen. Die regen sich aber am Abend wie Flammen jenseits ihrer Umzäunungen, wenn die Frau schlecht gekocht hat! Da geht es hallo, die Frau schaut aus, als wäre sie geradewegs über die Alpen gekommen mit ihren Wunden und Schrunden. Viel Zeit haben diese Menschen nicht mehr, sich zu verzehren nach einem schönen Ziel, das vorn eine Brust hat, (wo es einen Sinn hat, daß es brennt). Sogar unsre Autos verzehren ja noch unser letztes Gespartes. Der Direktor klammert sich an seine Bettnachbarin. Will er sie abschaffen, die so lang neben ihm erledigt worden ist? Sie wohnen nebenan, schauen Sie nur, sie wird ernährt und soll daher nicht in fremden Gebäuden suchen gehn, daß wer den Mann spielt und seine Zunge in ihre Muschi steckt. Der Direktor verwendet keine Verhütungsmittel, denn er würde sich am liebsten noch mehrere Male wiedersehen, aber in Klein, damit niemand über ihn hinauswächst und sich mit Genuß an seiner Frau reibt. Er tritt auf die breite Lichtschneise hinaus und spreizt mit seiner Schneide der Frau das Maul auf. Sie hustet von dem Kniff, den er angewendet und er sich an ihr deutlich abzeichnet. (Er geht durch ihre ganze gute Figur). Es scheint diesen Mann zu faszinieren, daß er die ganze Länge seines Dinges allein gebären kann, also er verändert sich so, daß er mit der Frau in Streit gerät wegen seinem Gerät. Was für ein Wirkstoff, halb Gott, helf Gott, daß der seine eigene Vergrößerung, ohne als Heiliger gemartert an der Wand zu hängen, bewerkstätigen kann! So ein Mann! Und dann auf die Seinen herunterregnen, gelt, wo anders sind wiederum Treppen an die Häuseln angebaut, obwohl kein Mensch freiwillig so wohnen möchte. Ja, die Ärmsten machen kleine Schritte, um zu sich zu kommen.

Adrienne Goehler / Margret Hauch
Der Porno im eigenen Kopf – Bruchstücke eines Unbehagens

Die Vorstöße von Alice Schwarzer und ihren Emma-Kampagnen haben eins gemeinsam: sie lösen heftige Diskussionen aus, schrecken Themen und damit Menschen aus gewohnter Perspektive auf. Soweit so gut. Dies läßt sich gewiß positiv mit der Philosophie verbinden, daß der Weg schließlich das Ziel sei, und den Verdacht aufkommen, daß das Ziel so ernstgemeint denn nun auch wieder nicht sei. Trotzdem verlangt Alice Schwarzer ihren Kampagnen gegenüber immer bedingungslose Eindeutigkeit. In der Anti-Pornographie-Kampagne sieht das so aus: wer nicht für das Gesetz ist, ist für unterdrückende Pornographie, ist für Gewaltverherrlichung, ist für Erniedrigung von Frauen.

Erzürnt über das »entweder-oder«, in das Alice Schwarzer entläßt, improvisieren wir einen Salonabend in der Wohnküche, zum Zusammentragen der Widersprüche: 2 Juristinnen, die an einer ersten Fassung des Gesetzentwurfes mitgearbeitet haben, 1 feministische Filmemacherin, die nach dem vorgestellten Gesetzestext befürchtet, mit Klagen überschüttet zu werden, 1 Frau der GAL-Frauen-Liste, der Pornographie-Debatte in den USA vor 10 Jahren kundig und seit langem mit dem Arbeitsschwerpunkt Prostitution befaßt, als assoziierte Mitdiskutierende 1 Psychoanalytiker und die Geschäftsführerin der Frauenfraktion, und die beiden Autorinnen, Abgeordnete der HH Bürgerschaft (eine aktuell, eine ex und eine in spe) in der GAL-Frauenfraktion und ihres Zeichens Dipl.-Psychologinnen.

Wir skizzieren im Folgenden nicht alle Positionen, sondern Schnitt- und Trennungspunkte aus unserer Sicht, ohne Anspruch auf Vollständigkeit.

Die erste Überraschung ergibt gleich die Frage, auf welche empirische Basis wir uns überhaupt stützen, sprich: wieviel Pornos, über die wir reden, haben wir eigentlich gesehen? Das Ergebnis ist verblüffend, aber vermutlich repräsentativ für Frauen. Systematisch gesichtet hatte nur die Filmerin (legitimiert?) im Rahmen einer Diplomarbeit. Nur sie weiß, wovon sie spricht, und kommt zu einem sehr differierendem Ergebnis zu Alice Schwarzers Behauptungen. Bei allen anderen reicht die Erfahrung

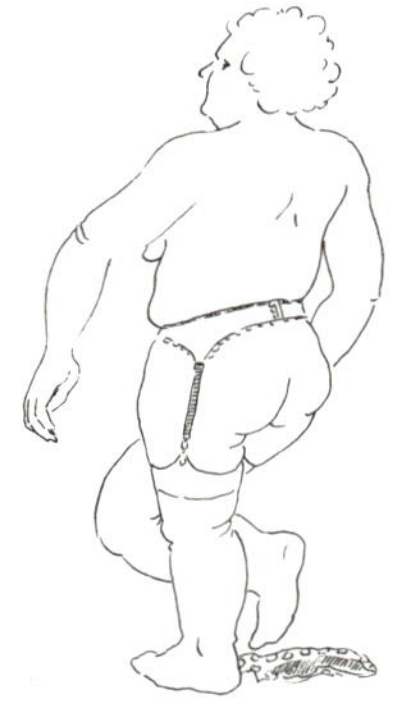

von 0 über durchschnittlich 2 Pornos, bis Sichtung des Fundus der Hamburger Abteilung der Sexualforschung von ca. 15 Pornos, für mehr oder weniger wissenschaftliche Zwecke.

Der Porno im eigenen Kopf

Daraus läßt sich unschwer erkennen, daß wir im folgenden eher vom *Porno im eigenen Kopf* ausgehen, von der Konfrontation mit unseren eigenen Phantasien über pornographische Szenen denn von realem pornographischen Material.

Die eigene Phantasie speist unserer Einschätzung nach auch die Wucht der Emotionen, denen wie bei diesem Thema begegnen; denn leidenschaftslos beschreiben alle die gesichteten Pornos als plakativen Geschlechtsverkehr mit meist befremdlichen Beiwerk, in unterschiedlichen Positionen. Statt Empörung: Langeweile und Naserümpfen. Die Gewalt an Frauen, so das Resumée, hält sich dabei in den Grenzen der alltäglichheterosexuellen Bezüge.

Von den häufig strapazierten »Snuff-Pornos«, die EMMA als Verbotsbegründung bemüht, weiß die Filmemacherin zu berichten, daß sie wegen der bestehenden Gesetze auf deutschem Markt nicht erhältlich seien. Hm.

Zwar wird das Angewidertsein von derlei Produktionen von allen geteilt, aber es bleibt notwendig abstrakt, ergo nicht tauglich für eine Klage im Sinne der EMMA-Gesetzesvorlage. Die persönliche Erfahrung fehlt schlicht.

Gegen Sexismus!!? Oder gegen Sex???

Richtig konkret wird unsere Wut erst, als das aufgeregte Gespräch bei Titelbildern etwa der Hamburger Morgenpost (täglich!) oder Zeit- und Ungeistjournalen des Jahres 1987 landet. Diese kotzen uns einfach nur an. Immer wieder aufs Neue. Aber da drängt sich die Frage auf: Ist das Pornographie? Oder Sexismus»normale« ohne Pornographiequalifikation, also ein durch dieses Gesetz nicht abgedeckter Zustand?

Hektische Flecken auf den Gesichtern und immer neue Beispiele von alltäglicher Diskriminierung, die uns etwa im TV vom Vorabendprogramm bis mindestens nach den »Tagesthemen« entgegenrieselt: Die Frau, die ihr Lebensglück am Weißheitsgrad ihrer Wäsche mißt, das liebe Puttchen, das so obszön beglückt erscheint, die an der Verweigerung dieses Normalen gescheiterte Frau, die Männerkartelle, die die Nachrichten bestücken. Müssen wir all dies nach der neuen Definition von EMMA als Pornographie fassen? Taugt der Gesetzesentwurf für eine Klage dagegen? Immerhin heißt es im § 2 Abs. 1 des Gesetzesentwurfes, die »... dargestellten Frauen/Mädchen genießen Erniedrigung ...«. Und dieser frauenfeindliche Umstand soll beklagbar sein.

Wir spielen durch – wir ziehen gegen einen Standard-Schimanski-»Tatort« vor Gericht, oder gegen die x-undzwanzigste Folge der »Lindenstraße«. Grundlage unserer Klage müßte § 1 des Gesetzes sein. Selbst ein feministisches Gericht, bekanntlich leider Utopie, das unschwer auf Sexismus erkennen könnte, hätte hier Schwierigkeiten mit der Schwarzer-Dworkinschen Pornographie-Qualifikation. Stattdessen ist uns nach einer wirklichen Handhabe, um sexistische Darstellung in den Massenmedien zu bekämpfen, einschließlich dessen, was unter dem Begriff »Pornographisierung des Alltags« zu fassen ist. Wir stimmen hier überein mit einer Forderung, die EMMA, in ihrer Stellungnahme zum Antidiskriminierungsgesetz der GRÜNEN erhoben hat: »Wir fordern Regierung und Gesellschaft auf, sich nicht länger vor einer kritischen Auseinandersetzung zu drücken. Unter strikter Berücksichtigung der Pressefreiheit (die nicht mißbraucht wird), müssen auch hier konkrete Maßnahmen zum Schutz von Frauen vor Sexismus und zur Förderung der Gleichberechtigung erfolgen.« (S. 80, in Broschure zum ADG).

Darauf bezogen birgt der EMMA-Gesetzentwurf eine gewisse subversive Potenz, z. B. durch das Klagerecht für jede einzelne Frau und die zivilrechtlichen Konsequenzen, Unterlassung und Schadenersatz. Nicht »Papa Staat« soll definieren, was für Frauen entwürdigend ist, sondern die Frauen aus ihrer jeweils subjektiven Sicht. Das geht weg vom Patriarchal-Normativen und könnte die Voraussetzungen dafür schaffen, zu berücksichtigen, daß es soviel Maßstäbe für sexistische Erniedrigung gibt wie Frauen (vgl. z. B. B. Kavemann) daß es auf den biographischen und aktuellen Kontext ankommt und nicht angeht, bestimmte Darstellungen als »an sich böse« zu verdammen. So haben, etwas platt gesagt, Plakate mit der Darstellung nackter Frauen auf einem Frauenfest eine andere Wirkung, Bedeutung, Absicht etc. als in einem Polizeirevier, wenn frau dort eine Anzeige machen will.

Diese nach unserer Ansicht subversiven Ansätze des Gesetzentwurfes, an denen weiterzudiskutieren uns lohnenswert erscheint, werden von EMMA selbst gleich wieder unterlaufen: zum einen dadurch, daß in § 2 doch wieder normativ argumentiert wird – wenngleich mit der bedenkenswerten Begründung, die Definitionsgewalt nicht den Richtern (das -innen kann frau sich leider noch weitgehend schenken) zu überlassen; zum anderen durch die Einengung auf Pornographie, was immer das sein mag resp.

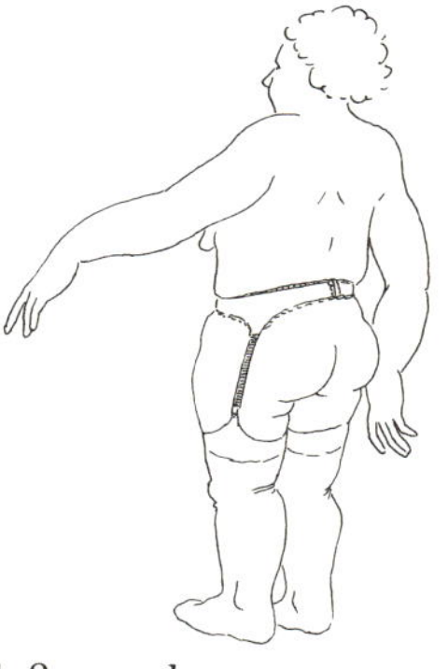

die/der Einzelne darunter versteht. In unserer Runde verlieren wir uns in Definitionsversuchen, denn die Ausführungen von Emma zu diesem Punkt bleiben sehr unbefriedigend. In Heft 10/87 liefert sie ordnungsgemäß neben der sprachlichen Ableitung (»Pornographie ist die Darstellung von Huren«) auch die Definition aus dem Gesetzeskommentar »Pornographie ist die grob aufdringliche Darstellung unter Ausklammerung sonstiger Bezüge«. Hierbei gibt die Filmemacherin zu bedenken, daß gerade feministische Film- und Videoarbeiten häufig mit Ausschnitten und unvertrauten Perspektiven von Frauenkörpern arbeiten. Ist dies nun im Schwarzerschen Sinne als Verstümmelung zu werten?

Die Ankündigung einer »politischen« Definition von Pornographie durch Feministinnen wird von EMMA nicht eingelöst. Es bleibt bei einer bloßen Attributierung und bei Bewertungen stehen, ausschließlich aus dem Lager der Antiporno-Frauen. »Pornographie ist die Theorie, Vergewaltigung die Praxis« (Brownmiller zugeschrieben). »P. macht Sexismus sexy« (McKinnon), »P. ist Kriegspropaganda gegen Frauen« (Alice Schwarzer).

Gerade die letzte Behauptung legt nahe, daß Kriegspropaganda gegen Frauen, überhaupt alle Gewalt gegen Frauen, Pornographie sei. Ein zweifelhafter Ansatz, bestenfalls zu verstehen als freie Anlehnung an »Das Obszönste ist der General im vollen Wichs« (Marcuse).

Aber noch geben wir nicht auf und klopfen die EMMA-Argumentation bereitwillig auf einen Hauch von subversiver Power ab – kann sie tatsächlich das ankratzen, was A. Dworkin die »männliche Definitionsmacht« (= the male power of naming) nennt? Oder verleugnet sie nicht eher die Definitionsohnmacht von Frauen? Wir haben ein déjà-vu, fühlen uns an die Vergewaltigungsdebatte erinnert. Während man(n) von der herrschenden Rechtssprechung bis hinein in linke Akademiker- und Sexualforscherkreise die Sexualität ins Zentrum rückt, bestehen Feministinnen – in Reaktion auf diese Herrschaft – darauf, daß Vergewaltigung nichts mit Sexualität, sondern ausschließlich mit Gewalt zu tun habe. Jede dieser Positionen ist unvollständig und blendet die schwierige Verwobenheit von Sexualität und Gewalt gegen Frauen aus.

Und genauso wie laut Datstellung der Filmemacherin der »Normalporno« den Spaltungswunsch bedient (klassisch: die Schlägerei *vor* dem Hetero-Normal-Akt), geht EMMA vor. Sie spaltet Sexualität ab. Sie will die Gewalt gegen Frauen mit Paragraphen bekämpfen, hängt es an den Pornographen auf und trifft so die Sexualität und damit ins Schwarze des deutsch-gesunden Volksempfindens, welches bekanntlich gegenwärtig Hochkonjunktur hat. Nicht nur die vielzitierten katholischen Frauenverbände, die Lebensschützerinnen, die AIDS-Mahner und Monogamiepropagandlstinnen, gefolgt von der amerikanischen Männer-Rechts-Regierung und ihren Säuberungsaktionen (vgl. TAZ, 27. 2. 88) stellen sich als unerwünschte Verbündete ein, sondern auch von der »sexuellen Befreiung« enttäuscht-verbitterte Feministinnen.

Die Falle

Hat EMMA vergessen oder gar nie verstanden, daß sich sexuell repressive Maßnahmen in patriarchalischen Strukturen immer zuerst und vor allem gegen Frauen richten (vgl. z. B. Ellen Willis)? EMMA selbst hat es doch zu spüren bekommen, als die Nov. Nr. unter dem Vorwand, sie verbreite harte Pornographie, in weiten Teilen der BRD nicht ausgeliefert wurde, und – frau wagt es kaum zu denken und schreiben – ist an diesem Vorwurf nicht gar ein winziger Kern? Die pornographischen Kleinstbilder in dieser Ausgabe, die dazu zwingen, die Nasenspitze ans Heft zu kleben, um sich zu »informieren« . . . wie in der Peepshow! Wenn auch nicht mit dem Ziel, sie »geschlechtlich zu erregen«, hat EMMA ihre Leserinnen mit pornographischem Material konfrontiert, mit dem die meisten Frauen sonst nicht in Berührung kommen (s. o.). Sie hat sich quasi selbst zum Medium des Konsumterrors gemacht, den sie mit der Kampagne angreift. Nur halb amüsiert stellen wir uns die Frage, um wieviel Prozent Frauen, auf der Jagd nach Material, den Pornokonsum nun steigern werden.

Foucault hat diese Zweischneidigkeit als typischen Mechanismus im gesellschaftlichen Diskurs analysiert, und eine Pornodebatte täte gut daran, darauf den einen oder anderen Gedanken zu verschwenden.

Aus dem Giftschrank der Herrschaftswissenschaften

Ganz so, als wäre es nie ein tragender Pfeiler der Frauenbewegung gewesen, Wissenschaftskritik zu leisten, zückt EMMA 11/87 Beispiele aus dem Monsterkabinett experimantal-psychologischer labor-Forschung und will diese als Beweise geltend machen für die abenteuerliche These, sexuelle Gewalt von Männern gegenüber Frauen sei vor allem durch Pornographie verursacht. Die Vorstellung, mit entsprechend feingeeichten Meßgeräten und an Hirn und Hoden placierten Elektroden ließe sich die Wahrheit über das Phänomen Triebstruktur Mann erfahren, hat sich kaum irgendwo solch eine Naivität bewahrt, wie bei denjenigen, die die Sexualität »dingfest« machen wollen. Das sind neben den »Porno-Psychologen«

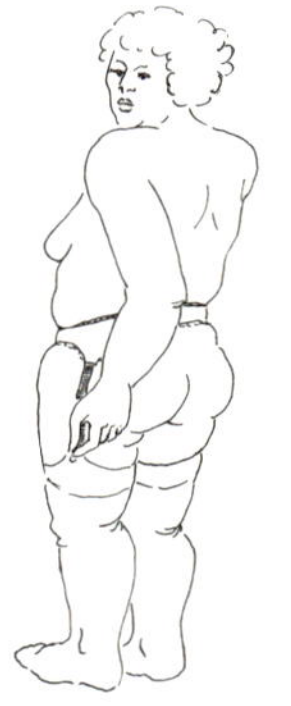

(R. Lautermann) vor allem auch jene, die den Trieb an der Leine zu haben glauben, wenn sie das Glied an die Manschette legen und auf einer Skala nachschauen, ob sich was tut. Über derlei Forschung legitimiert sich aber die EMMA-Kampagne. So begründete Warnungen an die Leserinnen vor Pornographie erinnern makaber an die Warnung vor dem bösen fremden Onkel, die angeblich kleine Mädchen vor sexuellem Mißbrauch schützen soll. Dabei handelt es sich bekanntlich ja um eine Irreführung, die durch ihre weite Verbreitung und häufige Wiederholung nicht wahrer, sondern gefährlicher wird, weil sie Mädchen davon abhält, die statistisch relevantere Gefahr zu erkennen, die von den Männern im Familienkreis ausgeht.

Facetten der Inszenierung

Dieses »wer-nicht-für-mich-ist«, ist für Pornographie und für Verharmlosung von Gewalt gegen Frauen, setzt sich in der Strukturiertheit von Radio- und Fernsehduellen zum Für und Wider der Pornographiekampagne fort. Dort treffen wir an: Den geständigen Mann (Spiegel-Karasek), den Liberalen, der für den Libertin kämpft (Naumann / Rowohlt, NDR-Sendung), der sachlich-verbrämte Leugner von Frauenrealität (Trippel, Pro & Contra), der sich links-intellektuell Gerierende (Greiner / ZEIT).

Dagegen, wahlweise: Alice, die Rächerin der Unterdrückten, Alice zur Prüden gemacht, Alice als das schlechte Gewissen der Nation, Alice als Protagonistin des »Endlich Wahrheit!«, Alice als Verkünderin des *einen* wahren weiblichen Begehrens, Alice als Tangierte, Alice als Tabubrecherin.

Die Frauen, die sich mit ihr in die Manege begeben, finden keine Ruhe für differenzierte Überlegungen, reduzieren sich – so sie ihr nicht applaudieren – auf einen mechanischen Gegenpol zu ihr.

Gibt es dann doch mal abwägende Annäherungen, wie von Verena Krieger oder im »Stern«, so werden sie von Alice flugs diffamiert als »Zuckerbrot und Peitsche« (EMMA, 2/88), bzw. milde belächelt.

Die letzten Verlautbarungen aus dem Hause Schwarzer, wonach sie nicht mehr mit Frauen zu diesem Thema zu streiten gedenke, nur noch direkt mit dem Publikum, bzw. mit Männern, verstärkt unseren Verdacht, daß sie die Dichotomie und damit das klare Feindbild zwingend braucht, um ihre Kampagne führen zu können.

Resümiertes Unbehagen

Wir erleben die Pornographie als weites Feld der Projektion, als moralisches Distanzmittel für ungebetene Eiferer, als Terrain der Männerwelt, das gleichzeitig eine Leerstelle für Frauen ist, drum auch eine Herausforderung, sie positiv zu besetzen. Der Schritt der Verfassungsbeschwerde, den 35 filmschaffende Frauen derzeit gehen, um eine Quotierung der Filmvergabegremien zu erwirken, ist uns ein enorm wichtiger Schritt auf diesem Weg, und wird von uns in Form einer Zuschauerinnen-Initiative unterstützt.

Die EMMA-Kampagne greift nicht das vielschichtige Problem der alltäglichen Diskriminierung auf, läßt das unangetastet, was uns als die größte Herausforderung erscheint: Die HERRschenden Pornoproduktionen über *unsere* Bilder, *unsere* erotischen Phantasien, *unsere* Darstellung *unserer* sexuellen Riten und Begierden als das zu benennen, was sie sind: frauenfeindlich und in ihrer übergroßen Zahl sterbenslangweilig, öde und lustabtötend.

Andere Bilder braucht die Frau, andere Bilder macht die Frau! Die Kampagne des Gespanns Dworkin/Schwarzer läßt außerdem unberücksichtigt, was wir als breite und immer breiter werdende Ermutigung aus den Reihen der Frauenbewegung erfahren: anstelle der alten Verbotsparolen ist die selbst-bewußte Absicht getreten, wir mischen mit, nehmen uns Räume, besetzen Plätze in den Macht- und Ideologiezentren.

EMMA, die sonst jede Frau bejubelt, die in Männerbastionen eindringt, und sei es »unsere erste Frau im All« (2/88) bleibt ausgerechnet in dieser Frage merkwürdig stumm. Oder sollten uns die zahlreichen Porträts über Filmerinnen entgangen sein, die in der EMMA den Raum kriegen, auf ihre Weise Erotik zu bebildern, ausschweifend darzustellen?

Wir finden aber auch nirgends die Aufforderung, die Bundesprüfstelle zu besetzen (räumlich), um sie hernach mit Frauen zu besetzen (paritätisch, oder besser noch – zu 100%).

Nirgends ist die Forderung nach quotierten Geldmitteln in der Film- und Fernsehbranche, die uns unserem Bedürfnis, uns visuell antörnen zu lassen, näherbrächten.

Nirgends einen Gedanken verschwendet auf das *Recht* von Frauen, sich dafür zu entscheiden, in der Pornoindustrie ihre Brötchen zu verdienen, oder auf die Frage, ob die Angst durch Freier infiziert zu werden, nicht immer mehr Huren ins Pornostudio treibt. Nirgends eine Reflexion darüber, was uns erwartet an Zunahme von alltäglich-unspektakulärer Gewalt, wenn Männerphantasien nicht mehr auf Zelluloid gebannt sind.

Nirgends den leisen Verdacht formuliert, die Kampagne könnte – wenn

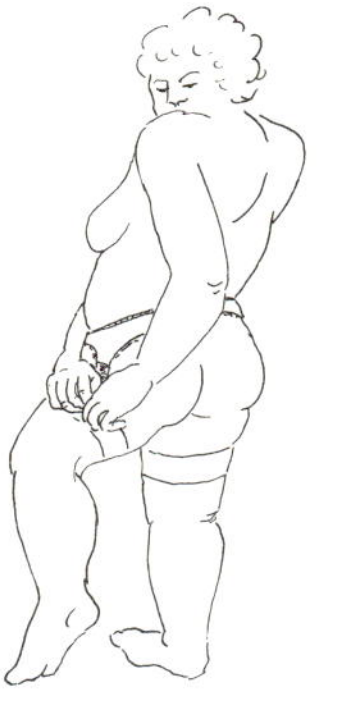

auch nicht intendiert – auf Selbstdemontage weiblicher Potenz hinauslaufen.

Der Salonabend neigt sich dem Ende entgegen, die Widersprüche zur EMMA-Kampagne bleiben widersprüchlich, wichtige Fragen offen: Wie gelingt es, als Frauen eigene Bilder zu schaffen, die unsere Geilheit befördern und widerständig sind gegenüber zensierenden Feministinnen?

Wie kriegen wir den »Porno im eigenen Kopf« formuliert und visuell inszeniert?

Wie wär's mit 'ner Kampagne?! Für Pornos von Frauen.

Literatur

Broschüre zum Antidiskriminierungsgesetz der Grünen

Focault, Michel: Sexualität und Wahrheit. Bd. 1. Der Wille zum Wissen. Suhrkamp 1977

Kavemann, Barbara: Die alltägliche Gewalt gegen Frauen. Vortrag auf der Veranstaltung »Gewalt gegen Frauen« am 3. 10. 1987 in Werneck bei Würzburg, unveröffentliches Manuskript

Lautmann, Rüdiger: Die künstliche Welt der Porno-Psychologie. In: Psychologie Heute, 5, 1987

Willis, Ellen, Pornographie. In: Stansell, Snitow, Thomsen (Hrsg.): Die Politik des Begehrens, Rotbuch, 1984

Christel Dormagen
Wen kümmert's, wer spricht

Als gebe es eine endliche Menge, suche ich rastlos von überall her die Worte zusammen, gedruckte und gesprochene. Als handle es sich um eine mathematische Gleichung, bei der es darauf ankommt, alle notwendigen und zureichenden Unbekannten zu finden, die dann die errechenbare und damit zweifelsfrei richtige Lösung ergeben. Dabei ist nicht einmal ein Preis ausgesetzt. Es gibt nichts zu gewinnen. Oder etwa doch? Den Klugheitspreis für die Wahrheit?

Auf jeden Fall muß unbedingt noch diese bestimmte Zeitung beschafft werden. Ein gescheiter Freund hat nämlich angerufen und auf einen Artikel zum Thema hingewiesen, der mir sonst entgangen wäre. Es soll darin, hat er erläutert, um die Frage gehen, was denn schlimmer sei: das Phänomen selber oder die Angst vor ihm. Das scheint in meiner Sammlung von Unbekannten ein bisher übersehener wichtiger Faktor zu sein. Bevor ich ihn nicht zur Kenntnis genommen habe, darf ich nicht anfangen zu schreiben. Daß ich längst selber von Angst infiziert bin, merke ich erst später.

Angenommen, es ginge um einen möglichst aktuellen Artikel über den Gesamtzusammenhang von Smog und Gesundheit in Industriegegenden. Selbstverständlich wird man sich um alle erreichbaren Daten bemühen, wird jüngste Forschungsergebnisse berücksichtigen, physikalische, chemische, meteorologische, verkehrstechnische etc. . . . Fakten herbeischaffen, sich sachkundig machen, um einer möglichst genauen Darstellung des Phänomens willen. Jede übersehene Veröffentlichung, jede noch so unspektakuläre Verlautbarung kann entscheidend sein für die angemessene oder unangemessene Erfassung des Sachverhalts. Die Frage nach der Autorschaft solcher Daten ist dabei gleichgültig oder zumindest zweitrangig; wenngleich natürlich politische Statements anders gewertet werden wollen als solche von Kraftwerksbetreibern oder von atemkranken Bürgern. Das ist lediglich Teil der Sorgfaltspflicht gegenüber dem anstehenden Thema.

Auch jetzt gehe ich sorgfältig vor: ich sammle wie verrückt. Und da mein Thema offenbar nicht nur meinen Kopf erregt, häufen sich auf dem Schreibtisch die ausgeschnittenen Artikel und Zeitungsseiten, die Notizen mit Hinweisen, die aufgeklappten Bücher. Überall steht etwas. Ich komme kaum nach mit Kaufen, Kopieren, Anstreichen. Selbst meine

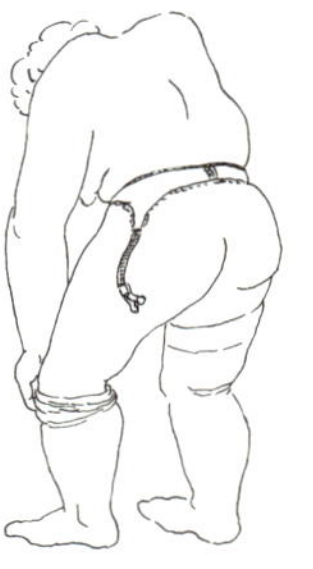

Eltern schicken Funde aus ihrer Lektüre. Denn ich lese nicht nur, ich spreche auch über das Thema, mit Freundinnen, Bekannten, Brüdern . . . Viele tun das.

Eine Freundin sagt am Telefon: »Wie die schon aussieht!«, und sie lacht ihr schlechtes Gewissen weg. Eine andere berichtet: »Ich habe noch niemand getroffen, der dafür ist.« Eine dritte erzählt mir ihren Traum. Es ging um eine Diskussion zum Thema. Dafür wurden Videokassetten benötigt; jemand wollte ein paar besorgen. Aber welche sind die richtigen? Langatmiges Hin und Her. Ich bin in ihrem Traum auch anwesend, rede und rede. Schließlich ist der Träumenden der Kragen geplatzt: »Das Zeug ist doch nicht zum Analysieren da, sondern zum Aufgeilen«, hat sie gesagt. So schön löst sich das Problem im Traum. Aber das ist reflektionslos!

Dann kommt ein kluges Paar zum Kaffeebesuch. Er ist gelernter Philosoph, sie übersetzt das Neue (vernunftkritische) Franzosendenken. Ich erzähle von meiner Schreibnot. Er hat gleich Ratschläge zur Hand: Die Frage habe doch Kant schon gelöst, sagt er, ohne zu zögern. Und dann sei noch die »Dialektik der Aufklärung« wichtig zum Verständnis. Ich stehe innerlich stramm, notiere heimlich im Kopf: Kant und Adorno/Horkheimer! Das Paar entwickelt dann einen kurzen Abriß der Kulturgeschichte. Zwei große historische Umbrüche habe es gegeben in der Menschheitsgeschichte, den Wandel von der mündlichen zur Schriftkultur und den von der schriftlichen zur visuellen. Und wir befinden uns zur Zeit mitten im Bildersturm.

Da nach Kant, sagt er, das Ohr die moralische Instanz ist, während das Auge – als Organ, das nur fasziniert ist – nicht entscheiden kann, hat diese zweite Revolution in die totale Sichtbarkeit hinein unabsehbare ethische Konsequenzen. Was für ein bodenlos interessantes Thema. Ich werde noch dringend die »Geschichte des Auges« lesen müssen und Theorien über die Begründung der Moral. Der sympathische Philosoph gibt mir einen letzten Hinweis. In dem Buch jenes bekannten Germanisten, »Der übersinnliche Leib«, gebe es einen Artikel über eben dieses urteilsunfähige Auge. Er beziehe sich da auf einen Mordprozeß, bei dem den tauben Mördern ihr organischer Defekt zugutegehalten wurde: über das Auge allein könne man keine Gefühle lernen, hatte der Gerichtsgutachter vorgetragen; und die seien Grundlage des Gewissens.

Tage später kaufe ich wahrhaftig das genannte Buch, lese beflissen, finde manch Anregendes im allgemeinen und bleibe im besonderen weiterhin ratlos. Auf meinem eigenen Bücherregal suche ich im systemlosen Durcheinander zwei Tage lang meine Ausgabe der »Dialektik«. Sie stammt aus den 70ern; danach habe ich sie nicht mehr angeschaut.

Die Seiten sind fast unkenntlich vor lauter roten, blauen, schwarzen Strichen, Frage- und Ausrufezeichen. Manche Merksätze verstehe ich jetzt gar nicht mehr. Ich arbeite mich durch das de Sade-Kapitel, und nach der Lektüre fällt das Taschenbuch an dieser Stelle endgültig auseinander. De Sade ist, das hat meine bisherige Vorarbeit ergeben, ein immer wiederkehrender Gegenstand in der augenblicklichen Diskussion. Er ist der Prüfstein, an dem sich die Schlüssigkeit der jeweiligen Argumentation zu erweisen hat. Ist er gefährlich oder Kunst? Die einen finden, es handle sich um Anleitung zu Gewalt; die anderen finden, seine Bücher seien eine Abrechnung mit der rasend gewordenen Aufklärung.

Das sei ja überhaupt das Elend, sagt ein Freund. Die Art der Fragestellung zwingt zu Entweder/Oder-Antworten. Das binäre System sei zwar in der Elektronik das einzig denkbare, aber in gesellschaftlichem Kontext ein gänzlich anachronistisches Denkmodell und nur in der Lage, Mentalitäten zutagezufördern. Gerade das vorliegende sei eines jener fürchterlichen »Finde-Themen«: jeder fühlt sich berufen, jede ist kompetent. Denn natürliches Empfinden besitzen wir alle. Der findet dies, und die findet das. Ich finde, daß der Freund recht hat. Nur weiter komme ich nicht.

Da treffe ich den Etikettenschwindler. Der findet alles ganz einfach: Die Ostblockstaaten hätten das Problem bezeichnenderweise nicht. Unfreiheit sei immer sauber. Wenn nur ein Buch, ein Bild, ein Film erlaubt sind, droht keine Gefahr. Nur die Freiheit impliziert die Möglichkeit kontroverser Blicke und Äußerungen. So gesehen stimmt das.

Ebenso einleuchtend erscheint mir aber auch das energetische Überdruck-Modell, das ein Psychologe anbietet. Mit der zunehmenden Durchrationalisierung aller privaten und öffentlichen Lebensbereiche, sagt er, wachse die Gefahr irrationaler Ventilreaktionen. Je vernünftiger die öffentliche Moral, umso heftiger die gewaltsamen Ausbrüche aus ihr. Das bräuchte ich nur bei der Frankfurter Schule nachzulesen. Und er zitiert mir: Der Genuß sei die Rache der unterjochten Natur; im Genuß würden sich die Menschen vom Denkzwang befreien. So etwa ging der Gedanke. Wenn ich ihn wörtlich irgendwo gedruckt fände, würde ich ihn wohl unterstreichen.

Bei der »Heisenbergschen Unschärferelation«, die ein weiterer wohlmeinender Mitdenker unbedingt berücksichtigt wissen will, beginne ich zu streiken. Ich wisse ja: Je näher die Kamera ihrem Objekt komme, desto weniger sei zu sehen ...

Und dann irritiert mich meine feministische Freundin. Sie habe, erzählt sie, schon einige Diskussionen über das Thema hinter sich, mit Männern wie mit Frauen. Und sie habe sich stets dabei ertappt, daß sie Männern gegenüber das Gesetz befürwortet, daß sie in der Auseinandersetzung

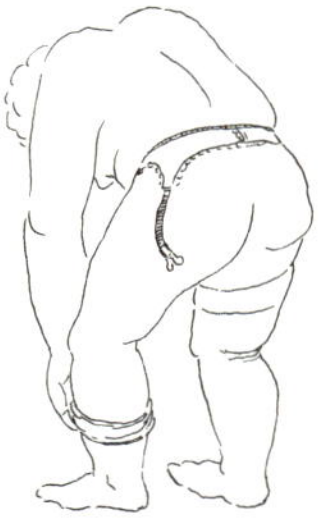

mit ihnen einen schärferen Ton anschlägt und daß sie zur Stärkung ihrer Position lieber Männer zitiert als Frauen.

Genau wie ich, die ich mir in meinem ersten Bewältigungsversuch mit Vorliebe von klugen Männern kluge Hinweise zum Thema habe geben lassen, auch auf kluge Gedanken von anderen klugen Männern. Auch wenn die Frage: wird Frauen real Gewalt angetan oder nicht, für mich immer noch eine offene ist, habe ich mir auf jeden Fall erstmal selber Gewalt angetan. Ich stelle bekümmert fest, daß ich tatsächlich, indem ich mich selber verteidige, Angst habe, Sympathien bei den Angreifern zu verlieren. Ich bin natürlich nicht die erste, die das feststellt. Im Laufe der öffentlichen Diskussion hat es derlei Vorwürfe schon zuhauf gegeben: nur hätte ich mich nicht für so anfällig gehalten.

Nun wird die Angelegenheit zur Geschlechterfrage. Ich untersuche die jeweiligen Positionen noch einmal auf ihre Absender hin. Da war ziemlich zu Anfang eine berühmte Fernsehdiskussion zwischen zwei bekannten Frauen gegensätzlicher Meinung. Die eine hatte gegen Schluß gesagt, sie würde sich so schnell nicht mehr öffentlich mit einer Frau streiten, da sie geneigt sei, Frauen ein Solidaritätsapriori zuzugestehen. Und nach dem Schaukampf, in dem die andere um Satzlängen gesiegt hatte, soll sie sogar erschöpft Männern in die Arme gesunken sein und geseufzt haben: »Jungs, ich kann nicht mehr, nehmt mich in euer Geschlecht auf!« Beide hatten als Frauen gesprochen. Beide waren gegen Unterdrückung. Beide fochten im Namen aller Frauen. Die eine sah aber die Errungenschaften emanzipatorischer Befreiung in Gefahr, wenn Wirklichkeit würde, was die andere forderte. Die andere sah Leib und Würde aller Frauen in Gefahr, wenn das Gesetz nicht Wirklichkeit würde, das sie forderte. Von dritten wurden die gegensätzlichen Ansichten später mit der jeweiligen ideologischen Herkunft der Kontrahentinnen erklärt: Die eine ist Radikalfeministin, hieß es, und die andere Alt-68erin. Ach so.

Es geht also um Stammbäume. Woher kommt das Gesprochene? Ich durchforste meinen Zitatenschatz nun nach den erweiterten Gesichtspunkten Geschlecht und Heimat. Es gibt dabei interessante und eher langweilige Kampf- respektive Notgemeinschaften.

In der »Zeit« eröffnet z. B. ein Ressortchef die Runde, nachdenklich zwar, aber doch dagegen. Eine Frau folgt in einer späteren Ausgabe, die feministisch ist und dafür. Dann wird Platz gemacht für jede Menge gehobene Volksmeinung in Briefform. Im »Spiegel« schreibt ebenfalls ein Mann und Ressortleiter die Titelstory; im verkommenen Gestus tiefster Betroffenheit spricht er und ist, mit öffentlichem Schuldbekenntnis, dafür. Der »Stern« ist in bewährter Weise meinungslos vielseitig; ein Redakteur schildert mit süffiger Besorgnis Sowohls und Alsauchs. In »Konkret« nimmt wieder ein Mann Stellung; doch diesmal kein Journalist und Meinungsinhaber, sondern ein studierter Germanist, Mäzen und Gelegenheitsschreiber. Er ist kein Betroffenheitsproduzent, sondern ein gedankenstrenger Moralist. Und er ist dafür. Es folgt im nächsten Heft dann ein Streitgespräch zwischen zwei Herausgebern: dem männlichen von »Konkret« und der weiblichen von »Emma«. Sie stehen in geradezu metaphernreifer Endgültigkeit für zwei Weltbilder: Mann und altdogmatisch links contra Frau und radikal feministisch. Zwei saubere Haltungen.

Der Zeitschrift »Emma« selber, als Initiatorin der Medienturbulenzen, ist naturgemäß an einer Streckung des Themas gelegen. Über mehrere Hefte hinweg kommen Standpunkte zu Wort; naturgemäß eher befürwortende und naturgemäß eher von Frauen. Es ist aber besonders schmükkend, auch männliche Zustimmer vorzustellen, mit Foto. Männliche Gegenstimmen erscheinen dort in der Präsentation als eher dümmlich und lächerlich, samt der genannten Institution, für die sie sprechen. So der »Tempo«-Redakteur, der sich auf ein »Emma«-Podium gewagt hatte. Und Contra-Frauen – sie werden aus der »taz« entliehen und nachgedruckt – erhalten die Aura von liberalistischen intellektuellen Männer-Huren. Die Trennlinien zwischen gut und böse verlaufen eindeutig, wenn auch transversal zu den Geschlechtern.

Eine männerdominierte Stadtzeitung läßt sprechen: das Leben nämlich mit seinem Schein von Unmittelbarkeit. Prostituierte kommen zu Wort und halten gar nichts von Gesetzen und Strafe. Sie haben ihr Leben frei gewählt und finden ihre Arbeit gut. Sie müssen es wissen, unterstellt das Heft. Stellvertretungsvorsprecher stellen allerdings klar, daß es sich dabei um ein Selbstmißverständnis handelt, da Frauen grundsätzlich Opfer sind. Und Opfer können nicht frei sein. Nein, das sei ja gerade das Verhängnis, daß Frauen sich immer nur als Opfer definierten, sagen andere Stellvertreterinnen. Mir schwirrt der Kopf, und ich verfalle ebenfalls der Illusion, dem Leben selber ließe sich seine Wahrheit entlocken.

Ich begebe mich auf einen Nebenschauplatz. In Berlin wird gerade die Ausstellung »Geschichte des Aktfotos« eröffnet. Überraschenderweise beschert sie der Metropole noch einmal das gar nicht mehr für möglich gehaltene Ritual einer Beschlagnahme von inkriminierten Ausstellungsobjekten einerseits und eine Überklebeaktion einer feministischen Protestgruppe andererseits. Ansonsten trägt die Bilderschau nicht zur Klärung in meinem Kopf bei. Ich sehe viele unbekleidete weibliche Körper in unterschiedlichen Haltungen. Und die Mitbesucher und -besucherinnen machen, auch bei schärfster Beobachtung, nicht den Eindruck geiler Voyeure, sondern treten als konzentrierte, sachliche AnalytikerInnen auf.

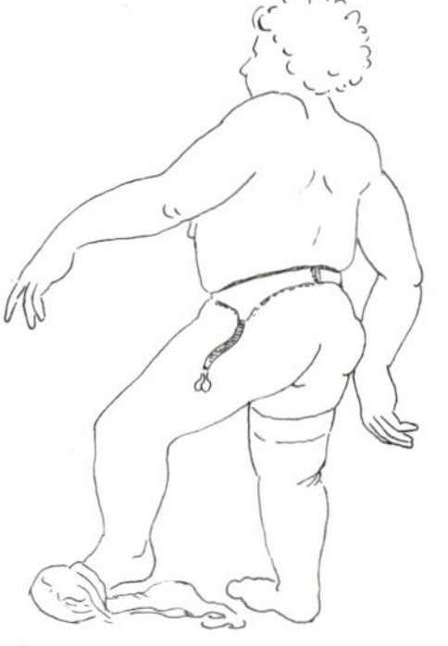

Bei manchen Bildern erhitzt sich allerdings mein Auge. Aber davon soll ja nicht die Rede sein.

Ebenso ergeht es mir, als ich von der Bilder-Erforschung zur Wort-Erforschung aus erster Hand übergehe. Ich lese Marquis de Sade, Charles Bukowski, Anais Nin... Unterscheiden sich die »Stellen« voneinander oder nicht? Da der jeweilige Text quasi apriorisch in seine geschlechtliche Autorschaft eingehüllt ist, kann ich nicht entscheiden, ob die graduellen Verschiedenheiten qualitative Differenzen verbergen. Selbst wenn das der Fall wäre, ist die leidige Frage, ob Bilder Wirklichkeit erzeugen oder spiegeln, damit noch nicht geklärt.

Wissenschaftliche Untersuchungen haben ergeben, daß..., behaupten die einen. Der Status der Einflußforschung ist wissenschaftsmethodisch sehr umstritten, wenden die anderen ein. Und eine frauenparteiische Kritikerin führt als Beleg eine andere Wissenschaftlerin an, die auf den fahrlässigen Umgang mit solcherlei Daten hinweist. Ob das im Referenzen-Dschungel nun ein Glaubwürdigkeitsbonus oder gerade nicht ist, läßt sich zu diesem Zeitpunkt nur noch mit offenem oder stillschweigenden Vorurteilsbekenntnis entscheiden.

Wenn Geschlecht und Herkunft nicht allein über die Wahrheit entscheiden können, liegt das entweder am immer noch unzulänglichen Beurteilungsinstrumentarium oder an der Abwesenheit von Wahrheit. Ich achte nun auf Tonfälle, Sprachgebrauch, saubere Logik und Rhetorik. Eine bestimmte Wörtergruppe wird von den Jasagern und den Neinsagern gleichermaßen benutzt: puritanisch, Ferkel, widerlich, liberal, spießig, muffig, prüde, moralisch... heißen die und sind lauter Gesinnungswörter. Mentalitätsbeschreibungen, die jeweils der Gegengruppe unterstellen, daß sie nicht auf der Höhe der Zeit ist. Und das ist, wie der Kontext schweigend nahelegt, das schlimmste Verdikt: man ist dem Gelächter preisgegeben.

Von ebendieser Angst bin nun auch ich besessen. Wie gelingt mir die Produktion der avanciertesten Meinung zum Thema? Wie schmücke ich mich mit der richtigen Abstammung, ohne in die Falle verräterischer Zustimmung zu geraten oder mich einer falschen Herrschaft anzudienen? Inzwischen habe ich, unter Zuhilfenahme eines Kopf-Vaters, beschlossen, daß Wahrheitsfindung nicht möglich ist. »Die Vernunft ist ihren Zielen und Mitteln gegenüber indifferent«, sagt er. Was heißt: eine natürliche Moral, die sich sozusagen qua Anschauung aus den Gegenständen ableiten ließe, gibt es nicht. So bleibt nur die Möglichkeit von »Standpunkten, Sichtweisen, Stellungnahmen, Haltungen«. Wörter, die verraten, daß offenbar nicht der Kopf urteilt, sondern der Körper, indem er, wie beim

Tanzen, eine »Position« einnimmt. Oder herrscht etwa Krieg, in dem »Stellungen« bezogen werden müssen?

Wenn das so ist, möchte ich an einem angesehenen Ort, der mich nicht lächerlich macht, gesehen werden. Am liebsten in der Nähe einer Vordenkefrau. Und das nicht nur, weil Vordenkmänner in den Verdacht der geschlechtsverräterischen Hörigkeit bringen. In ihr sollen meine beiden Wünsche nach Klugheit und Parteilichkeit zusammenfallen. Sie sollte außerdem meiner Meinung sein. Deren Herkunft und Ausstattung haben sie aber als Klasse-Meinung zu qualifizieren. Solch eine finde ich dann auch.

Bei den ideologischen Chefdenkerinnen gehe ich gar nicht erst auf die Suche. Was meine ehemalige Mitredakteurin bei der feministischen Zeitung, die jetzt bei einem traditionell politischen Blatt arbeitet, zum Thema äußern wird, weiß ich, ohne es gelesen zu haben. Ebensowenig interessieren mich die mutigen authentischen Stammeleien einer Frauendiskussionsrunde über Gewalt in Bildern, wie sie in einer feministischen Stadtzeitung abgedruckt sind.

Meine Meisterdenkerin finde ich an unvermutetem Ort. Es ist die hochkonservative, patriarchale »FAZ«, die es sich leistet, einer Frau Raum zu geben zu gründlichen und ausführlichen Überlegungen, die nicht unbedingt auf der Linie der Zeitungsgesinnung sind. Ihr Artikel erlöst aus dem Entweder/Oder-Zwang: Auf dieser einen Seite muß ich stehen und kann deswegen auf der anderen nicht sein. »Möglicherweise« sagt sie mehrmals, und: man muß es aushalten können, mehrebig zu denken. Sie zitiert Frauen sowohl als Männer; und sie sagt: vielleicht gibt es zur Zeit keine klippklare Antwort, sondern mehrere schwierige Fragen. Über die könnte man – im Konjunktiv – beginnen nachzudenken. Das würde aber theoretische Anstrengung bedeuten. Im übrigen sei »alles schon einmal gesagt«. Punkt.

Aber das ist gar nicht schön. Schön ist ja gerade, daß wir alle so schön diskutieren können. »Das Herz der Volkszeitung schlägt für die Initiative der Emma«, schreibt dieselbe in einer taz-Anzeige. »Doch das Menschenbild steht infrage. Gerade deshalb muß diskutiert werden.« Und sie kündigt einen Bildhauer als Diskutanten an, der für seine Nacktfiguren bekannt ist. Menschenbild, Nacktheit, Chauvitum und Frauen – und dabei mitreden dürfen: das bündelt die Lust! Je nach Vermögen wird geklagt: Das ist frauenfeindlich, reaktionär, antisemitisch, primitiv, amerikanisch, total überholt, rassistisch ... In unschuldig-herzerfrischender Variante steht das in einem Brief zur Emma-Kampagne: »Ich habe euch noch nie geschrieben, obwohl ich Leserin der ersten Stunde bin. Seitdem sorgt Emma immer wieder für tolle Diskussionen im Familien- und Bekanntenkreis.«

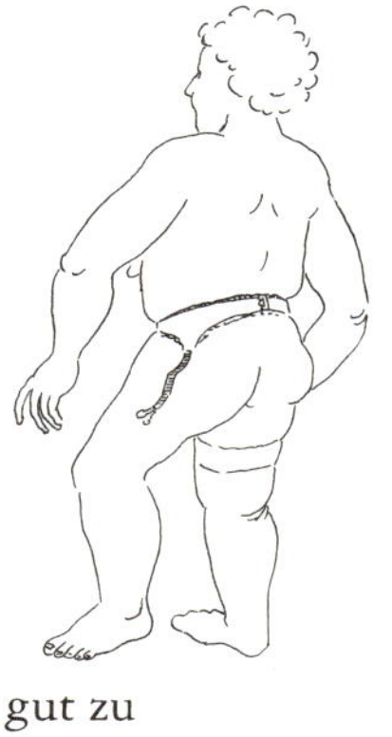

Und das ist eben das Tolle!

Vielleicht kann man sich wirklich die ganzen schlauen Hypothesen an den Hut stecken. Irgendwie mag es gewiß zutreffen, daß die Frauenbewegung mit ihrem Kampf gegen Unterdrükkung gescheitert ist. Und im Moment der Zersplitterung, der enttäuschten Auflösung, wird diese Auseinandersetzung von der realen auf eine Ersatzebene der Zeichen und Bilder verlagert. Das soll Einheit stiften und ist als Gegenstand so scheinbar gut zu überschauen. Es stimmt aber sicher auch – aus einer kulturglobaleren Perspektive –, daß, wie eine französische Soziologin schreibt, das Patriarchat am Ende ist. Die Geschlechter sind dabei, sich einander anzugleichen; und da neue Identitätsmuster noch fehlen, herrsche große Irritation.

Und in diesem Moment der Unsicherheit des Umbruchs, so könnte ich im Deutungsrausch fortfahren, wird noch einmal auf das eine Thema gesetzt, das im Verlauf der jüngeren Kulturgeschichte immer wieder als Sinnstifter fungiert hat: Sexualität hat die verfahrene Realität erklären sollen. Die sexuelle Rede als Befreiung und die sexuelle Befreiung als Identitätsstifter, – auch im nach-Foucaultschen Zeitalter.

Sexualität zwischen Kitsch und Grausamkeit! – Vor allem scheint Sexualität, zumal in der Verbindung mit Gewalt, immer noch allgemeine und öffentlichkeitswirksame Erregung zu garantieren; an der darf und muß jede und jeder redend teilhaben. Und zwar über jenen Konsens hinaus, den meine Lieblings-Gewährsfrau formuliert: »Niemand, der bei Verstand ist, wird beim Anblick dieses sexistischen Horrors (der Gewalt-Bilderdarstellungen) behaupten wollen, er sei ein Ausdruck der Emanzipation, der Freiheit gar.« Das finden wir natürlich alle sowieso. Aber dann geht es erst richtig los mit dem Diskutieren.

»Wen kümmert's, wer spricht«, so hat Foucault seinen Aufsatz zur Funktion des Autors eingeleitet. Und er endet mit einer Vision von einer Kultur, in der diese Frage nach dem Autor eines Textes vollkommen gleichgültig ist. Mir ist allerdings lange nicht mehr ein Gegenstand untergekommen, der so weit entfernt von dieser Vision wäre. Ein Gegenstand, der erst in seiner konkreten und vielfältigen Zuordnungseinbettung Sinn erhält: Wer welchen Geschlechts hat diesen Wörterstoff an welchem Ort, mit welcher theoretischen Herkunft zu welchem Zeitpunkt mit welchen Beglaubigungsmustern geäußert? Erst die Verknüpfung aller Antworten auf dieses Autorschaftsnetz produziert eine erkennbare Meinung, die von einer anderen zu unterscheiden ist, und zwar durch eben diese Accessoirs, die somit zum Wesen selber werden. Denn natürlich trennen den Spiegel-Mann und die Emma-Frau Welten, wenn sie denselben Satz sagen.

»Wen kümmert's, wer spricht?« Da eine endliche Wahrheit nicht zu finden ist und gerade deshalb viel geredet werden muß, hieße die Antwort auf die Frage, die keine ist: ALLE. Es ist wie beim Klatschen über einen Ball oder eine Vernissage in der Szene: Wer war da, mit wem hat sie geredet, wie sah er aus, was hatte sie an . . . ? Nichts ist wichtiger und nichts ist schöner zu wissen in diesem totalen Name-dropping-Krieg. Bis zum nächsten . . .

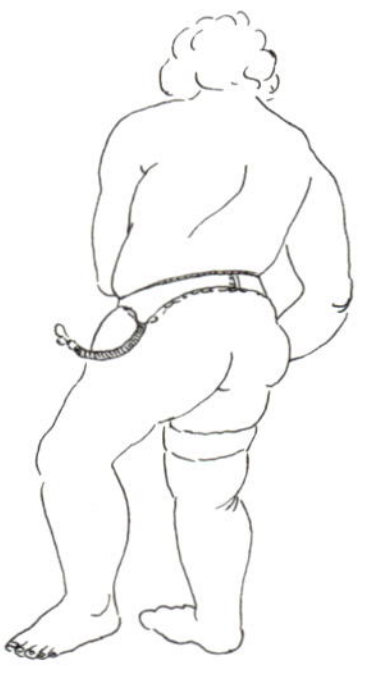

Ulrike Zimmermann
Ein Beitrag zur Entmystifizierung der Pornografie

Auszüge aus einem Gesprächsprotokoll

Ich beschäftige mich seit einiger Zeit mit der Abbildung von Sexualität im Film, mit der Inszenierung von Sexualität. Dabei bin ich sehr schnell über den Bereich des Spielfilms hinausgekommen. Es gibt eine scharfe Trennung zwischen Spielfilm und Pornografie. Im Spielfilm wird dort abgeblendet wo die Pornografie beginnt. Ich habe mich dann immer mehr auf Pornografie spezialisiert. Und habe also in der letzten Zeit sehr viele Pornos geguckt. Dabei habe ich einerseits besonders nach Filmen von Frauen gesucht, andererseits interessiert mich, ob und wie sich die Rezeption und darüber auch die Filme selbst verändert haben, weil sie durch die Entwicklung des Videomarktes aus dem Bahnhofkinomilieu herausgekommen sind.

In allen Genres werden ästhetische und inhaltliche Auseinandersetzungen aus feministischer Sicht geführt. Leider gibt es diese Auseinandersetzungen für das Genre Pornografie bislang noch nicht. Bis auf wenige Gegenbeispiele erschöpfen sich die Analysen in einer pro und contra Aussage zum Genre selbst. Ausführliche Besprechungen und Analysen haben fruchtbare Auswirkungen auf die Entwicklung einer weiblichen Filmsprache. Es ist für mich allerdings gut verständlich, daß sich Filmkritikerinnen davor scheuen, in das Pornogenre einzusteigen, da es sich bei den Produktionen natürlich nicht gerade um cineastische Genüsse handelt. Die große Zahl und die oft nicht recherchierbare Herkunft der Filme macht die Analysearbeit schwierig. Allerdings, so ist es mir zumindest ergangen, ist die Freude umso größer, schließlich doch auf subversive Pflänzchen zu stoßen, die sich in den Pornodschungel eingeschmuggelt haben.

Durch die Verbreitung von Videotheken und die Tatsache, daß inzwischen sehr viele Frauen Zugang zu einem Videorekorder haben, verändert sich die Situation. Pornos werden für alle Personen leicht zugänglich. Früher war es nur möglich, Pornos im Schmuddelkino inmitten irritierter Männer anzugucken. Heute gehst du einfach in eine Videothek und dort ohne irgendeine ernst zu nehmende Grenze zu übertreten in den Bereich über 18, und kannst dann deine neutral verpackte Kassette mit nach

Hause nehmen. Und ich weiß, daß sich inzwischen immer mehr Frauen auch Pornos angucken. Ich weiß das aus dem Freundinnenkreis, aus Veranstaltungen zum Thema und auch aus den Untersuchungen von Pornoproduzenten. Die sich darauf einstellen, daß Frauen ein Marktfaktor werden, mich interessiert dann wie.

Der Pornomarkt, was gibt es da

Krampfhaft entfesselte Spießbürger auf der heimischen Couch. Pickelfrei und frisch geduscht gehts durch den sexualisierten Alltag. Unzählige stupide Serienproduktionen und eine verschwindend geringe Anzahl von Filmen, die über ein Nachturnen der 99 Möglichkeiten, heterosexuellen Geschlechtsverkehr auszuüben, hinausgehen. Immer die Beweisnot: steht er oder steht er nicht, will sie oder will sie nicht. Im Endeffekt steht er immer und sie will immer. Und beide sind zum guten Schluß zufrieden. Es geht wirklich niemals um mehr. Es geht darum, dem Durchschnittsmann zu zeigen, daß die Welt noch in Ordnung ist. Daß im Prinzip in jeder Situation, wenn ein Mann und eine Frau zusammenkommen, sie zusammenkommen wollen und können, denn es gibt ein Loch und ein Schwanz und das paßt zusammen. Dümmlich-lüsterne Gestalten beiderlei Geschlechts, die nach einem unglaublich einfachen Strickmuster zusammengeführt werden. Das dann auch noch unerbitterlich wiederholt wird. Die angedeuteten Handlungsstränge sind nicht dazu geeignet, die verschiedenen Fick-Sequenzen zu einer Geschichte zusammenzufügen. Etwas ältere bundesdeutsche Produktionen zeichnen sich durch einen unsäglich naiven, an den Haaren herbeigezogenen Humor aus. Spießige Mehrdeutigkeitenkomik des Abendunterhaltungsprogramms nach dem Strickmuster von »Vier gegen Willi« geht nahtlos über in eine mühselige Sexkomödie. Die Frauen sitzen auf dem Sofa und da sind dann plötzlich irgendwelche Männer in karierten Hemden im Raum, die sich die Hose öffnen, um dann in verschiedenen Stellungen zu kopulieren. Und am Ende, sichtbar, das ist wichtig, der Beweisnot wegen, abzuspritzen, auf Bauch, Brust oder Po der Frau.

Bei den Varianten des üblichen hardcore-Potpourri kommt dazu fast immer eine lesbische Episode vor. Zwei oder mehr Frauen fummeln stöhnend aneinander rum. Sie nehmen meist Vibratoren oder Dildos zu Hilfe. Die entsetzlich langen Fingernägel bieten oft den einzigen Spannungsmoment. Immer rot lackiert. Sie suchen sich etwas hilflos ihren Weg in einer mit glasklarer Gleitcreme benetzten Möse. Alles ist sauber und aufgeräumt. Kein Häutchen wird durcheinandergebracht. Irritierend sind

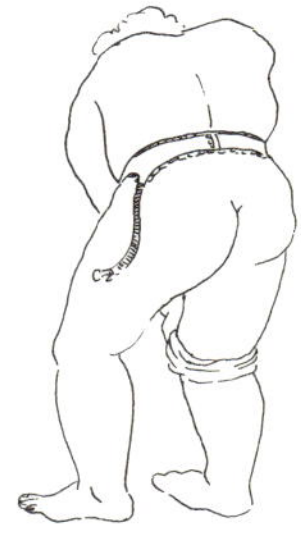

dann nur die schlecht überschminkten entzündeten Schamhaarstoppeln. Und dann kommt auch schon bald der Retter hinzu, der die Damen nachhaltig beglückt. Hier gibt es Ausnahmen. Wie in einer Foxy-Episode mit Teresa Orlowski. Dort bietet der Sex mit einer Frau für T. O. den krönenden Abschluß nach einer Reihe Männer, die laut T. O. nicht in der Lage waren, sie zu befriedigen, hier kann dann nur eine genauso unersättliche Frau wie sie selbst helfen. »Lesbisch« bedeutet also entweder »es ist nichts besseres da« oder eine Steigerungsform des üblichen »unersättlich«.

Frisch rasiert und geduscht versuchen die Personen sich in Tabuüberschreitung, die sich in Grenzen hält. Tabu ist Unsauberkeit, Blut, Schweiß, Verletzungen und Ehebett. Sehr selten, dann aber auch als »superpervers«, »bizarr« o. ä. angekündigt, kommen Fäkalien vor, Pissen häufiger als Scheißen. Wenn versucht wird, dem »Normalbürger« perversen Sex nahezubringen, sieht das in etwa so aus: du bekommst einen Mann zu hören aus dem Off, er liest mit rheinländischem Einschlag einige Sadezitate, und dazu spielt ein Paar in verschiedenen Raumkonstellationen Szenen nach, die pervers sein sollen. Ein Mann, den du dir gut als Bankangestellten vorstellen kannst und eine Frau, die du dir gut als bei der Krankenkasse beschäftigt vorstellen kannst, frei nach Psychopathia sexualis. Er liegt auf einem Tisch in einem abgedunkelten Raum an dem offensichtlich sonst gegessen wird und hat halbherzig angelegte Schnürchen an. Die Frau hat C&A highheels an und setzt halbherzig einen Fuß auf seine Brust. Dazu kommt aus den Off: »Der Masochist möchte gequält werden, besonders gerne von einer Frau in hochhackigen Schuhen.«

Und oft tauchen in jenen als »pervers« angekündigten Streifen mal ein Straps oder andere Accessoires aller Art auf, das verliert aber im Verlauf der Geschichte seine Bedeutung, weil es nur darum geht, daß alles dann doch im gewöhnlichen Rumrammeln endet. Du siehst dann diese Accessoires, die am Anfang so bedeutungsvoll benutzt wurden, plötzlich völlig unwichtig am Boden verstreut liegen, und ab und zu eine Kameraeinstellung darauf, nur um schnell wieder zu den spritzenden Schwänzen zurückzukehren. Es ist natürlich keineswegs so, daß du immer das gleiche siehst, und es gibt auch für mich durchaus erotisierende Szenen darin, aber die Gurndstruktur ist gleich. Es gibt Filme für Blondfetischisten, Rotfetischisten, Dünnfetischisten, Dickfetischisten, Arsch- und Tittenfetischisten etc. Was alles gemeinsam haben, ist die »Entschlüsselung des weiblichen Geheimnisses«. Jeder bekommt die Chance zu sehen, daß die Möse wirklich nicht beißt. Als Beweis wird dann gut sichtbar in Großaufnahme außerhalb der Frau ejakuliert.

Es ist mit dem Trivialromen vergleichbar. Beide, Trivialroman und

Porno, werden von einer großen Prozentzahl der Bevölkerung konsumiert, die einen mehr von Frauen, die anderen von Männern, aber es gibt für diese Kulturprodukte keinen Rahmen für Kritik. Und dazu ist es wichtig, die Schemen der Trivialmythen zu durchschauen, die sich in beiden Medien finden. Ein Beispiel: Klempner kommt in Haus und trifft auf unersättliche Ehefrau. Im Verlauf der Geschichte zeigt sich, daß er das immer macht, daß er so seine 20 Frauen am Tag durchzieht und daß er eigentlich schon ganz schlaff ist, aber er schafft es noch. Das ist der Trivialmythos von Mann. Beide, Mann und Frau, sind gleichermaßen leicht durchschaubar und lächerlich. Das eine passiert immer in Abhängigkeit vom anderen. Wenn ich so alles zusammenschmeiße, bleibt ein Sofa, Menschen aus nicht definierbaren sozialen Zusammenhängen, die Frau wartet, der Mann kommt, sie ficken zusammen, einmal von vorne, einmal von hinten, ein bischen Cunnilingus, etwas mehr Fellatio, sie quietscht, er spritzt, das ganze in unterschiedlichen Zimmerarchitekturen. Früher, besonders lächerlich, haben die Produzenten im Hardcoregewerbe immer mit Attrappen gearbeitet. Das geht heute nicht mehr, wegen der Nahaufnahmen. So daß sie jetzt die Darsteller mit dem kräftigen Teil aus den USA einfliegen müssen, die Profis sind, Diät halten und genau um 13 Uhr fertig sind, in Stundenabständen spritzen – mit Hilfe einer Vakuumpumpe. Und dazu kriegst du nie den Originalton. Du hast einen Mund, der zu ist und sagt ah ah ah. Komm, noch einmal, er ist so schön groß, ich muß ihn haben. Der Sexismus liegt in Nuancen und findet meist unsichtbar und emotional statt. Wenn sich die scheinbar entfesselten Spießbürger in den Pornos auf ihren Sofas rumturnen sehen, wird die Mystifizierung männlicher Sexualität absurd.

Der Sexismus in der Schwarzwaldklinik, oder der tv-show »vier gegen Willi«, der macht mich beklommen.

Wenn man überlegt, was die EMMA-Kampagne meint, ist eigentlich Sexismus gemeint. Es scheint, daß, damit einer Antisexismuskampagne mehr Aufmerksamkeit gewidmet wird, tiefer in die Sextasche gegriffen werden muß. Daß eine Sexualisierung des Sexismus gemacht wird. Die Struktur in den Formulierungen der Kampagne hat Ähnlichkeit mit der der Werbung für Pornografie selbst: das, was die Werbung verspricht, wird übernommen: Tabuüberschreitung, Wahnsinn, Aufregung hoch 10. Und die Blicklenkung in Richtung Gewalt. Was zu einer allgemeinen Hysterisierung führt und zu eigenartigen Entfesselungen weiblicher Gewaltphantasien. Splatter-(Zerstückelungs-) Elemente gibt es, aber nicht in den main-stream-Pornos. Dazu kommen wir gleich noch.

Zurück zu den Pornos. Natürlich, wenn ich mir vorstelle, und Pornos haben durchaus eine Lehrfunktion, daß junge Männer und Frauen ihr

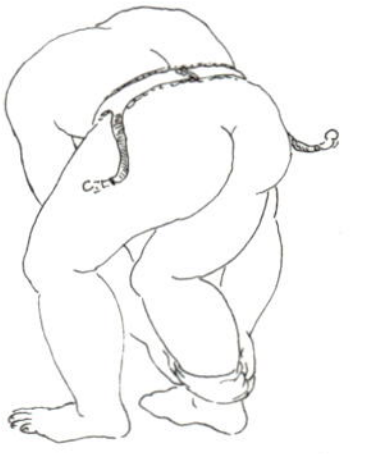

Sexualverhalten daran lernen, ergibt sich im Großen und Ganzen ein recht deprimierendes Bild sexueller Armut. Ich denke allerdings nicht, daß es auch vor diesem Hintergrund Sinn macht, Pornos zu verbieten. Im Gegenteil, hier fehlt die sexualkulturelle Auseinandersetzung. Die herkömmliche Pornosubkultur muß abgelöst werden durch sexkulturelle Vielfalt. Wie würde sich der Pornofilm verändern, indem man narrative mit pornografischen Elementen vermischt, Geschichten mit mehrschichtigen Charakteren versieht, die nicht auf dem Sofa zur Maschine werden, die in der Sexualität in ihren Handlungen als Personen sichtbar bleiben und nicht auf ihre Geschlechtszugehörigkeit reduziert die Vielfalt der Möglichkeiten sexueller Begegnungen auf verschiedene Stellungen reduzieren. Aber nichts desto Trotz findet sich schon jetzt allerhand Subversives in den Regalen der Videotheken. Es ist erstaunlich, was sich da manchmal an »Randgruppenpornografie« finden läßt.

Plötzlich findet sich in der Perversitätenecke ein Hardcore-Lesbenporno. Und in einer anderen Ecke verbirgt sich Andy Warhol mit einem Schwulenporno. Oder ein durchaus mit gesellschaftskritischen Elementen versehener Film: Dorotheas Rache. Interessant ist für mich der Vergleich homosexueller und heterosexueller Pornos. Der Umgang in homosexuellen Pornos, auch von Lesben, ist scheinbar brutaler, die Griffe sind fester, die Bewegungen geradliniger. Die besagte Tatsache, daß der Schwanz steht, reicht nicht, die Rollen sind nicht so eindeutig festgelegt. Es geht um eine andere Spannung, Erregungskurve. Und es gibt häufig erzählerische Elemente, die Andeutung von Charakteren. Es gibt Schwulenpornos, die sind toll auf der Erzählebene und schön assoziativ auf der Phantasieebene. Z. B. ein Porno, wo einer 5 Minuten lang ein Motorrad fickt. Leder, Motorradhelm, fetischistische Beziehungen mit der Maschine, er leckt sie erst liebevoll ab, die Lampen, alles, bevor er sie 5 Minuten lang in den Auspuff fickt. Bei Heteropornos siehst du z. B. Frauen so zaghaft am Schwanz rumnuckeln, und der Mann nimmt dann irgendwann mal entnervt den Schwanz aus dem Mund und wichst selbst weiter, damit er steif bleibt. Und dann siehst du dagegen Schwulenpornos. Wie sie sich anfassen ist klarer, zielgerichteter, härter: aber eben auch effektiver. Routiniert. Es sind routinierte Bewegungen. Und die scheinbar routinierten Bewegungen in den üblichen Heteropornos werden damit so ad absurdum geführt, daß es knackt. Die sehen dann plötzlich ganz zappelig und doof aus. Die Faszination liegt in der filmischen Qualität der Schwulenpornos, die an Avantgardetraditionen anknüpft. Dazu kommt der schwule Körperkult, die glatten Körper mit großen wohlgeformten Genitialien, narzißtische Männer, die in der Heteropornografie nicht auftauchen.

Ich könnte mir auch vorstellen, daß es – von Frauen inszenierte – Heteropornos mit wohlinszenierten Bildern gibt. Ist mir leider noch keiner begegnet. Was die meisten Heteropornos im Grunde so unerträglich macht, ist diese Lächerlichkeit beider Geschlechter in ihrem »So tun als ob«. Ahohah, es kommt . . .

Aber auch miese Trivialpornos können erregen.

Es gibt immer wieder Momente, in denen diese Filme sexuell stimulieren. Es fällt schwer, ein Pauschalurteil zu fällen. Denn es gibt auch unter den Trivialpornos welche mit gewisser Vielschichtigkeit.

CG: Verena Krieger hat in der Kölner Stadtrevue beschrieben, daß sich die neueren Pornos durchaus um die Lust der Frau bemühen. Es gibt die Geschäftsfrau mit Clit. Wobei, denke ich, das Klischee erhalten bleibt, der potente Mann und die bereite Frau. Viel Vielfalt sehe ich noch nicht.

UZ: Die Pornoproduzenten sind ja nicht so dumm, wie man eigentlich annehmen muß, wenn man ihre Filme sieht. Die derzeitige Entwicklung in den Werbestrategien drückt aus, daß sich dort gerade Gedanken werden, wie Frauen als Kundinnen für den Sexmarkt zu gewinnen sind. Der Pornomarkt wird von Sex-Multis beherrscht, in denen erstaunlich viele Frauen in leitenden Positionen arbeiten. Ich konnte allerdings bislang noch keine Frauen ausmachen, die diese leitenden Positionen im Bereich der Filmherstellung – Regie, Kamera, Schnitt – einnehmen. Im Angebot der Videotheken ist oft nur schwer oder gar nicht auszumachen, wer den Film gemacht, wie das Team zusammengesetzt war. Bei vielen Filmen fehlen Vor- und Nachspann. Ein großer Teil des Angebots ist aus den USA eingekauft und nachsynchronisiert, hier werden aus geschäftspolitischen Interessen Angaben über Hersteller und Produktionsjahr weggelassen. Oft werden die ältesten Amischinken als aktueller Hit ausgegeben. Manchmal kommen Filme in unterschiedlichen Schnittvarianten unter wechselnden Titeln auf den Markt. Angaben über ProduzentInnen sind oft Phantasienamen – dies macht die Recherche nicht gerade leichter. Z. B. können wir davon ausgehen, daß die Filme, die von Theresa Orlowski und Beate Uhse herausgegeben werden, zum überwiegenden Teil von Männern gemacht werden. Ich weiß allerdings von einem Pornoproduzenten, daß er seit einiger Zeit gezielt nach Frauen sucht, die in den Bereichen Drehbuch, Regie, Schnitt »frischen Wind« in seine Filme bringen sollen. Weil, nach seiner Aussage, der Frauen-Anteil unter den KäuferInnen steigt.

Und trotzdem: wenn du viel guckst, findest du die scharfen Bilder, die sozusagen aus Versehen da drin sind. Und oft in dilettantischen Inszenierungen.

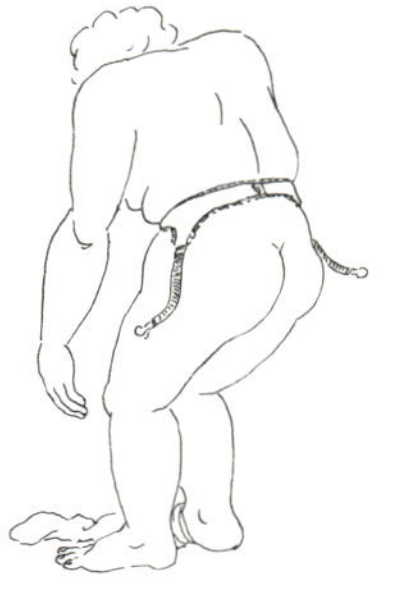

Frauenschaulust

Interessant ist, daß alle Frauen, die Pornoseherfahrungen haben, den Vorgang ähnlich beschreiben. Es sind immer kurze Momente, die anturnen, die dich einfach innerhalb einer Sekunde geil machen. Dieser Kick, der in Sekundenschnelle durch die Augen direkt in die Hose geht. Ein Vorgang, der in der Männerwelt ausgiebigst kultiviert ist. Eine zweite Übereinstimmung war, daß nahezu alle Frauen das Gefühl hatten, daß diese Bilder »aus Versehen« in den herkömmlichen Heteropornos waren. Daß es gerade die »Pannen« sind, nach denen sie suchen. Ich habe am Tag oft viele Pornos geguckt und dabei auch meinen Körperzustand beobachtet. Am Anfang war es natürlich einfach scharf, weil ich angucke, was zwar nicht verboten, aber doch verpönt ist. Egal, was die da tun, Hauptsache du siehst entblößte Genitalien. Aber es kam zuerst zu einem eigenartigen unbefriedigenden Gefühl. Ich war mit einem eigentümlichen sich dauernd auf der Plateauphase bewegenden sexuellen Erregungszustand konfrontiert, der keine Auflösung fand. Die Kicks nun, das merkte ich bald, konnte ich für mich benutzen. Indem ich meinen Videorekorder bewußt benutze, der ja nicht zufällig inzwischen mit einem störungsfreien Standbild, Zeitlupe und Bildsuchlauf ausgerüstet ist. Das Anschauen von Videos wird so zu einem Blättern im Journal. Es besteht die Möglichkeit, die eigene Dramaturgie in den Film einzubauen. Ich benutze also diese kleinen Ausschnitte aus den Trivialpornos wie ein Journal. Ich weiß, auf S. 35 ist die Szene, die mich interessiert, ich habe also eine Hand in der Hose, und die andere auf S. 24, 25 und dann gucke ich nochmal S. 40, 41, ich blättere also in einer festgelegten Reihenfolge um die gemeinte Seite herum, um sie dann im entscheidenden Moment aufzuschlagen. Wenn es soweit ist, bin ich auf S. 35.

Meist sind es nur sehr kurze Sequenzen, die die BetrachterInnen erregen können, der Rest der Geschichte wird zum Beiwerk mit athmosphärischer Funktion. Ganz selten funktioniert eine Episode oder längere Sequenz. Frauen, die ich nach ihren Erfahrungen befragt habe, mir geht es genauso, haben kaum eine Sequenz, die ihnen in Erinnerung bleibt, die sich einen Platz in ihren Sexphantasien erobert hat, die länger als ein paar Sekunden ist. In der Phantasie wird diese kurze Sequenz als Mittelpunkt benutzt, um den sich eine eigene Geschichte rankt. So grundsätzlich anders scheint das auch bei Männern nicht zu sein und die PornoproduzentInnen wissen offensichtlich um dieses Problem in der Rezeption und versuchen, einzelne Einstellungen so lange wie möglich zu halten. Wenn es »ernst« wird im Hardcore, wird es sehr langsam. Einstellungen werden lange beibehalten, viele Sequenzen ohne Berücksichtigung von Anschlüssen oder z. B. den Bekleidungszustand der Akteure mehrmals hintereinander aus unterschiedlichen Winkeln gezeigt. Meist wird eine Sequenz mit mehreren Kameras gleichzeitig aufgenommen, wobei die Sequenzen nicht, wie im Spielfilm üblich, miteinander verzahnt, sondern einfach hintereinandergesetzt werden. Da die Einstellung oft »so lange es geht« beibehalten wird, werden oft »Patzer« und sich ungünstig entwickelnde Aufnahmen nicht herausgeschnitten.

Die Voraussetzung für einen Pornografie-»Genuß« für Frauen bei den Durchschnitt-hardcores ist natürlich eine gewisse »Unempfindlichkeit« gegenüber trivialen Elementen und ewig reproduziertem dummerhaftem Sexismus. Vielleicht ist es auch der Abstand. Ich weiß von einigen Frauen, wie auch Männern, daß ihnen der Zugang zu trivialen Produktionen unmöglich ist, weil sie einfach schon im Vorfeld von den zumeist reaktionären Rollenverteilungen und dem biederbürgerlichen Milieu abgestoßen werden. Abgesehen von den bekannten und oft anschaulich beschriebenen Ambivalenzen vieler Frauen, sich mit pornografischem Material, zu konfrontieren, ist die Anzahl der Frauen, die den Wunsch haben, sich von Filmen mit konkret sexuellen Abbildungen erregen zu lassen m. E. größer als gemeinhin angenommen.

Eine gewisse Hilflosigkeit setzt ein, wenn es um Fragen geht wie: was wäre denn nun eine Pornografie für Frauen. Antworten sind etwa: in dieser Pornografie darf der männlich voyeuristische Blick keinen Platz haben. Phallussymboliken und Relikte patriarchaler Lebenszusammenhänge müßten verbannt werden. Gleichzeitig gibt es Verwirrung über die selten und dann auch nur zögernd zugegebene Wirkung einiger Filme, die diesen Kriterien absolut nicht entsprechen. In dieser Ambivalenz drückt sich Interesse und Bedürfnis nach neuen Interpretationen weiblicher Sexualität und gleichzeitige Verstrickung in feministische Normen aus, die eine Schaulust der Frauen an von Männern hergestellten und Männerphantasien reproduzierenden Filmen, ja gar an Männern, verbietet. Auch das oft zuhilfe genommene Modell der direkten Identifikation mit dem weiblichen Part im Film greift nicht, weil die Identifikation, wenn sie stattfinden soll, nicht am Mann vorbeikommt, dessen Position wir ja auch einnehmen können, wenn wir uns dem Männerkino aussetzen. Warum werden Teile aus schauderhaft sexistischen und trivialen Pornos von Frauen erregend gefunden? Im bisherigen Theorieangebot ist nicht erklärbar, wie Erregung am Bild für Frauen funktioniert. Die Rollenfestlegung, Frau wird angeschaut, Mann schaut, ist im Theorieangebot meines Wissens nach immer noch in diesem Schema erstarrt. Wie funktioniert »es« wenn ich mir mit Hilfe der Videotechnik gezielt Szenen herausnehme, die der

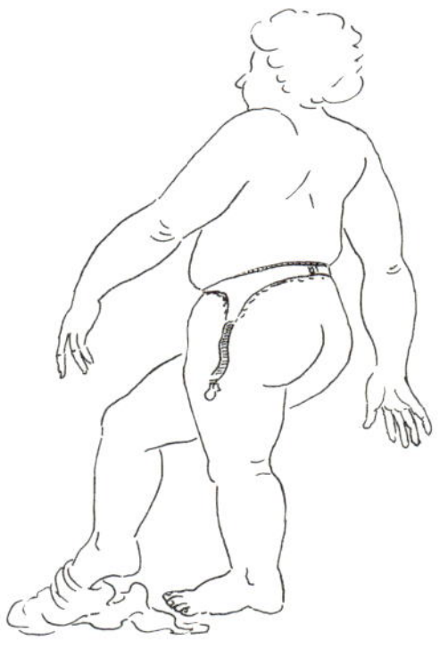

Erregung dienlich sind. Das liegt nicht an der Technik, sondern die technischen Möglichkeiten machen deutlich, wie von Frauen gezielt geguckt wird.

Auf der anderen Seite ist auch wichtig, darauf hinzuweisen, daß die »unfreiwillige Information« über sexuelle Details von vielen Frauen mit gutem Grund abgelehnt wird. Dieser Widerstand ist ernst zu nehmen und an dieser Stelle ist der Prüderievorwurf unangebracht.

CG: Allerdings müssen diese Frauen sich ja auch keine Videos anschauen, bzw. Bücher kaufen, in denen es um die Abbildung des Sexuellen geht. Ich finde oft heikel, daß diese berechtigte Abwehr sich auch gegen kulturelle Produkte wendet, zu denen keine Frau »gezwungen« wird. Kurz: PorNOaufkleber auf sexistische Werbung: JA! – aber nicht in ein Buch einer Frau, die ihre sexuellen Phantasien nach außen trägt: DAS muß ja keine Frau aufschlagen, es sei denn, ihre voyeuristische Neugier ist so groß, daß sie es tut. Wenn sie dann darin eine Phantasie findet, die ihr nicht entspricht, ist das kein Grund für einen PorNOaufkleber in dieses Buch. Oder wenn ihre voyeuristische Lust sie dazu bringt, in eine Erotic-*Live*-Veranstaltung zweier feministischer holländischer Frauen zu gehen, die unter dem Titel »Sadismus in Jeans – Erotik-Live« angekündigt war, nur für Frauen, sie dann mit empörten Schreien zu boykottieren, nur weil DIESE Form, Liebe zu machen ihr nicht entspricht – oder zu sehr in den Bauch, an die eigene verheimlichte Phantasie geht.

UZ: Ähnliche Erfahrungen habe ich auch gemacht, als ich mein Videoband über Krista Beinstein's SM-Performance vorführte. Da wurde mir mal wörtlich gesagt, also, wenn du mit diesem Film gekommen wärest und wärest ein Mann, dann hätten wir dich verprügelt und deine Kassette wäre längst verbrannt. Es fehlte nicht viel, und das wäre passiert. Ich habe viel über diese Ambivalenzen von Frauen, aber auch über die Sehnsucht der Frauen nach Bildern auf meinen Filmvorführungen erfahren. Ich warne vorher und biete auch an, für die, die da Empfindlichkeiten haben, hinauszugehen und sich dann an der Diskussion zu beteiligen. Was ein sehr lustvoller Schockeffekt sein kann, muß nicht grundsätzlich erregend sein. Ich habe auch eine Abwehr gegen jede Art von zwanghafter Bewegung: daß du Lesbe sein mußt, um in der Frauenbewegung legitim zu sein, und daß du dann als Lesbe, um fortschrittlich zu sein, SM praktizieren mußt, und wenn du als Lesbe fortschrittlich bist, in der Lage sein mußt, Pornos für dich zu benutzen – oder im Gegenteil, daß du als Lesbe SM ablehnen mußt und Pornos noch viel mehr und daß du, um zur Frauenbewegung zu gehören, jede Art von Gewalt im Zusammenhang mit Sexualität ablehnst. SM kann ein erotisches Spiel unter vielen sein. Mehr nicht, und weniger auch nicht. Es ist in den Köpfen der Frauen unendlich viel Phantasie. Doch da herrscht großes Schweigen – gerade jetzt, wo es immer nur darum geht, sich von Pornografie abzusetzen. Die Veranstaltungen laufen also alle etwa so ab wie diese: Ich zeige zwei meiner Filme – »free fucking«, die Dokumentation einer Performance von Krista Beinstein, und Touristinnen, ein ästhetisches Spiel mit Frauen im Hafen von Hamburg, das einzige, was in diesem Film irgendwie obszön sein könnte, ist, daß eine Frau in den Hafen pißt. Alle finden zuerst den Film Touristinnen schöner, weil er so ästhetisch sei, aber nachdem sie »free fucking« gesehen haben, haben sie rote Köpfe, ich bin immer während der Vorführung draußen, wenn ich wieder hereinkomme, dampft es richtig, und dann ist die erste Reaktion: der Beinsteinfilm hat ihnen überhaupt nicht gefallen.

Krista Beinstein möchte z. B. den Frauen Spaß an sextoys vermitteln. Da bleibt dann natürlich immer zuerst das Messer im Kopf. Also das mit dem Messer ginge wirklich zu weit, ih, und dann wird ganz akribisch beschrieben, wie diese Frau sich das Messer einführt und damit befriedigt. Die Frau führt sich das Messer natürlich nicht ein, und befriedigt sich auch nicht damit, sondern streift sich den Körper mit einem Messer, das offensichtlich stumpf ist, ab. Es hinterläßt keine Spuren, kein Blut. Die Phantasien der Frauen gingen immer weiter. Dann das mit dem Dildo. Das gab tolle Beschreibungen. Im Film geht die Frau in die Arme ihrer Freundin, sie leckt ihr den Dildo ab, den sie vorher mit Kirschpudding »beschmutzt« hat. Da wirds dann in der Diskussion ganz ruhig, ich frage, was fällt euch denn nun dazu ein, dann wirds erst sehr ungenau, und dann: Wir müssen doch unsre eigenen Bilder sehen, uns an unsren ganz ureigenen Bildern erfreuen, es gibt doch genügend Bilder die frauenspezifisch sind. Da sage ich, also ich hätte Schwierigkeiten, fetischistische Verhältnisse zu matriarchalen Symbolen aufzubauen und etwa eine steinerne Fruchtbarkeitsgöttin für Sexspiele zu verwenden. Niemand lacht. Es bleibt wie immer im Raum: was ist nun spezifisch weiblich. Da sage ich dann vorsichtig, daß wir alle im Patriarchat aufgewachsen seien und daß wir vielleicht auch unsre Fetischismen daran aufbauen und lieber spielerisch damit umgehen sollten als sie zu verdrängen. Stille. Und dann steht eine auf und sagt: ja früher war es so, daß alle Häutungen gelesen hätten und glaubten der Sex sei harmlos und jetzt sei es ja so, daß die Frauen auch ihre aggressiven Seiten in sich akzeptierten und darum stünden sie nun alle auf SM. Diese Wendung ist auch wieder typisch. Großes Tohuwabohu. Das ist der Moment, wo Entspannung einsetzt. Und auch ein wenig zugebene Lust. Die Abgrenzung vom Film wird plötzlich zum Gegenteil. Anstatt ihn als eine von vielen Möglichkeiten, Sex zu genießen, zu sehen. Und die, die vorher nicht über ihren eigenen Venushügel hinausschauen

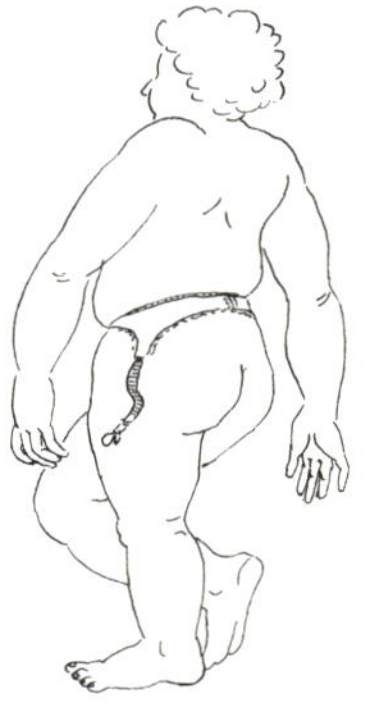

wollten, verschwinden im Durcheinander. Wenn ich den Film ankündige, sind die Erwartungen oft so hoch, daß ich gerne mal in den Gehirnen filmen würde. Krista Beinstein spielt, und das ist ihre Stärke. Es bleibt alles auf der Oberfläche und ist einfach als spielerisches Angebot zu verstehen. Da finde ich Krista Beinstein ganz toll. Sie hat etwas missionarisches. Und das ist sehr wichtig in dem Zusammenhang, einen erotischen, hier lesbenerotischen Kulturrahmen zu schaffen. Sie hat auch schon einiges bewirkt, z. B. reagieren die Frauen, die mal im Hamburg eine Ausstellung von ihr gemacht haben, bei der ihre Bilder von der Wand gerissen und zertrampelt wurden, heute sehr empfindlich auf jede Art von Zensur.

CG: Eine ähnliche Erfahrung kann ich auch in Tübingen beschreiben. Im Rahmen eines Frauentheaterfestivals gab es einen Pornotag, wo nicht nur geredet, sondern auch gezeigt werden sollte. Die »Slechten Meiden« aus Amsterdam wollten einen live-act vorführen, also auf der Bühne einen Liebesakt vorführen, in dem eine Frau sich vollständig an die andere hingibt, die alles macht, ihr Lust zu bereiten. Diese totale Hingabe zeigt sich in einem sadomasochistischen Liebesakt. Das Tabu, daß Lust auch mit Schmerz und sich Ausliefern zu tun haben kann, sollte gebrochen werden. Wochenlang arbeiteten die weiblichen Phantasien in der Stadt. Ich wurde immer wieder darauf angesprochen. Ob das Publikum etwa mitspielen müsse, wurde ich gefragt. Endlich ist etwas los in dieser Stadt. Eine Freundin erzählte von einem erotischen Traum, den sie hatte zwei Tage vorher. Es sei eigentlich gar nichts passiert auf der Bühne, die beiden Frauen liebten sich zärtlich, und doch nur angedeutet, doch danach kam eine der beiden auf sie zu, und unter ihrem Sitz lag eine grüne Peitsche, die Peitsche, die sie als Kind kannte, sie galt dem Hund der Familie, als er erzogen wurde. In dem Moment wo die Frau auf sie zukam, sah sie die Peitsche, die sie eigentlich verstecken wollte, auf dem Boden liegen und wurde ganz rot und tat, als sei nichts und versteckte sie unter ihrem Mantel, was nichts nutzte, die andere hatte sie gesehen und fragte sie, ob sie mit ihr nach Hause gehen könne, wo ein wilder Akt begann. Das Theater war mehr als ausverkauft, mehr als 450 Frauen wurden nun konfrontiert mit zwei Frauen, die nicht jene puppenperfekten Playboykörper besaßen, die aber eine große Intimität miteinander hatten. Der einen wurden die Hände auf den Rücken gefesselt, sie duckte sich über Stiefeln, wurde von der anderen hochgehoben, die ihr das Lederleibchen öffnete, mit ihren Brüsten zunächst zärtlich spielte, dann mit der Gerte sie streichelte, sehr schnell, die Brüste waren nicht schön, aber erregten sich und sie schlug und die Brüste erregten sich sichtbar noch immer. Dann wurde der Frau die Hosen hinuntergezogen, sie auf den Tisch gebunden, sie küßten sich immer wieder zwischendurch, dann lag sie bäuchlings auf dem Tisch, die Domina streichelte ihre Beine, streichelte, und schlug dann auf die Möse, in einem schwarzen Lederhöschen, ich spürte sie feucht werden. Das Publikum tobte. Neben mir zischten zwei Frauen, die sind ja so häßlich, sie verstünden nicht, was das solle. Also doch Playboykörper. Zwei Stunden vorher waren sie auf dem Kinofilm »Die grausame Frau« herausgekommen und murmelten: warum müssen es denn immer diese puppenhaften perfekten Körper sein. Kichern wie in einer Schulklasse, empörte Zwischenrufe, Rausgehen, wir wollen unser Geld zurück. Den beiden auf der Bühne verging die Lust, sie verkürzten das Spiel, verschwanden kurz im Bett, wo es hätte enden sollen, um dann die Bühne zu verlassen. Das Licht ging an, großes Chaos und die roten Köpfe. Die Frauen hatten zwar alles erwartet, alles phantasiert, aber sie erwarteten doch die Distanz des Theaters. Glatt und distanziert, vielleicht als Kabarett. Daß sich da »echt« etwas abspielte, war der Tabubruch, und dazu etwas, was ins verbotene Innere geht. Die Show war vielen »peinlich« mangels Kunst, aber die Diskussion, die sich anschloß, war die aufregendste, die sich im Theater jemals abspielte – schrieb die Zeitung. Von anfänglicher Abwehr aller Art bis hin zur Akzeptanz, daß nur abgewehrt wurde, weil frau sich nicht mit sich konfrontieren wollte. Daß wir sehen konnten, wie sich die Oberschenkel röteten und die Möse wand, daß wir sehen konnten, daß es nicht um Ästhetik ging, sondern um bestimmte Techniken, Lust zu vermitteln, und um »echte« Lust, die mit Gewalt zu tun hatte, war die Provokation. Das Theater wollte damit natürlich keinesfalls zeigen, daß abgebildete, hier im Theater abgebildete, Sexualität und Lust mit Gewalt zu tun haben *muß*, das sagte ich auch, es ist *eine* Form der Lust, die eben im Zusammenhang mit der sich anschließenden PorNOdiskussion besonders provokant war. Geld zurück, forderten die einen – einmal sei es möglich in Tübingen etwas Sinnlichkeit abzukriegen und das artet dann in eine Diskussion aus, das sei zum Kotzen! empörten sich die anderen – keine SM-Lesben. Und wieder andere rührten kritisch an ihrer Aggression. Denn Gewalt kam vom Publikum. Einige erkannten nach einer Weile des Gesprächs, daß ihre anfängliche Abwehr falsch gewesen sein mochte, alle waren aufgeregt und erhitzt – nur vom Gespräch? Noch immer sprechen mich und die Veranstalterinnen vom Theater viele Frauen an: endlich sei einmal etwas losgewesen in Tübingen. Und viele, die nicht da waren, bedauern das nun: war es denn wirklich so schlimm? Eine der an der Diskussion intensiv beteiligten Frauen äußerte eine Woche später, sie habe nach langem Nachdenken erkannt, daß die Vorstellung, die sie erst spontan ablehnte – sie habe die Augen geschlossen, um nicht hingucken zu müssen (was sie durch bekannte Augenschlitze dann offensichtlich doch tat) – doch sehr wichtig

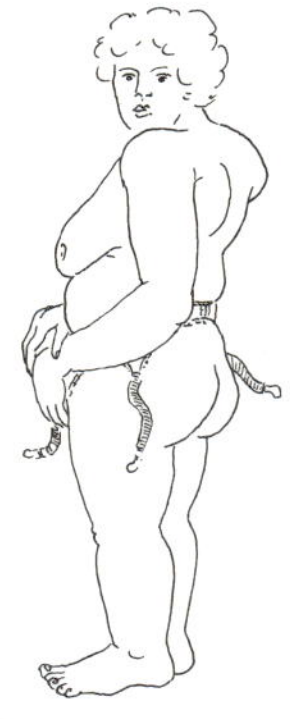

war. Denn sie könne nun mit ihren eigenen Phantasien freier umgehen – gerade auch das Wissen, daß das »auf der Bühne« von ihren Phantasien weit weg sei, ermögliche ihr, mehr in sich zu sehen – obwohl sie jede, auch die ritualisierte Gewalt ablehne, weil sie befürchte, daß sonst bei ihr »alle Dämme« brächen und es keine Grenze mehr gäbe zu anderen Formen der Gewalt. Eine andere Zuhörerin reagierte sehr empfindlich auf Leserbriefe, die in Nebenbemerkungen (Nazimanier) das Ganze als Schlag ins Gesicht der Lesben und Frauen interpretierten: ihr Brief: ich fühle mich »zutiefst beleidigt« durch diese angedeuteten Vergleiche, die ein lustbetontes SPIEL aus Zärtlichkeit (auch die konnte man sehen) und Härte in diese Richtung drängen. Der auch nur angedeutete Vergleich ist falsch, gefährlich und verharmlose die wirklichen Greueltaten: in denen eine ganz andere Gewalt herrschte und kein Opfer, wie das *scheinbare* Opfer im sadomasochistischen Spiel, die Art der Qual oder deren Ende bestimmen konnte. Inzwischen gibt es ein lustiges Flugblatt über die »Verunsicherung« der Szene, und Briefe danken den Veranstalterinnen für die Anregung zum Nachdenken jenseits von Pro und Contra.

Bei der Aggression aus dem Publikum setzte in der anschließenden Podiumsdiskussion die Demagogie der EMMA ein. Die anwesende Redakteurin, sicher selbst etwas verunsichert, begann ihre Ausführungen: ich beglückwünsche alle die, die bei jener Vorführung protestiert haben. Denn WIR wollen die Gewalt bekämpfen. Mit geschickten demagogischen Tricks – die ihr vielleicht garnicht bewußt waren – wird die Erregung der Frauen wieder auf den Feind geführt, weg vom »Nebenschauplatz«. Zum Gesetz. Über oft wiederholte EMMA-Theorien, über (obskure) Experimente mit Pornokonsum: irgendwelche Männer, die sich an irgendwelche Elektroden haben anschließen lassen. Oder nach Pornokonsum zu ihrem Verhältnis zu Gewalt befragen lassen. Der Wert solcher Untersuchungen ist bekanntlich umstritten, aber so wurde der Feind bald doch wieder dort geortet, wo das eigene Innere in sicherer Distanz bleiben konnte, Hysterie setzte ein, eine Äußerung aus dem Publikum gab die andere. Diese schrecklichen Gewaltdarstellungen auf dem Videomarkt, Kinder, die das sehen müssen, Sklaverei im Prostituiertenmilieu, Blickrichtung weg vom alltäglichen Sexismus auf die Zerstückelung. Und das finde ich an der Kampagne gefährlich – so sehr ich dankbar bin für die Diskussion, so sehr ich die Kritik an der herrschenden Pornowelt und die Ablehnung realer Männergewalt gegen Frauen teile: daß sie mit den Mitteln der Hysterisierung arbeitet, wo zum Schluß keine vielfältige Diskussion mehr möglich ist, sondern nur ein massenhysterischer Ruf nach einem Gesetz. Dabei bleiben im Zusammenhang gerade mit dem heiklen Thema Gewaltdarstellungen – reale Gewalt viele Fragen offen, die nur als *Fragen* offen diskutiert werden können, ich gehe in meinem Text etwas darauf ein. Es gibt, denke ich, keine *eindeutige* Antwort.

UZ: Der Mythos, daß Triebhaftigkeit, Obszönität und Gewalt die Domäne der Männer sei und auch bleiben muß, ist ein Mythos, der von vielen Frauen – und auch Männern – vertreten wird. Die heftige Reaktion von Frauen auf die brutalen, obszönen, gewalttätigen Produkte ihrer Geschlechtsgenossinnen, an die sich allzuoft der Ruf nach Zensur anschließt, zeigt, daß gerade dies Bereiche und Themen in der Produktion von Frauen sind, die in ihrer Auseinandersetzung mit sexueller Phantasie an die Wurzeln gehen. Sie tragen in ihrer Vielfältigkeit der Widersprüchlichkeit weiblicher Phantasie Rechnung.

Interessant ist ja auch, was für ein Eigenleben die Bilder im Kopf der Zuschauerin entwickeln. Es ist schon auffällig, daß besonders bei Filmen mit konkret sexuellen Handlungen in die Beschreibungen, die in der nachfolgenden Diskussion gegeben werden, viel an eigener Phantasie hineinfließt. Hautkontakt wird zur Penetration, eine Umarmung wird zur Gewalttätigkeit.

Die Erwartung bzw. Befürchtung, was in diesem Film angesprochen sein könnte, vermischt sich mit dem gesehenen Film. Diese Vermischung ist innerhalb der PorNO Kampagne besonders interessant, weil sich die Beschreibungen einzelner Bilder, Filme und Schriften von Mal zu Mal steigern, weil die einzelnen Multiplikatorinnen Beschreibungen zitieren ohne das Beschriebene zu kennen – Andrea Dworkin ist in »Pornography« in ihren sehr persönlichen Beschreibungen und Nacherzählungen auch ein gutes Beispiel. Ihre Beschreibungen sagen oft mehr über ihre eigene Phantasie aus, als über den Gegenstand, mit dem sie sich beschäftigt.

Vielleicht steckt dahinter der Wunsch nach »mehr«, das Gesehene war unbefriedigend und wird nun mit eigener Phantasie etwas prickelnder gestaltet. Schwierig wird es allerdings, wenn immer wieder die Ebenen von Fiktion und Realität vermischt werden. Gerade Andrea Dworkin entwickelt in ihren Nacherzählungen der Schriften von de Sade und Bataille Meisterschaft in der hartnäckigen Verneinung des Unterschiedes zwischen Fiktion und Realität.

Gewaltpornos

Natürlich gibt es diese Filme – nicht umsonst gibt es ein Verbot. Und genau das macht die Analyse schwierig, weil sie auf dem »freien Markt« nicht zu bekommen sind. So z. B. der Film »snuff« – der Namensgeber der

sogenannten Snuffpornos – der eine Protestwelle in den USA ausgelöst hat, weil der Mord an einer Frau in diesem Film echt gewesen sein soll. Dieser Film ist in der BRD nicht zu bekommen. Angesichts der oft recht widersprüchlichen Beschreibungen der Gewaltpornos, um die es in der PorNOkampagne gehen soll, bin ich, glaube ich, nicht die einzige, die diese Filme nicht gesehen hat. Wenn die Beschreibungen der PorNOkämpferinnen allerdings zutreffen sollten, müßten die betreffenden Filme schon längst nach § 184 StGB verboten sein, in dem ausdrücklich die Verbindung von sexuellen Handlungen mit Gewalt, Tieren und Kindern verboten ist.

Es wird ja durch die EMMA-Kampagne ein Bild der Pornografie gezeigt, bei dem du unweigerlich das Gefühl bekommst, daß in irgendeinem Fickzusammenhang Frauen zerstückelt, enthauptet und aufs Brutalste verstümmelt werden. Das führt nun zu einer Phantasieverbindung von Porno und Gewalt, in der das, was man als Zerstückelungs- (splatter-) Filme kennt, mit Pornos zusammengebracht wird. Splatterfilme sind Horrorvideos, in denen z. B. eine zombieartige Gestalt aus irgendwelchen Seen in regelmäßigen Abständen aufsteigt und Gruppen von Schülern oder Pfadfindern metzelt, und die Teile dann in eine schwarze wabernde Masse schmeißt. Im Splatterfilm gibt es ähnlich wie in der Pornografie gravierende Unterschiede und einzelne aus dem Serienschema herausfallende Filme. Ich war überrascht, wie gering die Bedeutung nackter Körper und explizit sexueller Handlungen ist. Überraschend war für mich auch der hohe Anteil mordender Frauen. Neben den oft recht androgyn gestalteten Monstern, die wahllos Frauen und Männer metzeln, gibt es oft die Gestalt der Rächerin, die z. B. als Reaktion auf vorausgegangene Vergewaltigung Männer kastriert und ermordet. Beliebt ist auch die »geistig Umnachtete« in den verschiedenen Variationen von Werwölfin, Vampirin bis zur Übersinnlichen, Hexe, die hauptsächlich Männer metzelt. Gewalt von Frauen richtet sich auch gegen Geschlechtsgenossinnen, interessant sind hier die Lesbencamp- und Frauengefängnisfilme. Auch diese Filme sind bislang nicht aus feministischer Sicht analysiert worden, es gibt keine Untersuchungen über Drehbuchautorinnen oder Regisseurinnen in diesem Genre. Eine Ausnahme ist Birgit Heins Text über Frauengefängnisfilme in »Frauen und Film«, Heft 43, 1988. Inwieweit die Darstellung der Frau als kastrierende Rächerin ein Beitrag zur Emanzipation ist, bleibt allerdings fraglich. Was ich aber bislang feststellen konnte, ist, daß Filme wie »Die einarmige Rächerin«, »Die Töterinnen« oder »Ich spucke auf dein Grab« durchaus geeignet sind, ein Frauenpublikum zu erfreuen.

Artur Maria Raben-Alt äußert in seinem Buch »Die perforierte Unzucht«

die Hoffnung, daß durch »typisch weibliche« Eingriffe – Verständnis, Toleranz, Herzenhöflichkeit – zu einer Humanisierung der Pornografie beigetragen werden könnte. Es bleibt fraglich, ob eine derartige Rettung des Pornofilms durch »weibliche Herzenshöflichkeit« erfolgt, sobald sich Frauen seiner annehmen. Weiter unten muß Rabenalt erschreckt feststellen, daß ein Film, der von einer Frau inszeniert wurde, ihre männlichen Kollegen an »Brutalität und Geschmacklosigkeit« bei weitem übertraf. Auf seine Frage, wie sie nun dazu gekommen sei, antwortet die Filmemacherin, sie hätte halt ihre Phantasien umgesetzt. (Titel leider in der BRD nicht bekannt)

Pornos und andere Filme von Frauen

Es gibt in Videotheken einige Videos, die ausschließlich lesbischen Sex zeigen, die allerdings alles andere als »Bewegungsfilme« sind. Gute Beispiele sind Filme aus der Reihe »Bizarre X«, die ProduzentInnen sitzen in Köln. Geschlecht ist aus den Herstellerangaben nicht ersichtlich. Die Reihe wirbt damit, daß die Darstellerinnen nicht schauspielern, sondern sich bei der Ausübung ihrer privaten Sexpraxis filmen lassen. Ungewöhnlich ist auch, daß Wert auf Originalton gelegt wird. Die Filme heißen z. B. »Analer Orgasmus« und »Extrem abartige Züchtigung«. Wie die Titel schon andeuten, sind die beiden Frauen, die da auftreten, nicht gerade zimperlich miteinander. Das sind zwei Frauen, die sich lange und gut zu kennen scheinen. Die Handlungen sind bis auf wenige Schnitte in Originalzeit und Originalton. Jeweils eine Stunde. In »Analer Orgasmus« ist deutlich und ungewöhnlich: Faustficken, anal und vaginal. In einer authentisch wirkenden intimen Athmosphäre. Pissen wird in einem direkten Zusammenhang mit Erregung gezeigt, und es ist einer der wenigen Pornos, in denen im Zusammenhang mit Analsex auch Scheiße vorkommt.

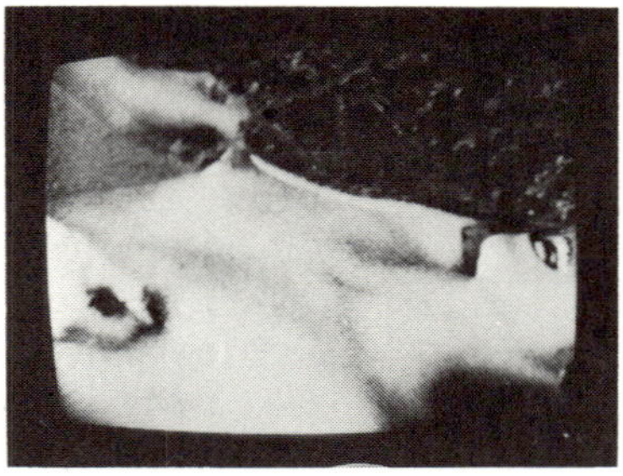

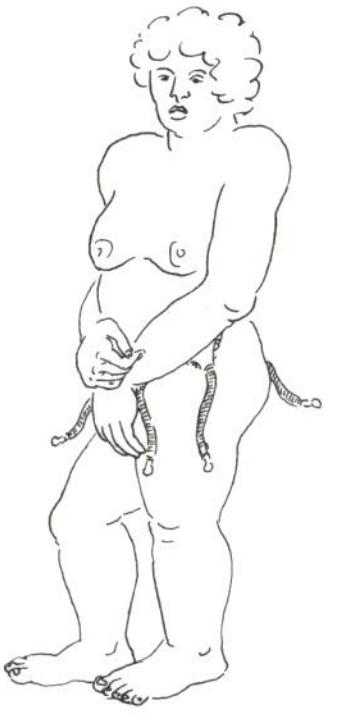

Ich habe diesen Porno einigen Freundinnen gezeigt, und für alle wurde weibliche Lust überzeugend gezeigt. Die Frauen kommunizieren miteinander, ohne zu sprechen, aber deutlich, sie bewegen sich in ständiger Kommunikation. Mich hat der Film sehr beeindruckt. Der Film hat nichts von Handlungsanweisung – wie viele Lesbenbewegungsfilme. Die Frauen sind authentisch erregt. Sie kommen wirklich zum Höhepunkt, du hast zumindest das Gefühl, daß es so ist, und das erregt meine Schaulust sehr.

»Extreme abartige Züchtigung« spielt in einem Eigenheimgarten, die Darstellerinnen streiten sich: »du hast mein Parfüm benutzt.« Sie prügeln sich mit allem, was an Zweigen, Brennesseln, Stöcken in einem Garten zu finden ist. Auffallend auch hier ist, daß sie sich sehr gezielt schlagen – die Auseinandersetzung bekommt so etwas Liebevolles. Schlußendlich, nachdem sie sich mit einem Gartenschlauch abgespritzt haben, versöhnen sie sich in akrobatischen Stellungen im Gartenliegestuhl. Hier bleibt recht wenig von dem bemühlt Entfesselten des Durchschnitthardcores. Sie zeigen eine weibliche Fleischeslust. (Das ist alles sehr dilettantisch aufgenommen, meiner Ansicht nach macht das aber gerade einen gewissen Charme aus.)

Mir sind nur wenige Filme bekannt, die von Frauen gemacht wurden, die sich selbst als Pornofilmerinnen bezeichnen und die dann auch noch halten, was sie versprechen. Hier sind natürlich mal wieder die Amerikanerinnen die Vorreiterinnen, und auch hier sind es meist Lesben aus dem SM-Lager, die offensiv Pornografie von Frauen für Frauen produzieren. Es gibt mit Sicherheit auch Frauen, die Heteropornos, sei es soft- oder hardcore machen. Sie sind leider schwer auszumachen. Die Frage der Pseudonyme. Die mir bekannten Produktionsgruppen sitzen in San Franzisko und New York, ich habe allerdings bisher nur die Filme der Produktionsgruppe aus San Franzisko gesehen. Die »blush productions« gibt auch ein

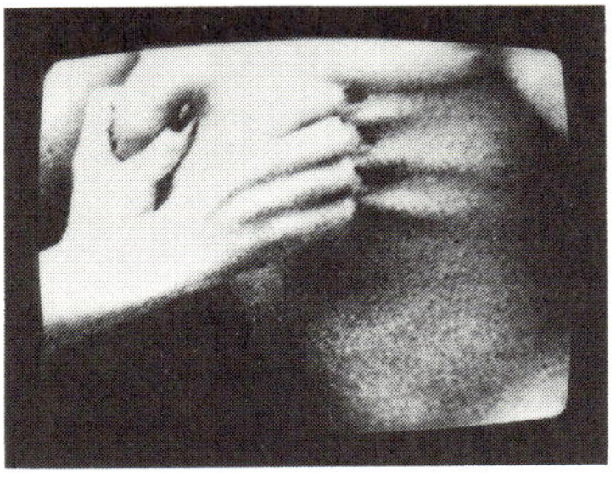

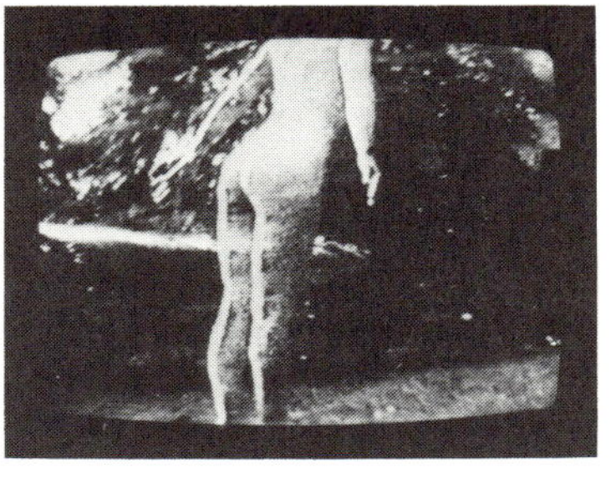

Magazin mit dem Titel: »On our backs – for the adventorous lesbian« heraus. Da wird für die Videos geworben, die dann direkt bei den Frauen bestellt und gekauft werden können. Es heißt, sie hätten großen Erfolg mit Videos und Magazin. Ich habe bisher 4 Videos gesehen, zwei Videos von Ingrid Wilhite: »Fun with a sausage« und »l'ingenue«, außerdem zwei von »fatale film«: »shadows« und »private pleasures – the penthouse«.

Die beiden Videos von Ingrid Wilhite sind keine Pornos, sie erinnern ein wenig an frühe »Frauenfilme«, wie z. B. »six unnatural acts« von Jan Oxenberg. Sie sind witzige Kurzspielfilme, in denen die Lesbenszene auf die Schippe genommen wird. In »fun with a sausage« kommt eine recht androgyne Frau mit einer Wurst in der Hose und einem falschen Schnauzer auf der Oberlippe auf eine Party der »lesbischen Linkshänderinnen littauischer Herkunft«, sie sprengt in ihrem outfit offensichtlich den Rahmen und als sie auch noch wagt eine der Linkshänderinnen anzumachen, wird sie hinausgeworfen. Ebenso ergeht es einer Frau, die versucht, etwas pep in die öde Lesbenfete zu bringen. Sie kommt mit ihrem Strip überhaupt nicht an. Als sie schließlich bis auf ein paar Lederriemen entblößt auch noch eine Peitsche schwingt, landet sie auch vor der Tür. Draußen solidarisieren sich die beiden Ausgestoßenen – offenes Ende. In »l'ingenue« wird eine »nicht praktizierende« Lesbe von ihrem schwulen Wohngenossen aufgefordert, doch nun endlich ihren sexuellen Horizont zu erweitern. Sie bewegt sich auch in einen einschlägigen Lesbentreff. Zu ihrer größten Verwirrung interessiert sich auch auf der Stelle eine recht rabiate Dame in Leder mit Peitsche behängt, für sie. Die fackelt nicht lange, schleift die arme »Unerfahrene« in eine verschwiegene Ecke und macht ihr unmißverständlich klar, daß sie bedient werden will. Die weiß nun nicht, was sie tun soll, findet schließlich doch einen Weg der Ungeduldigen Erleichterung zu verschaffen. In beiden Filmen geht es natürlich um Sex, allerdings nicht explizit sondern in humorvollen Andeutungen. Die »fatale film« Videos entsprechen schon eher der hard-core Bezeichnung. In *»private*

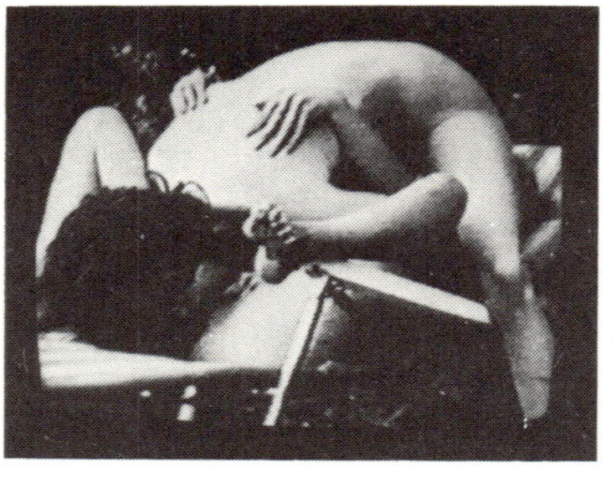

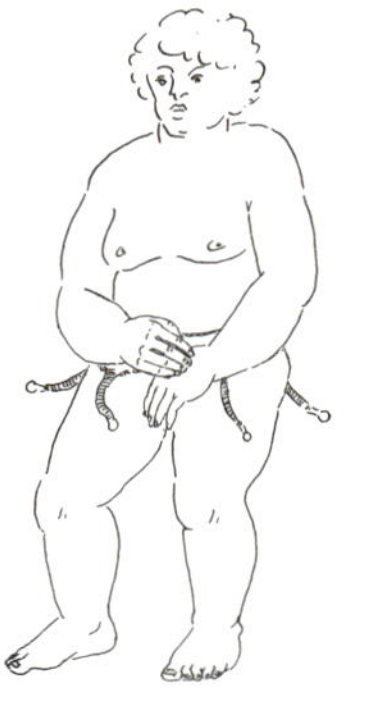

pleasures-the penthouse« wird eine Verführung mit Zuschauerin gezeigt. Eine Frau kommt nach Hause, schaltet ihren Fernseher an und ist fortan Beobachterin einer Verführung, die sich bei Sekt in einer Edelwohnung abspielt. Die Darstellerinnen, woman alone, the blonde Visitor und the seductor. Bei sphärischer Musik, die teilweise mit Originaltönen kombiniert ist, sind nun die beiden sextreibenden Frauen und in Zwischenschnitten die onanierende Zuschauerin zu sehen. Angenehm ist, daß sich die Frauen hier nicht besonders um die Kamera kümmern, die Genitalien werden nicht mühselig und unter unbequemen Verrenkungen ins Bild gehalten, wie es sonst im hard-core üblich ist. Die Filmemacherinnen haben sich auch durch Eingriffe im Licht mit einer einfühlsamen Kamera bemüht, die Sexhandlung ästhetisch interessant zu gestalten. Auffällig ist hier auch wieder, daß die Erregung authentisch wirkt, indem die Frauen konzentriert einander zugewandt sind und Entgleisungen in ihrer Mimik nicht kaschieren. Hier sind die Praktiken, die gezeigt werden auch wieder, der allgemeinen Vorstellung des lesbischen weich-Sexes widersprechend, und die Berührungen keineswegs zaghaft. Irritierend für manche mag sein, daß Faustficken die beliebteste Sexpraktik zu sein scheint. Beide Videos sind 15 Minuten lang und von den Darstellerinnen selbst entworfen. (Teri und Careage)

In »*schadows*« holt »butch bottom« (Teri) »mistress Careage« mit dem Motorrad ab. Sie gehen in ein, etwas spärlich mit S-M Accessoires ausgestattetes Zimmer, in der nun folgenden Mistress und bottom Inszenierung fehlt es für meinen Geschmack etwas an Konzentration. Ihre Worte sind zumindest in der Kopie, die ich sehen konnte, nicht zu verstehen. Sie spielen etwas halbherzig und kichernd mit den Peitschen und Riemen, Spannung will nicht so recht aufkommen. Die Aufnahmen sind unkonzentriert. Allerdings gibt es bei etwas Suche schon ein paar highlights auch in dieser Geschichte.

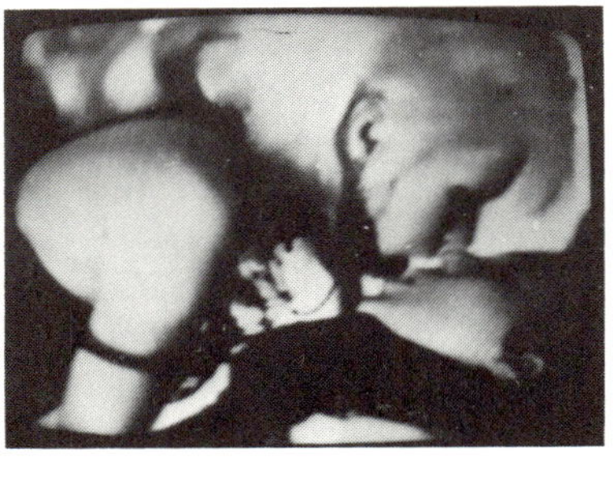

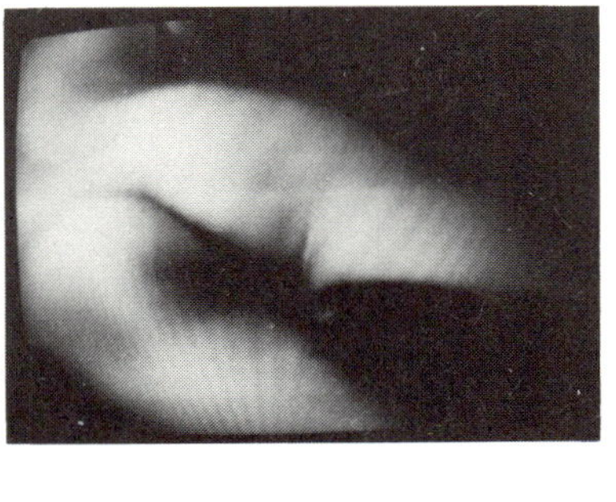

Außerdem möchte ich einen der ersten »Frauenfilme« erwähnen, den ich sehr gut finde. »Near the big chacra«. Du siehst 10 Minuten lang nur Mösen, 40 oder mehr verschiedene Mösen, in Nahaufnahme, hinterher staunte ich, was es da für Unterschiede gibt.

In »mainstream-Kino« ist die Grenze zwischen dem, was sich Porno nennt und dem Rest ziemlich klar zu bestimmen. Im sog. Innovativen oder experimentellen Film sind die Grenzen fließender. Dies trifft gleichermaßen auf die Filme von Frauen und von Männern zu. Allerdings ist es auffällig, daß sich gerade in diesem Bereich die Filme von Frauen in ihrer Radikalität und auch durch ihre hohe Anzahl auffallen.

Dieser fließende Übergang von früheren Filmen, in denen sich Frauen mit Körperlichkeit auseinandersetzen zu den neueren, in denen es öfter explizit sexuell wird, macht es mir schwer, die Grenze – Porno oder nicht – zu ziehen. Von einem speziell weiblichen Ausdruck in der Pornografie zu sprechen, führt wahrscheinlich genauso weit, wie die vergebliche Suche nach einem »Frauenfilm«. Bilder, die Frauen herstellen, Filme, die Frauen machen, sprengen oft den Rahmen feministischer Wunschvorstellungen einer »weiblichen Erotik«. Seit nun Lust für Frauen akzeptiert (Pflicht) ist, soll sie doch wenigstens überschaubar sein und vor allem frei von patriarchalem Schmutz.

Veranstaltungen, wie das »secret minds festival« in Köln zum Thema »Frauen und Sexualität« und das Dortmunder »femme totale« Festival '87 haben gezeigt, daß sich neben dem »etablierten Frauenfilm« der sog. Mütter der Frauenbewegung eine Subkultur mit Film- Foto- Literatur- Theater- Performancearbeiten herausgestellt hat, in der Frauen radikal und oft tabuüberschreitend ihre Phantasien in Szene setzen. Hier war sehr gut abzulesen, daß eine Verschiebung in Scham- und Tabugrenzen stattgefunden hat. Diese Verschiebung betrifft allerdings nicht die gesamte »Bewegung«, nach wie vor gibt es Berührungsänste und nicht-Berührungs-Wünsche, die sich im Zusammenhang eines in Mode gekommenen Obszönitätszwangs als scheinbar reine Prüderieeinwände ausmachen, die allerdings meiner Ansicht nach sehr ernst zu nehmen sind. Auch hier ist es nötig einer Polarisierung (fadenscheinigen) in Pro- und Antisex entgegenzuwirken.

Gesetze, bzw. deren Auslegungen spiegeln gesellschaftliche Machtverhältnisse wieder. Das würde bei einer Anwendung der zivilrechtlichen Möglichkeiten, die das Gesetz von EMMA bieten würde, bedeuten, daß Filmemacherinnen, wie Chantal Akermann, Valie Export, Jutta Brückner, Elfi Mikesch direkt betroffen wären, da sie in einzelnen Szenen ihrer Filme der Pornografiedefinition nach § 2 entsprechen. Nicht betroffen sind Mike Krügers Fernsehshow »4 gegen Willi«, die »Schwarzwaldklinik«, der »Stern« und »Raumschiff Enterprise«.

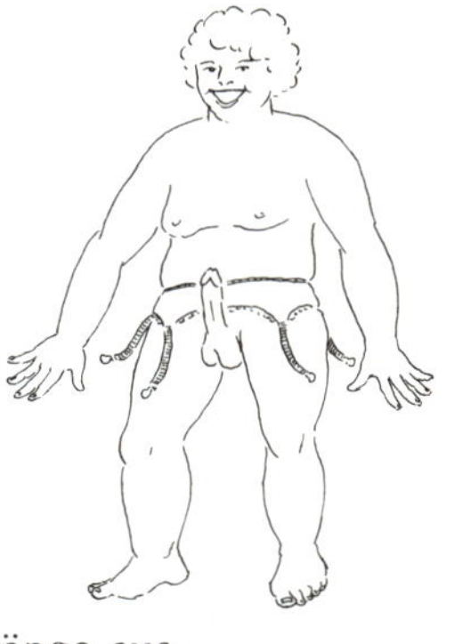

Z. B. Mano Destra, ein Film, in dem Cleo Uebelmann zu einem privaten, eigensinnigen Ausdruck gekommen ist, der sich bei genauerem Hinsehen fernab von feministischen Auseinandersetzungen und modischen S-M Attitüden bewgt. Für sie ein Film, in dem sie zu der für sie einzig möglichen Ausdrucksform gekommen ist, die ihr als Frau in der hiesigen patriarchalen Welt adäquat erscheint. Sie meint damit gleichzeitig auch ihre Verweigerung, sich innerhalb gesellschaftlicher Rollenzwänge auszudrücken.

Neu ist, daß sich Cleo in diesem Film auf das Glatteis S/M wagt, ohne an dem modischen Chic der in Frauenkreisen beliebten Wochenend-Domina-Verkleidung zu scheitern. Sie bleibt sehr privat und unspektakulär in ihrer Inszenierung. Sie schafft in ihrem Atelier eine faszinierende Welt, in die sie die Zuschauerin zum mitspielen, mit-träumen einlädt. Eine Einladung, die viele Zuschauerinnen gerne annehmen. Wichtig sind bei ihr die kunstvollen Fesselungen und Einschnürungen als Bild und als Interaktion. Die Entwicklung der Personen ist aber interessant, wo am Anfang die Trennung zwischen der Wartenden, Genießenden, Gefesselten und ihrem Gegenüber, der Blickenden, die Fesseln präparierenden klar bleibt, vermischen sich die Ebenen im weiteren Verlauf. Cleo wird überraschend zur Privatperson, zeigt sich im Alltag. In den folgenden Bildern wird unklar, wer wer ist, der Assiziationsspielraum wird größer und die Distanz zwischen den beiden Frauen geringer. Fast sentimental wirkt die Szene, in der sie sich berühren läßt.

Ebenen – auch durch die Toncollagen fast überdeutlich, die laute diffuse Außenwelt, die konzentrierte durch »selbstgestaltete Bandagen« begrenzte Innenwelt, durch die ihr Schritt hallt. Mir gefallen besonders auch die kurzen Einschübe, ein kurz aufblitzendes Messer, in dem sie sekundenschnell an die Ernsthaftigkeit erinnert, um die es in dem Spiel geht.

Die fast humoristischen Einschübe der Nummerierten Kästen und Säcke, in denen sich Menschen winden. Und auch wieder einmal ist die Bezeichnung, dies ist ein S-M Film, unzutreffend – Mano Destra ist eine masochistische Inszenierung in Reinform.

Das weitergehende Problem »Frauen und Zensur«, ist bislang in der PorNO Kampagne nicht berücksichtigt worden. Frauen, die als Filmemacherinnen in der BRD tätig sind, sind von einer Zensur im Vorwege betroffen. Hier sind weniger die Jugendschutzgesetzgebungen gemeint, als vielmehr die neuerdings im Rahmen der »Wende« wieder verstärkt hochgehaltene und zu schützende Familie. So manches Drehbuch vergammelt in der Schublade, weil das Bundesinnenministerium »Familienfeindlichkeit« diagnostiziert und somit die Realisation von Filmen verhindert. Daß familienfreundliche Darstellung nicht notwendig ein Element ist, das den Wunschvorstellungen aller Filmemacherinnen entspricht ist wohl selbstverständlich. Wichtig finde ich die Forderung der Filmarbeiterinnen nach Quotierung: 50% der Förderungsmittel an Frauen!

Das Einzige, was die Filmemacherinnen neben ihren primären Geschlechtsmerkmalen gemeinsam haben, ist ihre Lebenssituation im Patriarchat. Frauen wachsen in der gleichen patriarchalen Bilderwelt auf wie Männer, die Perspektive unterscheidet sich allerdings erheblich. Und hier fangen die notwendigen Unterscheidungen schon an: was für die Eine die unerträgliche Unterdrückung symbolisiert, ist für die Andere der heimliche Lustspender, sei es direkt als Sexphantasie umgesetzt oder vermittelt als rotwangiger Wutausbruch. Der »Dialog im Bett« ist, wie wohl alle aus eigener Erfahrung wissen, mindestens genauso kompliziert und facettenreich wie jeder andere, den wir allerdings um einiges häufiger im Film interpretiert sehen können. Mir fällt dazu ein Zitat aus einem Porno ein, ein Satz, den ein Frauenchor spricht: »Laßt Mösen sprechen, laßt Tabus zerbrechen, an der Fotzenfront ist Wonnefeuer!«

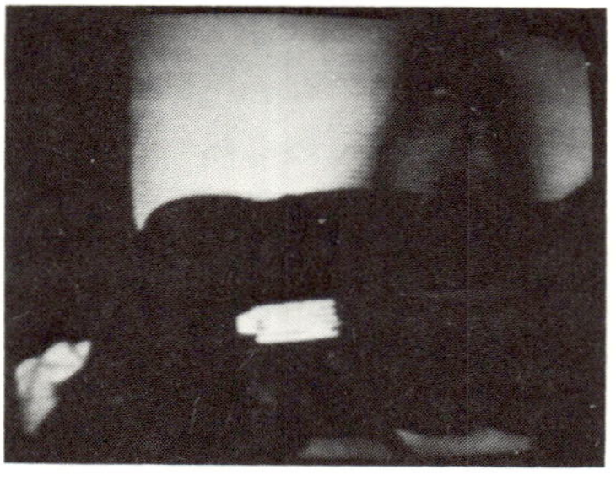

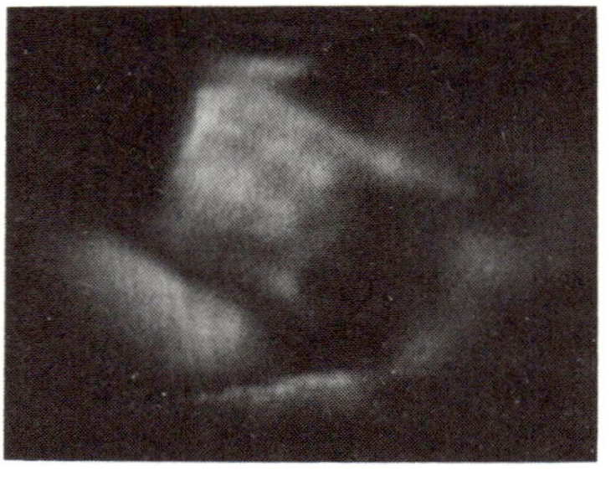

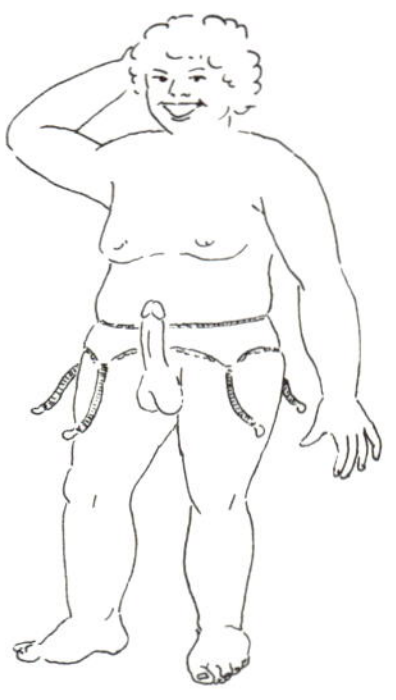

neda bei alles, was recht ist (oesterreichische verhaeltnisse)

für elfriede jelinek

(I) der oberste gerichtshof hat der nichtigkeitsbeschwerde des angeklagten franz K. gegen das urteil des landesgerichtes klagenfurt als schöffengerichtes folge gegeben. mit dem angefochtenen urteil wurde der angeklagte franz K. des verbrechens der schweren körperlichen beschädigung nach den §§ schuldig erkannt, begangen dadurch, daß er am 11. jänner 1960 gegen 18.30 Uhr in einem gasthaus in D. nach vorausgegangenem streit, in dessen verlauf ihm franz A. zwei ohrfreigen versetzt hatte, diesem in feindseliger absicht einen faustschlag auf das rechte auge versetzte, wodurch infolge schwerer verletzung des sehnervs dieses auges franz A. in der folge auf dem rechten auge völlig erblindete, ohne daß diese erblindung jemals wieder behebbar wäre.

(II) fallus klebt allus

(III) bundesgesetz 1950 über die bekämpfung unzüchtiger veröffentlichungen & den schutz der jugend gegen sittliche gefährdung in der fassung 1952, 1952, 1972. eins/eins: einer gerichtlich strafbaren handlung (bisher: eines verbrechens) macht sich schuldig, wer in gewinnsüchtiger absicht a unzüchtige schriften abbildungen laufbilder oder andere unzüchtige gegenstände herstellt verlegt oder zum zwecke der verbreitung vorrätig hält c solche gegenstände anderen anbietet oder überläßt sie öffentlich ausstellt aushängt anschlägt oder sonst verbreitet oder solche laufbilder anderen vorführt d wer sich öffentlich oder vor mehreren leuten oder in druckwerken oder verbreiteten schriften zu einer der in litera a bis c bezeichneten handlungen erbietet

(IV) seit in den dreissiger jahren die pastoralmedizin ihren aufschwung genommen hatte

(V) er war ein harter bursche

(VI) wissensforschung beichtspiegel hast allein mit anderen unkeusche gedanken gehabt reden gefuehrt / im klo im bad im umkleidekammerl vorm turnen / hast die fuess gleich ins kalte wasser gestellt / hast dich sofort aus dem warmen bett erhoben fruehmorgens oder wennst festgestellt hast dass der erguss schon getroepfelt ist in die bettwaesch / hast ein stossgebet zur heil jungfrau oder eben dich beholfen mit einer herzenserhebung zum herrn elevatione cordis ad dominum / hast du unkeusche bilder angeschaut allein mit anderen / ein stossgebet zum heil aloysius von gonzaga dem jugendlichen martirer der keuschheit

(VII) das erstgericht führte zur frage der anstößigkeit des bildes aus, daß das bild unter dem titel »schöne augen« die abbildung einer frauensperson zeige, deren brüste aus dem tief ausgeschnittenen kleid teilweise hervorquellen; das anstößige dieses bildes werde dadurch noch verstärkt, daß dieses mädchen durch einen lüsternen gesichtsausdruck seine blößen bewußt zur schau stelle und noch durch eine entsprechende körperhaltung besonders betone. im zusammenhalt mit dem text, der ausdrücklich auf diese mangelhafte bekleidung hinweise, ergebe sich eine laszive wirkung und es werde damit eine schädliche wirkung bei der heranwachsenden jugend erzielt, da ein solches bild jugendliche personen, deren körperliche, geistige und sittliche entwicklung noch unfertig sei, viel leichter beeindrucke als erwachsene personen. dies und nicht die auffassung erwachsener menschen müsse aber als maßstab für die anstößigkeit eines bildes genommen werden, da das gesetz 1950 dem schutze jugendlicher personen unter 16 jahren diene

(VIII) fallus klebt allus

(IX) nämlich jugendliche personen, die sich in einer zeit des neuaufbaues der persönlichkeit befinden, der u a durch hohe labilität der seelenlage, erlebnishunger und den durchbruch des geschlechtstriebes gekennzeichnet ist, und die für ihre wahren lebensaufgaben reif gemacht werden sollen

(X) a fesche katz

(XI) ghoerst der mamma oder dem pappa?

(XII) und dann hat er sich auf die wunden gelegt

(XIII) freilich besteht wien nur mehr aus mozart pur und johann strauss, aber eine sprache ist geblieben, welche besser als alle betrachtungen es

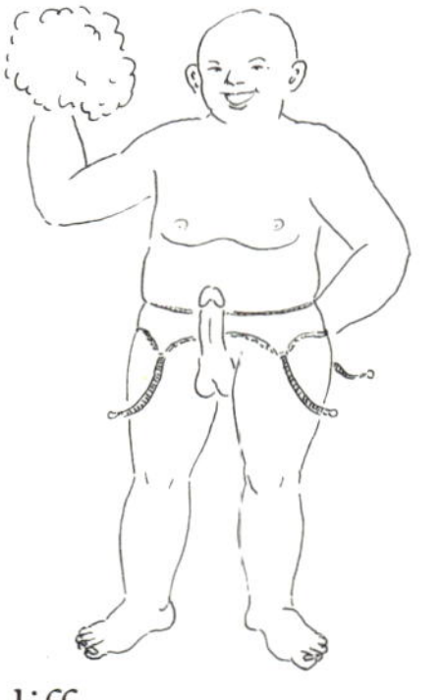

vermöchten, jene geheime wirklichkeit analysiert. deshalb biete ich hier an der stelle eines aufsatzes ein glossar an, welches dem aufmerksamen leser vielleicht diese konstellationen des wiener alltags enthüllen wird: ich meine den geschmack, der so vielen dieser ausdrücke anhaftet (»Keusch« z. b. heisst »schmächtig«), ich meine die aus der theresianischen bigotterie und dem metternichschen despotismus gezogene brutalität ebenso wie die primitivität, welche sich in der riesigen zahl der undifferenzierten ausdrücke entlarvt. ich widme diese arbeit meinem freund kurt kalb, der das so wie ich empfindet.

(XIV) das empfinden des erstgerichtes, daß die brüste der dargestellten frau aus dem ausgeschnittenen kleid »hervorquellen«, kann nicht geteilt werden, die sichtbare teilweise entblößung der weiblichen brust kann sich vielmehr aus der abgerissenen bekleidung der frau (mag dies absichtlich herbeigeführt worden sein oder nicht, ist ohne bedeutung) ergeben, sie läßt auch bei einem jugendlichen mit normaler phantasie nicht den eindruck zu, daß in der darstellung zum ausdruck gebracht werden soll, sie sei aufreizend oder »einladend«. fragen der ästhetik allein stehen in diesem zusammenhang nicht zur diskussion.

(XV) er kam zu mir, beugte sich herab und keuchte: »aber das geht ja nicht, du bist ja noch zu klein...« »das macht nichts, herr ekhardt«, sagte ich zu ihm, »kommen sie nur«. er legte sich, halbtot vor geilheit, auf mich, schob mir seine hand unter den popo, so daß er mich aufheben konnte, und rieb nun mit seinem schwanz an meiner fut.

(XVI) es kann auch nicht davon gesprochen werden, daß die dargestellte frau einen lüsternen gesichtsausdruck zur schau stellt. ihre gesichtszüge zeigen vielmehr eine gewisse resignation, die körperhaltung, die vom erstgericht auch für die anstößigkeit im sinn des zitierten gesetzes herangezogen wird, ist indifferent.

(XVII) 'aubembban 'aubödsn 'aubrundsn 'aubuffn 'audauchn 'auschiam 'audsabbfn 'auduan 'aufbegeln 'aufhubbfm 'aufschbaunna 'aufschdön 'augidschn 'aulana 'aumeiadln 'ausbembban 'ausblembban 'auschiassn 'auschdiggln 'ausedsn 'ausgroddsn 'auslan 'ausraschbön 'ausrinna 'ausschleima(n) 'ausschmian 'aussedsiagn fua mi'cheli 'a ba'di mochn

(XVIII) das bundesministerium für inneres erläßt nachstehenden bescheid: spruch: aufgrund der §§ 10 und 11 des bundesgesetzes über die bekämpfung unzüchtiger veröffentlichungen und den schutz der jugend gegen sittliche gefährdung vom 31. 1. 1950 bgbl. nr. 97, werden im einvernehmen mit dem bundesministerium für unterricht und kunst das heft 200/201 der serie »neues forum« und alle folgenden bis 31. 12. 1970 erscheinenden nummern dieser serie von jeder verbreitung an personen unter 16 jahren ausgeschlossen sowie ihr ausstellen, aushängen oder anschlagen an orten, wo sie auch personen unter 16 jahren zugänglich sind, überhaupt untersagt. begründung: das gegenständliche druckwerk enthält auf den s. 848–854 die in fortsetzungen erscheinende deutsche übersetzung der schrift »philosophie im schlafzimmer« von marquis de sade, versehen mit einem kommentar von michael siegert. daß es sich bei der »philosophie im schlafzimmer« um krasseste pornographie handelt, kann wohl nicht bestritten werden: es werden die abwegigsten sexuellen handlungen und situationen mit allen details geschildert. auch die beifügung eines kommentars ändert nichts an dem pornographischen charakter eines werkes. die vorerwähnte schrift ist daher geeignet, die sexuelle phantasie und begierde jugendlicher personen übermäßig zu erregen und hierdurch den geordneten ablauf ihres sittlichen, geistigen und körperlichen reifungsprozesses zu stören.

(XIX) FUTUERE und FUTUTIO; IRRUMATIO und CUNNILINGUS; MANU STUPRARE; MENTULA; SPERMA; CUNNUS; MENSTRUATION; MONATSBINDE, TAMPON; DAMENHÖSCHEN; CRINES VULVAE; MAMMAE; BÜSTENHALTER; COIRE PER MAMMAE (anm. d. tipperin: verlangt PER nicht den akkusativ?); BRUNST, BRÜNSTIG SEIN, BRÜNSTIG MACHEN; SCHWANGER, SCHWANGERSCHAFT, SCHWANGERE FRAU; ABTREIBUNG; PRÄSERVATIV; VENERISCHE KRANKHEITEN; SCORTUM; FEMINA, PUELLA; ZUHÄLTER; LIEBHABER, EHEMANN; ABSTEIGE, BORDELL; HOMOSEXUELLE; COITUS ANALIS; VERSCHIEDENES.

(XX) da anzunehmen ist, daß auch der inhalt weiter stücke dieses druckwerks eine gleiche verbreitungsbeschränkung rechtfertigen wird – zumal die beanstandete schrift darin in fortsetzungen abgedruckt wird –, wurde die verbreitungsbeschränkung für alle nummern dieses druckwerks, die bis 31. 12. 1970 erscheinen, angeordnet. da der sachverhalt von vornherein klar war, wurde gemäß § 56 AVG 1950 von der durchführung eines ermittlungsverfahrens abgesehen. gegen diesen bescheid ist kein ordentliches rechtsmittel zulässig. 27. oktober 1970. für den bundesminister:

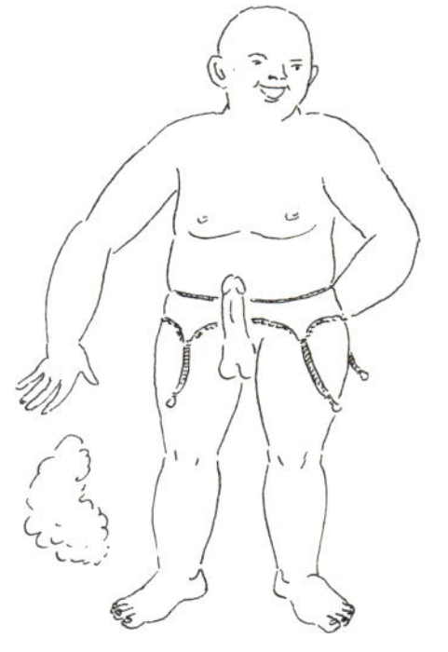

(XXI) also schauns herr kollege mit dem pornografiegsetz das is ja nicht mehr zum aushalten. was heisst unzüchtig also bitte das is allenfalls allenfalls was einen sozial integrierten durchschnittsmenschen stört, net wahr. mit einer anderen definition kann ein allfälliges reformvorhaben, das zu einer änderung des österreichischen presserechts und zur abschaffung dieses legistischen mists aus den fuffziger jahren führt, doch gar net verwirklicht werden! die schwedischen porno lesen is den kollegen am jugendgerichtshof auch schon fad auf die dauer. impotent und richtig widerwillig gegen die liebe wird ma wird ma wird ma auf die dauer wird ma von dem zeugs. richtig abgestumpft. hörns mir bloss auf mit dem pornografiegsetz!

(XXII) wir protestieren gegen die ohne begründung, ohne vorerhebung, ohne parteiengehör und ohne berufungsmöglichkeit erfolgte verbreitungsbeschränkung des »neuen forums« sowie insbesondere gegen deren ausdehnung auf alle künftigen hefte bis ende des jahres. für die redakteurgesellschaft:

12. november 1970. überdies haben wir durch dr. michael graff RA verfassungsgerichtshofbeschwerde erhoben.

(XXIII) nix is mit der vorzensur, hat der verfassungsgrichtshof xagt, und die entsprechende bestimmung im pressexetz aufghobn. der graff is a vorkempffa der pressefreiheit hierzuland, merck's wien!

(XXIV) aug um aug

(XXV) erst vor kurzem ist ein feinsinniger junger mann zu einer verwaltungsstrafe verurteilt worden, weil er sein diaprojektor in der nacht ausm fenster ghängt hat, silvester wars, und auf der feuermauer habm dann halt die porno die nachbarn gstört

(XXVI) das, was nun den raum der seiten des FORVMS füllt, entspricht nicht meinem geschmack. hinter ihm steht keine wie immer geartete, politische, sondern nur eine ästhetische überlegung. das FORVM hat mit einer »fackel« nichts mehr gemein, ich kann der tendenz der schrift durch die erwähnung meines namens im herausgeberstab leider nicht mehr zustimmen und bitte sie daher, meinen namen bei nächster gelegenheit aus dem titelblatte zu entfernen. mit der versicherung, daß ich für jedes ernste anliegen, das uns wahrhaft bewegen muß, ihnen immer zur verfügung stehe, bin ich mit meinen besten grüßen ihr ergebener

(XXVII) une friandise cannibale

(XXVIII) also schau kinderl so schnell wirst scho net arbeitslos. heiraten tust, dann wendest dich einer vernünftigen naturgegebenen aufgabe zu, net, es gibt ja a neues gesetz, nach dem kannst du einklagen, dass du ein recht auf arbeit hast. wie neulich unser bundeskanzler ganz richtig gesagt hat, diese errungenschaften werden nicht in frage gestellt, in der politik gehts schliesslich nicht zu wie in einem mättchenpensionat

(XXIX) ebensowenig erweist sich die behauptung des erstgerichts, daß sich die laszive wirkung des bildes auch aus dem zusammenhalt mit dem textteil ergebe, als zutreffend, denn der passus im text »bodo (der dargestellte mann) trage sich, damit trotz des harten und entbehrungsreichen lebens in einer holzhütte die schönheit nicht ganz untergeht, wohl wegen der hitze und der armut leicht bekleidet«, kann weder für sich noch bei gleichzeitiger berücksichtigung des bildinhaltes als anstößig oder laszlv bezeichnet werden.

(XXX) zahn um zahn

(XXXI) im zehnten jahr. der pfahl. zählt zu den herausragendsten gestalten des geistigen lebens. doch die vielfalt seines werks sprengt alle üblichen schubladen. er steht allein. er besteht darauf, dass literatur, so wie er sie verstand, einer der wege ist, um zu einer gemeinhin unmöglichen erfahrung zu gelangen.

(XXXII) essen sie gerne sperma? (kreuzen sie die zutreffende antwort an) o ja o nein o ich weiß nicht

(XXXIII) schlachts schlachtfeld ist die sprache. in seinen essays hüpft und tanzt schlacht unmerklich, wie ein ganz stiller wahnsinniger, über die verstandesgrenzen hinaus. auch sense entzog sich, und alles von ihm und an ihm entzieht sich mit. er bricht mit der eigenen hoffnungsreichen zukunft, wird aber nicht ein privatgelehrter eher ein vagant. sein wanderleben schlug sich nieder. er empfand sich keineswegs als ethnologe oder linguist, als philosoph oder als denker oder gar als heimatforscher, sondern viel eher als dichter. aber jede definition muss zu missverständnissen führen.

(XXXIV) machen sie fellatio? (mehrfachantworten möglich, nichtzutreffendes streichen) o ja o nein o mir graust

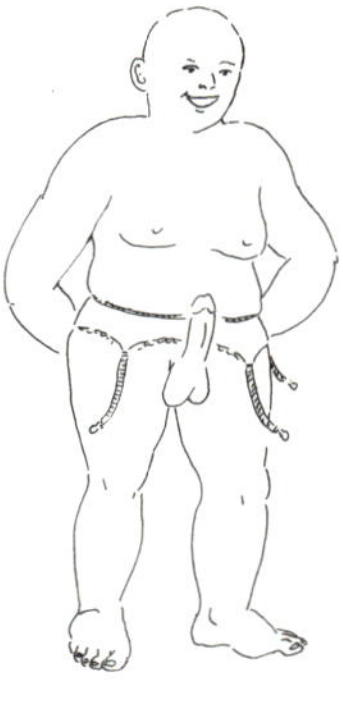

o meinem freund / mann / onkel / bruder / pappi zuliebe
o ich erinnere mich an die brüste meiner mutter
o ich esse gerne kastanienpürree / schlagobers
o ich habe mein frühstücksei gerne sehr weich
o ich esse spargel nie mit messer und gabel
o ich mag auch nicht, wenn er mich schleckt
o ich mag auch sie nicht schlecken
o ich esse gerne rote grütze
o man muß ja nicht alles ganz hinunterschlucken
o besser als missionarsstellung o nicht auf den knien
o sicherheitshalber nur in erinnerung an meinen gummischnuller

(XXXV) im gegenteil treibt ein unüberwindlicher hauch von frauenfeindlichkeit (vielleicht aus übergroßem verständnis?) jacob dazu, wenn überhaupt, eher die laster als die tugenden seiner damen zu unterstreichen. mit ausgefeilter frivolität

(XXXVI) simone ouvrait d'abord les yeux sur quelque scène obscène et triste.

(XXXVII) er hat worte in zähne gesetzt. er setzte in szene le mâle dans la littérature. das mahl das weltgericht immortelle sa mort mortadella ça mord sa mort se meurt elle mord

(XXXVIII) essen sie scheisse? (keine antwort möglich)

(XXXIX) wer über die gehörte zote lacht, lacht wie ein zuschauer bei einer sexuellen aggression. das sexuelle, welches den inhalt der zote bildet, umfasst mehr als das bei beiden geschlechtern besondere, nämlich noch überdies das beiden geschlechtern gemeinsame, auf das die scham sich erstreckt, also das exkrementelle in seinem ganzen umfang.

(XL) waren sie ehrlich? spülen sie mit selters nach, trinken sie nachher milch, nehmen sie eine zigarette, halten sie's mit der witwe klicko oder lieber mit kukident?

(XLI) ich entbloesste mein leben. ich bot dem jungen wahrheitssucher meinen warenkoerper

(XLII) lass dich nicht ablenken, geh an die arbeit, sage ich mir. entweder sie mich, oder ich sie, und keine zeit herauszufinden, wer im recht ist. und da genügt nicht die theoretische vorbereitung, man muss selbst die schattenzone der moral durchqueren, so manches mit eigenen augen sehen, sich ordentlich die finger verbrennen, um endlich zu begreifen.

(XLIII) list ist das große betragen, die andern nötigen, zu sein, wie sie an und für sich sind, dies ins licht des bewußtseins zu bringen. wenn sie auch recht haben, wissen sie es nicht zu verteidigen durch die rede. müssens nicht verteidigen durch die rede. stummheit ist die schlechte niederträchtige list. so wird nur der von grund aus meister, der bewirkt, daß das andre in seinem tun sich selbst verkehrt. durch die list ist der willen zum weiblichen geworden – der hinausgehende trieb ist als list theoretisches zu sehen – das nicht wissende treiben zum wissen.

(XLIV) »augen her, augen her!« rief coppelius mit dumpfer dröhnender stimme.

(XLV) zaehlen sie ausser der verwandtschaft ersten, zweiten und auch dritten grades ehehindernisse nach kanonischem recht auf! wann kommt die vereinigung der ehegatten gueltig zustande? litt der man an impotentia coeundi oder impotentia generandi? war die frau nach fuenf jahren ehe noch virgo impacata?

(XLVI) ich war festgezaubert. auf die gefahr, entdeckt und, wie ich deutlich dachte, hart bestraft zu werden, blieb ich stehen, den kopf lauschend durch die gardine hervorgestreckt.

(XLVII) § 220. werbung für unzucht mit personen des gleichen geschlechts oder mit tieren. wer in einem druckwerk, in einem laufbild oder sonst öffentlich zur gleichgeschlechtlichen unzucht oder zur unzucht mit tieren auffordert oder sie in einer art gutheißt, die geeignet ist, solche unzuchtshandlungen nahezulegen, ist, sofern er nicht als an der unzucht beteiligter mit strengerer strafe bedroht ist, mit freiheitsstrafen bis zu sechs monaten oder mit geldstrafe bis zu 360 tagessätzen zu bestrafen.

(XLVIII) in unserem vaterlande herrscht von altersher ein wahrer furor prohibendi, eine neigung zum bevormunden, eingreifen und verbieten, die, wie wir alle wissen, nicht gerade gute früchte getragen hat. es scheint, daß es im neuen, republikanischen österreich noch nicht viel anders geworden ist.

(XLIX) danach sind als unzüchtig iS des § 1 PornG u a solche abbildungen

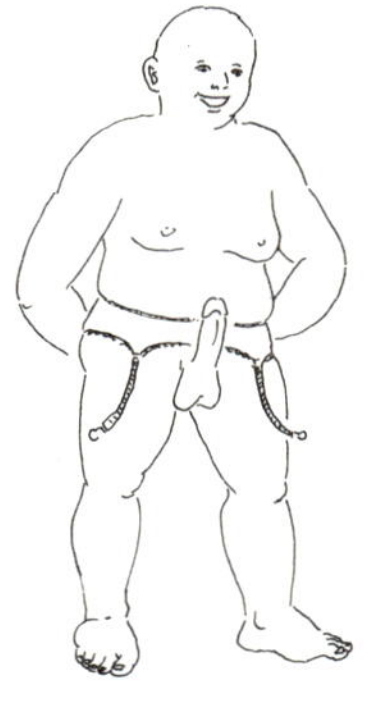

und laufbilder anzusehen, die den herrschenden wertvorstellungen der gesellschaft in geschlechtlicher hinsicht widersprechen und solcherart das zusammenleben grob stören. eine solche störung ist im sinn der einheit der rechtsordnung (zunächst) überall dort anzunehmen, wo es sich um auf sich selbst reduzierte und von zusammenhängen mit anderen lebensäußerungen gelöste, anreißerisch verzerrte darstellungen von unzuchtsakten handelt, die als solche ihrer art nach verboten und strafbar sind, worunter sexuelle gewalttätigkeiten, insb sadistischer oder masochistischer natur, und unzuchtsakte mit unmündigen fallen, ferner aber auch derartige darstellungen gleichgeschlechtlicher unzucht oder unzucht mit tieren, welche unzuchtsakte – wenn auch als handlungen nicht oder nur beschränkt strafbar – nicht propagiert werden dürfen und daher iS der heterosexuellen orientierung der rechtlich geordneten gesellschaft und ihres schutzes generell als unzüchtig angesehen werden müssen.

(L) 'aughadsd sei bua dandd gla'wiaschbülarin 'oaschfigga 'schwafdsudsla 'schwesdda 'schwuchddl 'schwui 'schwuisdich sei 'sönfagheifarin 'woam

(LI) die zote ist wie eine entblössung der sexuell differenten person, an die sie gerichtet ist. durch das aussprechen der obszönen worte zwingt sie die angegriffene person zur vorstellung des betreffenden körperteils oder der verrichtung, und zeigt ihr, daß der angreifer sich selbst solches vorstellt.

(LII) handelt es sich somit – wie im vorl fall – um die anreißerisch verzerrte wiedergabe von unzuchtsakten mit personen des gleichen geschlechts, dann ist die für die beurteilung einer darstellung als unzüchtig essentielle grobe störung des zusammenlebens in der rechtlich geordneten gesellschaft nach dem in der zitierten entscheidung des verstärkten senates 6. 6. 1977 geprägten und aus der rechtsordnung abgeleiteten absoluten unzüchtigkeitsbegriffs generell und – anders als in den *nicht* der sog »harten« pornographie zuzuordnenden fällen – ohne rücksicht auf den angesprochenen personenkreis und ihre eignung, menschen zur gleichgeschlechtlichen unzucht zu verleiten, gegeben.

(LIII) durch die zotige rede der ersten wird der mann vor dieser dritten entblösst, die – nun als zuhörerin – durch die mühelose befriedigung ihrer eigenen libido bestochen wird.

(LIV) gleichgeschlechtliche unzucht – welche jedenfalls beschränkt strafbar ist (§§ 209, 210 StGB) und im übrigen nicht propagiert werden darf

(§ 220 StGB) – widerspricht nämlich der heterosexuellen orientierung der rechtlich geordneten gesellschaft und steht zu dieser – auch bei fehlen einer allgemeinen strafsanktion – jedenfalls in einem spannungsverhältnis, wie dies gleichermaßen auch für unzucht mit tieren gilt, deren darstellung nach der vorerwähnten entscheidung des verstärkten senates ebenfalls absolut, unabhängig vom angesprochenen personenkreis und der eignung der darstellung, menschen zur unzucht mit tieren zu verleiten, unzüchtig ist.

(LV) sie trafen einander im café zartl und tauschten sich darueber aus, welch hartes handwerk es sei, eine schoene frau zu sein

(LVI) weil also von vornherein kein glanz da ist, macht brigitte eifrig glanz. stundenlang. und immer um heinz herum. sie hofft, dass etwas von diesem glanz wieder auf sie zurückstrahlen wird. aber wer einen glanz hat, der behält ihn für sich, das musste schon ihre mutter erfahren.

(LVII) er harrte bei der anstrengung des begriffs aus.

(LVIII) glans penis clitoridinisve

(LIX) sie rieben sich textkoerper an textkoerper, fussnote an fussnote, und waren je kaeuflich zu erwerben.

(LX) der österreichische normalwixer erwartet in den hochglanzpornos seine lesbennummer und bekommt sie auch.

(LXI) das nackte to-san intimpflege-mädchen z. b. hat seine erfüllte sinnseite (die frau und ihre sexualität) und seine leere formseite (intime sauberkeit): die zarte sicherheit. ohne alkohol aber mit pflegenden wirkstoffen. die nackte frau auf dem foto wird ihrer sexualität ihrer geschichte beraubt und in geste verwandelt.

(LXII) ausgerechnet die frauenbuchhandlung musste sich in diesem jahr mehrmals mit beschlagnahmen und strafverfahren wegen verbreitung unzüchtiger schriften (§ 1 pornographiegesetz) auseinandersetzen. letzter streich von zoll und jugendgericht: die verbreitung des buches »a woman's touch« mit texten und fotos zu lesbischer erotik wurde uns verboten. urteilsbegründung: »das angeführte buch enthält in anreißerischer, verzerrter und das obszöne betonender weise die jedes darüber hinausgehenden gedankeninhalts entkleidete textliche und bildliche wiedergabe intensiven lesbischen unzuchttreibens.«

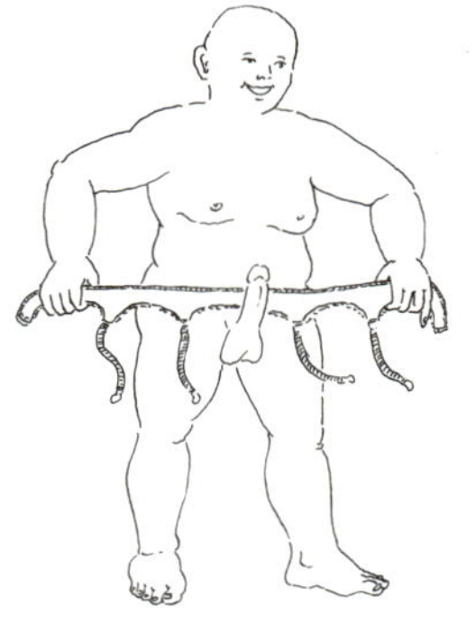

(LXIII) wie dehnbar und nach konvention und umständen variabel dann das der frau als erlaubt verbliebende maß von exhibition ist, brauche ich nur anzudeuten.

(LXIV) auch was die vom erstgericht näher beschriebenen bilder anlangt, so erfüllen sie keineswegs das tatbestandsmerkmal der unzüchtigkeit. im gegensatz zu pornographischen darstellungen, in denen sexuelle vorgänge in aufdringlicher und überbetonter weise zur darstellung gebracht werden (meist auf glanzpapier und in farbe), handelt es sich hier um schwarz-weisse darstellungen teils symbolisch-schematischen charakters (siehe seite 31 bleistiftzeichnung mit mond), teils mit künstlerischen effekten ausgestattet (abbildungen nach 64 und 128, die wie filmnegative wirken sollen). diese bildlichen darstellungen, die in den text integriert sind und sexuelle vorgänge mehr andeuten als darstellen

(LXV) du warst plötzlich zugegen, indem du meinem herzen eine wunde eindrücktest mit diesen worten: »hier fliesse zusammen die aufwallung aller deiner gefühle. all deine ergötzung, hoffnung, freude, schmerz und die übrigen gefühlsbewegungen sollen gefestigt werden in meiner liebe.« sogleich kam mir in den sinn, was ich einmal gehört hatte, dass es für wunden angewendet werden müsse, nämlich bad, salben und binde.

(LXVI) It's an old one, he said, a curio of sorts. From the seventies, I think. A *Vogue*. This like a wine connoisseur dropping a name. I thought you might like to look at it. I hung back. He might be testing me, to see how deep my indoctrination had really gone. It's not permitted, I said.

(LXVII) mehr andeuten als darstellen, haben mit herkömmlichen pornographischen darstellungen nichts gemein.

(LXVIII) Gilead was, although undoubtedly patriarchal in form, occasionally matriarchal in content, like some sectors of the social fabric that gave rise to it.

(LXIX) form und inhalt sind geschwister/und der arsch ist kriegsminister

(LXX) das einzig für die beurteilung in frage kommende kriterium dafür, ob die frauenzimmer-buchcafé ges.m.b.h. als medieninhaber (verleger) anzusehen ist, ob sie nämlich das *erscheinen* von medienwerken (konkret:

das buch »a woman's touch«) durch inverkehrbringen der medienstücke besorgte, muß beim bezug von bloß fünf exemplaren *verneint* werden. ist die frauenzimmer-buchcafé ges.m.b.h. aber in bezug auf das in rede stehende druckwerk nicht als medieninhaber (verleger) anzusehen, fehlt ihr nach dem gesagten die legitimation zur anfechtung des bekämpften urteils. die nichtigkeitsbeschwerde war demnach als von einer person eingebracht, der sie nicht zukommt, zurückzuweisen. die schließlich in der nichtigkeitsbeschwerde vorgebrachte anregung, der oberste gerichtshof möge § 220 StGB als verfassungswidrig anfechten (art 89 abs 2 b-vg), geht ins leere. die zitierte verfassungsnorm setzt die »anwendung« des betreffenden gesetzes voraus, in der gegenständlicher strafsache wurde und wird aber § 220 nicht angewendet.

(LXXI) The pen between my fingers is sensuous, alive almost, I can feel its power, the power of the words it contains. Pen Is Envy, Aunt Lydia would say, qouting another centre motto, warning us away from such objects. And they were right, it is envy. Just holding it is envy. I envy the Commander his pen. It's one more thing that I would like to steal.

(LXXII) seien wir gewarnt – der verstand ist eine hure, empfänglich für die manipulationen älterer, primitiverer gedanken.

(LXXIII) quelle tâche de former un amant!

(LXXIV) erscheinen einschenken reinen wein einschenken. allmaechtigen wortes rundum ausschlagen in den oesterreichischen verhaeltnissen. frei schreiben gleich schreiben mit der schwestern schaft

(LXXV) machen sie sich vorne frei bitte

(LXXVI) nix derfert ich sagen dass ich die plakate mit die schönen blonden frauen mit schwarzer farb so recht am busen und am hintern angeschmiert hab und nix derfert ich sagen auch wenn ich wissert dass du scho sowas gemacht hast dass ich dich kennert nix derfert ich sagen bei der polizei dass i da umatumgspritzt hab

(LXXVII) bürgerinnen, wenn sie aufhören würden, ihre stimme für die schonung ihres todfeindes zu erheben, könnten sie seine kanonen hören! (es wird still. der kanonendonner wird wieder hörbar).

(LXXVIII) hat nicht goethe ähnliche ›sekreta‹ aufzuweisen, und von

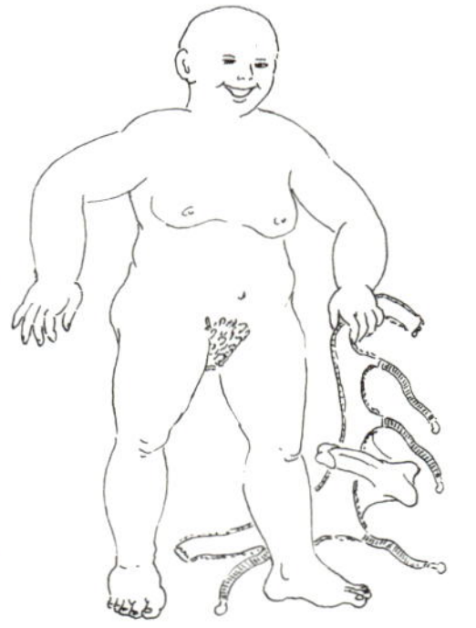

manchem bekannten dichter wie blumauer, bürger usw gingen genug handschriftliche poesien herum, die keinesfalls in ein kloster gehören, und hat nicht hoffmann selbst die anonymität der erotischen gedichte scheffners enthüllt?

(LXXIX) +++ apa +++ die wiener fotografin krista beinstein veroeffentlicht obszoene frauen +++ justiz schreitet nicht ein +++ die wiener philosophin doktor ursula kubes hofmann bemerkt dass der enorme verkaufserfolg des lesbischen buches auf die zunehmende angst vor aids zurueckzufuehren sein koennte +++ sadomaso sei safer sex +++ als vor erscheinen des buches beinstein ihre fotoarbeiten in hamburg ausgestellt hatte waren betroffene frauen eingeschritten +++ eine gruppe jugendlicher tuerkinnen zerstoerte aus religioesen gruenden die exponate +++

(LXXX) und werden etwa durch diese gesetzlichen einschränkungen der naturtriebe unsere brüder und schwestern näher miteinander verbunden? sicher nicht! aber die ausschweifungen? ei, wer mag noch von ausschweifungen unter einer philosophischen und ästhetischen generation etwas sagen? sogar die juristen kennen die progressionstafel der natürlichkeit so gut, wie mirabeau und rousseau, allein freilich ein jurist hat, wie schlegel in seinem museum spricht, für das kleine zu sorgen und darf für das grosse keinen sinn haben und kann ihn gar nicht haben.

(LXXXI) das private ist politisch

(LXXXII) ein minister wird es nicht bedauert haben, in der stadt des europarats und der menschenrechte im park carry & cash einen jugendlichen angesprochen zu haben. eine bundeskanzlerin wird im kreise der freundinnen marienlieder gesungen haben, und jene dann fest gekuesst haben. eine bundespraesidentin wird sich daran erinnert haben, im volkssturm gekaempft und in den ersten nachkriegsjahren unter dem namen »ferdinand« eine junge frau geheiratet zu haben. ja, und ein papst wird paederast gewesen sein.

(LXXXIII) Ein weiterer Zwischenfall bestärkte mich darin, daß ich unbedingt schweigen müsse. Ein junger Mann aus der Provinz, der während seiner Studienzeit in Paris häufig bei meinen Eltern zu Gast gewesen war, kam ein paar Jahre später auf der Durchreise zu uns, um meiner Mutter einen Höflichkeitsbesuch abzustatten. Ich war gerade zufällig zu Hause. Er hatte Jura studiert, beschäftigt sich jedoch intensiv mit Literatur. Plötzlich wandte er sich an mich und sagte: »Wir« – gemeint war eine kleine Gruppe von Leuten, die in seinem Provinznest eine Zeitung herausgaben, – »Wir sind überzeugt, daß Sie die ›Geschichte der O‹ geschrieben haben.« Ich blickte ihn an, ohne zu antworten. Schweigen. Dann die Stimme meiner Mutter, sehr ruhig: »Das hat sie uns nie gesagt.« Wieder Schweigen. Als der junge Mann gegangen war, fragte mich meine Mutter, ob ich noch Tee wolle. Das war alles, ein für allemal. Aber ich hatte begriffen.

(LXXXIV) Da faltete die jungfräuliche Priesterin Theano die edlen Hände, wollte sich nicht dem Bannspruch beigesellen und sprach: »Nicht bin ich Priesterin, um zu verfluchen, nein, um zu segnen bin ich Priesterin . . . «

(85) intertext: oberster gerichtshof der republik oesterreich (I VII IX XIV XVI XXIX XLIX LII LIV LXX); ernst jandl (II VIII); das oesterr pornografiegesetz in seiner geltenden fassung (III); oswald wiener (XIII XVII XIX L); felix salten? (XV); dr. jurkowitsch (XVIII XX); dr. trautl brandstaller, ddr. günther nenning (XXII); felix ermacora (XXVI); georges bataille (XXXVII XXXVI); matthes & seitz verlag gmbh (XXXI XXXIII XXXV XXXVII); sigmund freud (XXXIX XLVII LI LII LXIII); liesl ujvary (XLII LXXII); georg friedrich wilhelm hegel (XLIII); e.t.a. hoffmann (XLIV XLVI); das oesterr strafgesetzbuch in seiner geltenden fassung (XLVII); elfriede jelinek (LVI LXI); flugblatt der frauenzimmerbuchcafé ges.m.b.h., lange gasse 11, 1080 wien / solidaritätsfest 13. mai 1982 (LX LXII); dr. helene klaar (LXIV LXVII); gertrud die grosse (LXV); margaret atwood (LXVI LXVIII LXXI); bertolt brecht(LXXVIII); gustav gugitz (LXXVIII); e.t.a. hoffmann? (LXXX); régine deforges/pauline réage (LXXXIII); comtesse de noailles (LXXXIV).

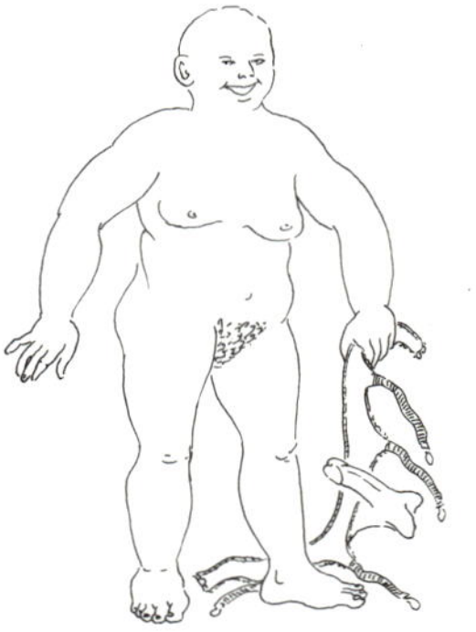

Cornelia Arnhold
Spermastory

Die neuen Schuhe drücken, trotz dünner Strümpfe. Ein Gefühl, als liefe sie in Schraubstöcken. Zu dumm, keine Ersatzschuhe dabei zu haben. Vielleicht sollte ich sie doch noch umtauschen, denkt Mechthild M., der glatte graue Linoleumboden kann eigentlich noch keine Spuren auf den Sohlen hinterlassen haben. Sie zieht den linken Fuß aus dem Schuh und massiert die steifen Zehen, während sie in der Kartei blättert. Andererseits hat sie lange nach passenden weißen Schuhen gesucht, die weder hohe dünne Absätze haben, noch ganz flach sind. Diese haben einen halbhohen Blockabsatz und sehen wie Gesundheitsschuhe aus. Eigentlich hätten sie bequem sein sollen.

Die Klingel. Sie drückt auf den Öffner, gleichzeitig klappt die Tür vom Behandlungszimmer.

»Der Nächste, bitte.«

Herr L., ein schwerer Mann, schnauft beim Aufstehen. Seit Jahren Patient bei Dr. Z. Mechthild M. drückt ihm das Gefäß in die Hand.

Er nickt, weiß Bescheid.

Mechthild M. wartet, bis er wieder aus der Kabine kommt.

Er braucht jedes Mal länger und die Ausbeute wird immer spärlicher. Kaum daß der Boden des Gefäßes bedeckt ist. Er stützt sich schwer auf ihren Schreibtisch, während er stöhnend den letzten Knopf schließt.

Sein Standvermögen nimmt ab, stellt sie sachlich fest, in jeder Hinsicht.

Daß ihre Phantasie Grenzen hätte, war ihr schon in der Schule bestätigt worden. Du denkst wie ein Junge, hatte die Kunstlehrerin kopfschüttelnd festgestellt. Das war ihr in den Naturwissenschaften zugute gekommen.

»Wiedersehn.«

Ohne hochzusehen kippt sie sein spärliches Sperma in ein Reagenzglas, beschriftet es mit Namen und Datum und stellt es zu den anderen in den Kühlschrank.

»Der Nächste«.

Sie streckt den Kopf in das Wartezimmer, lächelt flüchtig in die Runde und zählt die Wartenden ab. Noch mindestens fünf Patienten bis zur Mittagspause.

Die Alte vom Doktor, langjährige Patienten nennen sie so. Sie weiß das. Es ist ihr egal. Mögen sie denken. Manche halten sie sogar für verwachsen. Wegen ihrer krummen Haltung unter dem weißen Kittel. Dabei sind es nur die großen schweren Brüste, die sie vor den Blicken verbirgt. Als diese vor über 30 Jahren zu wachsen begannen und gar nicht mehr damit aufzuhören schienen, hatten sich die Schultern schützend über ihnen zusammengebogen und waren mit den Jahren zu knöchernen Schutzschildern geworden.

Feucht und fett hingen sie da plötzlich an einem Körper, der eigentlich Sportlehrerin hatte werden wollen. Aus der Traum. Also weite Pullover, also verborgene Schulterblätter, Reagenzgläser und weiße Kittel.

Alles in allem war sie darunter recht glücklich geworden. Hin und wieder waren sie, die Brüste, gelegentlich zum Einsatz gekommen, waren mal in diese mal in jene Hände gewandert. Aber das hatte ihnen kein Wohlwollen bei ihrer Besitzerin eingetragen. Lästig, dachte sie nur immer wieder, mein Gott, wie lästig und bestäubte sie morgens und abends mit Talkumpuder, daß sie aussahen wie mehlbestäubte Teigkrapfen, bevor sie ins Öl geworfen werden. Auf diese Weise schwitzen sie nicht und rieben sich nicht so schnell wund.

»Der Nächste.«

Dabei ist sein Vorgänger noch nicht fertig.

»Sind Sie soweit?« Sie klopfte leicht mit der Hand an den Stoff der Kabine. Ein Grunzen antwortet. Also immer noch nicht.

Wie lange die heute wieder brauchen. Ob auch das am Wetter liegt? Der Himmel über der Milchglasscheibe ist grauweiß.

Und noch mindestens drei Wartende draußen. Manchen kommt's ja fix. Typ Schnellstarter an der Ampel. Solche kommen stolz und hochrot nach knapp 2 Minuten wieder raus und präsentieren sich samt Samen wie eine fehlerlose Vokabelarbeit.

Musterschüler, denkt sie, diese Loberwartungsgesichter.

Obwohl sie ihr die Arbeit erleichtern, sind gerade die ihr nicht geheuer. Was erwarten die bloß von ihr? Daß sie ihnen eine Eins aufs Glas schreibt? Denen begegnet sie besonders sachlich.

Wenn der sich nur beeilen würde. Aber weil radikales Antreiben oft genug das gegenteilige Resultat gebracht hatte, klappert sie nur auffordernd mit den Geräten und seufzt vor sich hin.

Bald 12 Uhr. Seit beinahe 15 Minuten sitzt Herr N. nun schon ein und

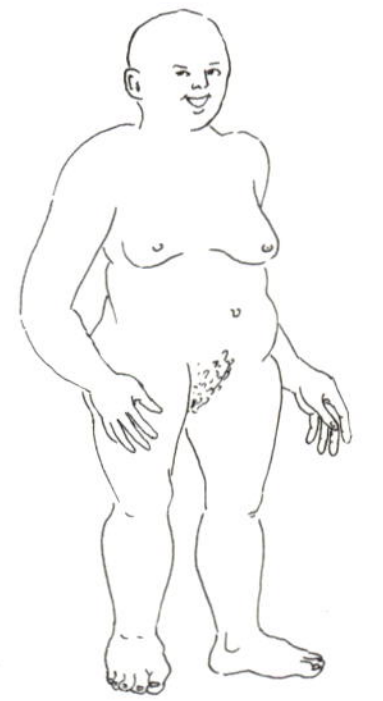

immer noch nichts. Sie fürchtet um ihre Mittagspause. Um den Trödler daran zu erinnern, daß sie auch ein Mensch ist mit Magen und Durst und eine Pause nötig hat, öffnet sie die Tür zum Behandlungszimmer und fragt laut:

»Soll ich Ihnen was vom Metzger mitbringen, Herr Doktor?« Der murrt ablehnend. Seine Frau hat ihm was mitgegeben. Mechthild sieht seine Brillengläser, in denen sich der Chrom der Instrumente spiegelt. Weiß, chrom, grau, das sind die Farben hier. Manchmal denkt sie, daß sie ihren Chef ohne Kittel auf der Straße nicht erkennen würde. Außer dem Dr. vor seinem Namen ist nichts Besonderes an ihm. Jedenfalls ist ihr in 20 Jahren nichts aufgefallen. Also nichts. Sie schließt wieder die Tür.

Endlich. Herr N. stellt ihr das Glas hin, zieht die Hose hoch und stöhnt resigniert.

Daß die immer noch was zu fummeln haben müssen. Noch nie hat sie einen Mann erlebt, der fertig angezogen mit den Händen oberhalb der Gürtellinie heraus gekommen wäre. Interessehalber hat sie sich einmal in einem Restaurant mit Blickrichtung auf die Herrentoilette plaziert. Genau das Gleiche. In 3 Stunden hat sie keinen Mann beobachtet, der nicht noch was zu legen, zu ziehen, zu heben, schwenken oder festzuzurren gehabt hätte. Ein umständliches Geschlecht.

Gleich halb eins und immer noch zwei Wartende.

Ach du lieber Gott. Nun ist auch noch das Glas von Patient H. umgefallen. Gottseidank ist er noch nicht weg, gerade zieht er seinen Mantel an, steckt mit einem Arm schon im Ärmel.

Sie ruft ihn nochmal herein.

»Eine Zusatzuntersuchung . . . ich vergaß . . . «

Er sieht sie beunruhigt an.

»Nein, nein, nichts Ernstes«, sei lacht ein künstliches Lachen, das wie ein Husten klingt, muß ihn beruhigen, mit irgendeiner harmlosen Erklärung, sonst würde das nix werden mit dem, nicht in einer halben Stunde.

Seufzend, aber guten Willens, betritt er nochmal die Kabine.

Sie hört ihn schwer atmen.

Auch nicht mehr der Jüngste, denkt sie.

Endlich alle weg! Fenster auf, Mantel an.

»Ich gehe«, ruft sie hinüber und stellt ihm das Telefon durch. Nein, nochmals danke, er brauche nichts.

Milchige Stadtluft, zäh und klebrig. Trotzdem saugt sie sie tief ein und streckt sich, als sei sie seit Stunden nur gebückt gelaufen. Die Schuhe! Zu spät. Das Kopfsteinpflaster der Fußgängerzone hat bereits Kratzer hinterlassen. Ihre Füße würden sich eben gewöhnen müssen. Mit der Zeit würde sich das Leder schon weiten. Fast scheint es, als ginge sie schon viel besser.

Die Pizzeria »da Silvio« ist voll, wie jeden Mittag. Aber für eine Person findet sich immer ein Platz. Sie bestellt Cannelloni mit Salat, dazu Apfelwein. Unter dem Tisch zieht sie die Schuhe aus und reibt die Füße gegeneinander.

Mechthild M. führt ein normales erfolgreiches Leben. Sie verdient gut und ist abgesichert. Für ihre kleine viereckige Wohnung leistet sie sich einmal pro Woche eine Putzfrau. Es geht ihr gut. Wenn ihr etwas begegnet, das ihr gefällt, kauft sie es: eine moderne Zeichnung, einen teuren Pullover, Lederhandschuhe. Sie wüßte keine Wünsche anzugeben, die über ihre Verhältnisse hinausragen. Nach einem eigenen Haus hat sie sich nie gesehnt. Ihren letzten Urlaub hat sie auf den Seychellen verbracht. Die Dias müßten gerahmt werden.

Gelegentlich taucht ein Mann in ihrem Leben auf und wieder unter, ohne mehr als ihr Bett aufzuwühlen. Sie erregt bei Männern kein größeres Aufsehen als diese bei ihr. Sie ist es zufrieden. Sie trinkt noch einen Capuccino, zahlt dann und geht.

Im Wartezimmer sitzen schon wieder die ersten Patienten. Eine Frau braucht ein neues Rezept. Mechthild M. läßt sie herein, während sie den Mantel auszieht, in ihren Kittel schlüpft und das Fenster schließt. Ein kurzer Blick auf die Garagendächer gegenüber, die mit gelben und roten Blättern übersät sind, die von der Kastanie dahinter fallen.

Noch ein schneller Atemzug, das riecht so, nach was riecht das? Der Geruch birgt eine Erinnerung und ist schon verflogen, sobald sie das Fenster geschlossen hat.

»Der Nächste.«

Routine. Jede Bewegung, jeder Satz, unzählige Male wiederholt, und sie genießt die Wiederholung. Wie eine zuverlässig funktionierende Maschine, sagt sie sich. Nichts kann da schief gehen, höchstens, daß mal ein Glas zerbricht, was ganz selten vorkommt, nur wenn sie wirklich im Druck ist.

»Der Nächste-«

Der lange blonde Junge ist neu.

»Sie sind zum ersten Mal hier?«

Er nickt.

Sie notiert Name, Alter, Anschrift.

»Haben Sie einen Krankenschein dabei?«

Untersuchung auf Zeugungsfähigkeit wegen einer Penisverwachsung.

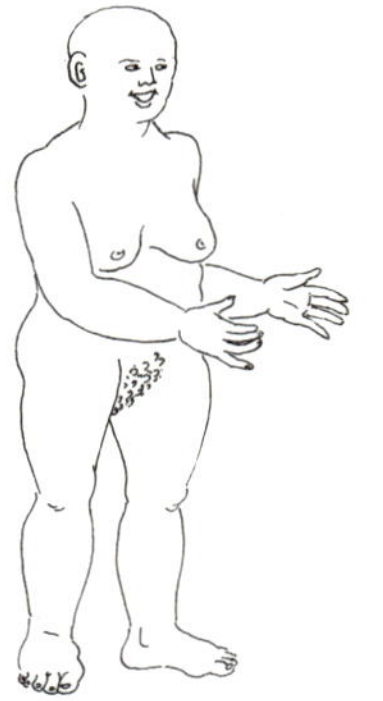

Sie drückt ihm die Glasschüssel in die Hand und weist mit dem Kopf auf die Kabine. Ein besorgter Ausdruck tritt in seine Augen, aber brav zieht er den Vorhang hinter sich zu.

Mechthild M. zieht derweil eine neue Karteikarte hervor, schiebt sie in die Maschine und tippt Name, Anschrift, Datum sauber ein. Ivan! Was Eltern sich heutzutage bei der Namensgebung so denken. Dieses Bürschchen, dürr und blond und durchsichtig und dann Ivan! Was fällt einem zu Ivan ein? Natürlich der Schreckliche. Irgendein russischer Zar, der geköpft, erschossen, gehenkt und wer weiß was noch alles verbrochen hat.

Telefon.

»Praxis Dr. . . . Ja. Nein. Heute nur bis 17 Uhr.«

Sie hängt auf. Ein Summen. Der Chef.

»Ich komme.«

Als sie zurückkommt, ist von dem Jungen immer noch nichts zu sehen.

»Fertig?« fragt sie im Vorübergehen zu der Kabinenwand.

Statt einer Antwort steht er plötzlich tip top zugeknöpft neben ihr und stellt das leere Glas klirrend vor sie hin.

Der Erste, der nirgends mehr zupft und stopft, registriert sie flüchtig.

»Ich kann nicht.«

»Wie? Sie können nicht?« In Ihrem Alter, hätte sie fast hinzugefügt.

»Ich kann nicht«, wiederholt er.

»Dann probieren Sie eben«, sie legt mütterliche Zuversicht in ihre Stimme und schiebt ihm das Glas wieder hin.

Aber er schüttelt nur heftig mit dem Kopf und schiebt es zurück.

»Probieren Sie, lassen Sie sich ruhig Zeit.«

Sie kommt sich vor wie eine Lehrerin, die ihrem in Panik geratenen Primus doch noch die richtige Antwort zu entlocken sucht. Er schüttelt den Kopf, zieht die Hand aus der Nähe des Glases und stopft sie in die Tasche.

»Nein!«

Nun ihrerseits ratlos starrt sie ihn an.

»Wie, was nein?«

»Ich bin doch keine Maschine« faucht er sie an, »eine Maschine zur schnellstmöglichen Produktion einer ausreichenden Menge . . . « er stockt, ». . . äh . . . Samen.«

»Aber . . . schließlich wollen Sie mal Kinder . . . wir müssen . . . «

Sie ist gänzlich aus dem Konzept gebracht.

Schweigend betrachtet er sie und dreht an dem dünnen Zopf hinter seinem linken Ohr.

Sie wird böse.

»Himmelherrgottnochmal« platzt sie heraus, »stellen Sie sich doch nicht so an! In Ihrem Alter! Das muß doch... « sie stockt. »Ach nee!« Jetzt wird sein Blick giftig. »Wie stellen Sie sich das vor? Einmal rauf und einmal runter, fertig ist der kleine Gunther, was? Da haben Sie sich aber geschnitten Mylady. Wie soll man hier in Stimmung kommen?« Er sieht sich um. »Weiß, grau, weiß. Das reinste Leichenschauhaus.« Er mustert sie von oben bis unten. »Sie könnten sich auch mal was Schärferes umhängen.«

»Wir sind hier schließlich kein Puff.«

»Wär aber hilfreich«, jetzt grinst er.

»Und dieses Ding« er weist voller Abscheu auf die hin und her geschobene Glasschüssel. »Sowas stand bei meinem Opa auf'em Nachtschrank, als er am Abkratzen war, zum Reinstrullern.«

Sie holt tief Luft, zählt bis 10 und sagt dann halbwegs gefaßt. »Also was nun? Wollen Sie ein anderes Mal wiederkommen? Wir haben schließlich noch andere Patienten, die warten.«

Er zuckt unschlüssig die Schultern.

»Nächsten Dienstag?« Da er nichts erwidert, macht sie eine Eintragung. »Und vergessen Sie Ihren Krankenschein nicht.«

Schon in der Tür, dreht er sich nochmal um.

»Und vergessen Sie die Strapse nicht, Mylady.«

Der kommt sowieso nicht wieder, denkt sie und atmet erleichtert durch, als die Tür hinter ihm ins Schloß fällt.

In ihren Ohren dröhnt noch der Tag, der draußen verdämmert. Sie drückt die Tür hinter sich ins Schloß, verschließt sie doppelt, Schuhe von den Füßen, dann Licht, wenig Licht. Die Wandleuchte im Flur hat nur 25 Watt. Sie geht auf Strümpfen durchs Zimmer, schaltet den Fernseher ein, ohne Ton, drückt den Knopf, der das Aquarium beleuchtet. Im Gehen knöpft sie den Rock auf, zieht den Pullover über den Kopf; im Bad läßt sie alles fallen, hakt den BH auf und hängt ihn aufatmend an den Haken. Dort mag er warten bis zum Morgen. Nackt schlüpft sie in einen dunkelroten Satinkimono und streckt die gequälten Zehen in weiche rosa Plüschpantoffeln. Die schwarzen Lederpolster fauchen sanft wie schlaftrunkene Katzen, als sie sich hineinfallen läßt.

Immer noch knirscht und dröhnt es in ihren Ohren und wenn sie die Augen schließt, tanzen rote Pünktchen.

Sie schwingt die Beine auf die Sofalehne. Auf dem Bildschirm richten stumme Soldaten stumme Gewehre aufeinander und die Schleierschwänze fächeln mit glotzäugigem Lächeln durch den Unterwasserwald.

Zöge sie den bodenlangen Vorhang vor dem Fenster zur Seite, läge tief unter ihr die lichtgepunktete Stadt.

Aus einem Kristallflakon gießt sie Orangenöl in ihre Handflächen,

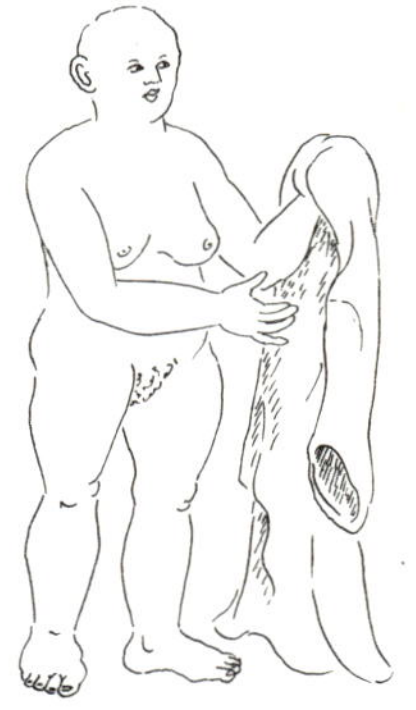

reibt sie gegeneinander, fährt über Gesicht und Nacken, schiebt den Kimono auseinander und knetet ihre schweren Brüste, die rote Striemen haben, wo der BH sie zusammengepreßt hat.

Ihre Finger krallen sich ins Fleisch, heben und drücken und streichen wieder Leben hinein. Sie spuckt auf den Zeigefinger, betupft die Spitzen der Warzen und beobachtet, wie die dunkle Haut sich zusammenzieht wie Echsenhaut und die Haare sich sträuben wie die Barthaare der Welse, die im Grundkies nach Futter suchen.

Ein Kitzeln wirft ihren Körper herum, der Hand entgegen, die den weichen Bauch umkreist und zwischen die Schenkel zielt, die sich wie von selbst öffnen und dann scharf über ihr zusammenklappen. Sie wälzt sich auf den Bauch, drischt den Arsch auf den Hügel auf die Hand, drauf und weg und drauf und hin und her. Halt. Sie stoppt. Nicht zu schnell.

Sie legt sich auf den Rücken, die Schenkel weit, ganz weit und entspannt, so daß nichts vorschnell passieren kann, nicht daß sie sich selbst davongaloppiert. Langsam tasten ihre Finger durch die feuchten mahagonifarbenen Locken, langsam, sachte, nicht die Tigerin reizen, die raunzt und knurrt im dunklen Gebüsch.

Während die einen Finger tanzen, trommeln, tupfen, daß die Warzen hervorwachsen wie Schneckenhörner, steckt sie den anderen tief ins schwarze Loch und reibt mit dem Daumennagel über die heiße feuchte Tigerzunge.

Schnarchtöne kommen aus ihrem Mund. Ihre Hüften schlagen aus. Noch einmal scharrt der Daumen über das rotglühende Fleisch, dann stürzt sie der Tigerin ins Maul.

Später steht sie auf, stäubt duftenden Puder zwischen Schenkel und Brüste, wäscht sich die Hände, richtet Käsebrote, Trauben, Tomaten, Radieschen, dazu Weißwein und Wasser und dreht den Ton am Fernseher laut.

Gerade läuft »Wetten daß . . . «.

Mittagspause. Es gießt. Mechthild M. fährt mit der Rolltreppe zu den Läden in der B-Ebene hinunter. Schuhe, Tee, Ledertaschen, Vitamin-Getränke-Bar. Sie kauft 100 gr. Orangentee und betrachtet die Cowboystiefel. Kein Paar unter 200 DM. Alle scheinen über einen Leisten gezogen, zu spitz, zu hoher Absatz, aber in vielen Farben und Mustern zu haben. Ivan trug Cowboystiefel mit schiefgelaufenen Absätzen. Sie glaubt eigentlich nicht, daß er noch einmal kommt.

In der Geschenk-Boutique stehen Gläser in Reih und Glied im Fenster. Spinner. Glaubt der in ein Sektglas einfacher und schneller zu onanieren?

Jetzt hat sie tatsächlich Sexglas gedacht. Sie betrachtet die schlanken hohen Kelche mit grüngetöntem Fuß. Es gibt bauchige Gläser und solche, die schillern wie Ölschlieren auf einer Wasseroberfläche. Aber ihre Öffnung ist zu schmal. Sie geht in den Laden und an den Regalen entlang.

Eine knallrote Busentasse. Sie schüttelt sich, frauenfeindlich und primitiv. Einen Cognacschwenker? Nein, er würde sich nur noch mehr unter Leistungsdruck gesetzt fühlen. Männer! Sie zuckt die Schultern. Empfindlich wie Mimosen, wenn's um ihr Persönlichstes geht.

Da entdeckt sie es. Tief aquamarinblau mit einem milchweißen Stil. Nach oben, zum Rand hin, wird das blau hell und durchscheinend. Weit öffnet sich der Kelch, wie eine Schale auf einem Bein, auch gedacht für Eis oder Dessertcremes.

Sie kauft es und läßt es doppelt verpacken.

Als sie den nächsten Patienten hereinruft, sitzt Ivan im Wartezimmer und tut lässig. Über ihm hängt ein Druck an der Wand, irgendwas Klassisches, sie hat nie darauf geachtet.

Blaß sieht er aus. Sein Zöpfchen hängt ihm fettig und verloren über die Schulter. Dieselben schiefgetretenen Cowboystiefel, dieselben engen Jeans oder auch andere, wie soll sie das wissen, überhaupt, was geht es sie an? Ein Kunde, ein Patient, ein Kranker wie alle, die sie täglich herein- und herausbittet.

»Der Nächste.«

Großspurig kommt er hereingelatscht und doch werden seine Schritte kürzer, je näher er kommt, mindestens 2 m vor ihrem Tisch pariert er durch.

»Na, Sie sind ja doch noch mal gekommen.«

Viel zu schnippisch. Sofort könnte sie sich ohrfeigen. Dabei will sie nur die Hitze, den Schweiß unter den Achseln leugnen, tun als ob, genau wie er. Was ist sie? Eine erwachsene, eine erfahrene Frau. Was kann sie schon aus der Routine werfen? Der jedenfalls nicht, dieses Jüngelchen, dieses borstige.

Wie eingerammt steht er. Tut keinen Mucks, sagt kein Wort.

»Wie fühlen Sie sich heute?«

Was Einfühlsameres fällt ihr nicht ein. Hoffentlich feuchtet ihr Kittel nicht durch. Der Chef und auch sie selbst und die ganze weiße Umgebung fordern Fleckenlosigkeit von ihr, Fehlerlosigkeit, Kühle, Funktion. Keinen Schweiß, keine Aufregung.

»Gut.«

Seine Hände stecken vorsorglich in den Taschen, auch wenn die Hose dafür eigentlich zu eng ist.

»Wollen wir es noch einmal probieren?«

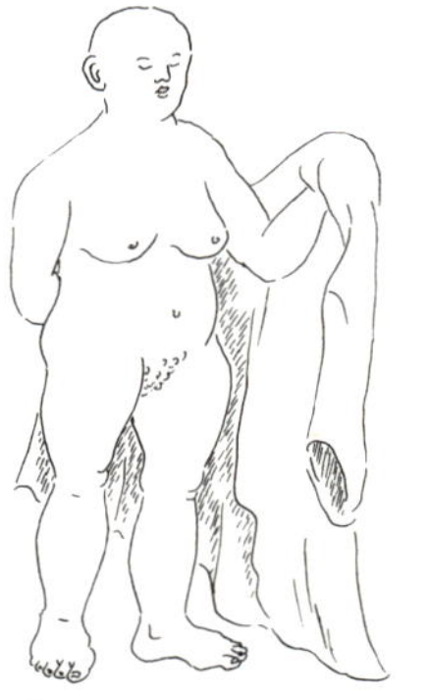

Wir! Was hat sie heute nur auf der Zunge, daß ihr die Worte davonlaufen, als hätten sie keine Vorsängerin.

Denn das muß er alleine leisten, da kann, da will sie ihm gar nicht dabei helfen.

Wieder steht er da wie ein braver, ein ganz unsicherer Schüler. Heuchler. Sie will nicht wieder darauf reinfallen.

Wie er die Schultern hängen läßt und sie ansieht, so gottergeben, ach Scheiße was ein Quatsch, cool nennen die das, nicht ergeben, wahrscheinlich fühlen sie sich sogar überlegen, wenn sie sehen, wie die Großen, die Erwachsenen, die Autoritäten anfangen zu zittern, zu zögern, zu schwitzen und zu faseln, wenn sie einfach nur dastehen, ein aufnehmendes Gesicht machen (›ich höre‹) und nichts sagen, einfach dastehen, abwarten wie eine Leinwand, mal sehn, welcher Film heute bei euch gezeigt wird, Leute. »Ich höre und warte«, genauso steht er da. Hol ihn der . . ja wer denn? Wer holt ihn denn heutzutage? Der Teufel doch längst nicht mehr. Drogen vielleicht, Arbeitslosigkeit, weiß der Teufel. Als sie einen Schritt auf ihn zumacht, sieht sie den feuchten Flaum auf seiner Oberlippe und daß er nicht ganz so cool ist, wie er tut, beruhigt sie und turnt sie an.

»Ich hab was für Sie.«

Sie greift in das Fach, in dem ihre Handtasche liegt und drückt ihm das Päckchen in die Hand.

Geschenke soll man auswickeln, aber es ist ja kein Geschenk, es ist rein dienstlich, zweckmäßig, zur Beschleunigung des Arbeitsablaufes und der Funktionsfähigkeit des Patienten, dient mittels Reibung einem reibungslosen Ablauf . . .

Sie schüttelt die Gedanken fort.

»Nun stehen Sie doch nicht so rum! Machen Sie schon!«

Sie nimmt ihm das Paket aus der Hand und reißt das Papier auf. Giftblau wie der Gral funkelt das Glas, sie drückt es in seine Hand.

»Vielleicht turnt Sie das an.«

Mit energisch geschwungenem Kinn schubst sie ihn in Richtung Kabine.

»Na los schon!«

Er ist platt, das wirft ihm um. Von dieser unförmigen Person in ihrer straffen weißen Uniform hätte er das nicht erwartet. Er pfeift durch die Zahnlücken. Mannomann, da versteh einer die Weiber. Sein Blick wandert von ihr zum Glas und von dort zu ihr, vornehmlich zum Ende des oberen Drittels, dort wo sich dieser Kittel so ununiformiert wölbt. Diese Bukkel. Er würde gern . . . und plötzlich riecht er sie auch. Nicht zu fassen, die hat einen eigenen Geruch, hier, mitten in Sagrotan, Chemie, Chloroform und was sonst noch. Dabei hat er seit der Sexta Sexualkundeunterricht gehabt, aber von sowas haben die Pauker nie erzählt. Mannomann. Kopfwackelnd und pfeifend verschwindet er in der Kabine. Mannomann oweiomann.

»Wie heißen Sie eigentlich, Schwester?« fragt er hinter dem Vorhang vor. Er muß mehrmals fragen, bis sie antwortet.

»Mechthild.«

»Warum haben Sie das nicht gleich gesagt?«

Was soll das schon ausmachen, mein Name?« fragt sie von draußen zurück.

»O einiges. Das macht es viel persönlicher.«

Es dauert tatsächlich nicht lang, keine fünf Minuten.

»Fertig« ruft er aus der Kabine.

Sie weiß nicht, ob sie enttäuscht ist oder erleichtert.

Aber nichts rührt sich. Er kommt nicht raus.

»Mechthild!« Sie antwortet nicht. »Kommen Sie, holen Sie sich Ihr Rohmaterial.« Seine Stimme klingt gepreßt, als spräche er in eine Trompete.

Telefon.

Ihre Hände sind schweißnaß.

»Praxis Dr. . . . , ja, heute bis 18 Uhr.« Sie hängt auf.

»Nun kommen Sie schon raus.«

»Holen.«

»Reden Sie keinen Quatsch.«

Sie klopft.

Schweigen.

»Ivan.«

Nichts.

Sie öffnet den Vorhang. Darauf hat er gewartet. Er steht ihr genau gegenüber. Wie fest er ihr plötzlich in die Augen sieht. Die Jeans hängt offen auf den schmalen, bleichen Hüften. Marzipanfarben und stocksteif hält er ihn in der Hand, in der anderen das blaue Glas. Leer.

»Machen Sie den Kittel auf!«

Sie steht einfach still, wie die Zeit.

»Die Knöpfe . . . machen Sie schon . . . ich will sie sehen.«

»Aber . . . « will sie einwenden, bis sie merkt, daß der Film schon läuft und daß sie schon mitspielt, ohne, oder vielleicht obwohl sie es gewußt hat.

Sie öffnet also die Knöpfe ihres gestärkten Kittels, einen nach dem anderen. Er läßt kein Auge von ihren Fingern, während seine Hand sich bewegt wie aufgezogen.

»Weiter!« Er keucht.

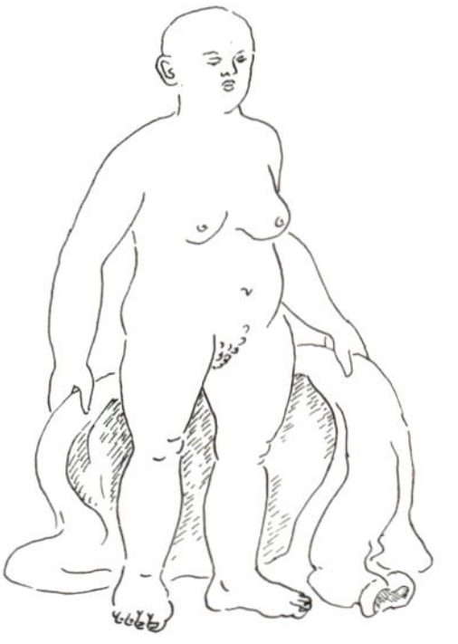

Sie entläßt ihre Brüste aus ihrem Taggefängnis und da ist er am Ziel, an seinem oder an ihrem, wie man's nimmt.

Taumelnd verläßt sie die Kabine. Als er herauskommt, ist sie zu und weiß wie eh und je.

Er schiebt ihr das gefüllte Glas zu, läßt es aber nicht los. Sie sieht noch hoch, sieht ihm nicht ins Gesicht, nickt nur mit dem Kinn in Richtung Behandlungszimmer.

»Sie sollten jetzt zum Doktor rein.«

Er grinst.

»Klar.« Er geht zum Waschbecken.

Sie schaut hoch. Da nimmt er das Glas und kippt es über den Abfluß. »Aber erst brauch ich 'nen neuen Termin.«

Sie sieht ihn einen Moment schweigend an, bevor sie antwortet.

»Also dann Dienstag?«

Marlis Gerhardt
Bildverbot und Bildersturm

Anmerkungen zum Porno-Streit

Um, wie üblich, mit dem Ich-Ich-Ichbetroffenheitsgestus zu beginnen: Die Diskussion über Pornographie, so wie sie zur Zeit ebenso hitzig wie ungenau geführt wird, langweilt mich; mein Erkenntnisinteresse hält sich in Grenzen und ich habe keine Lust, mich mit den immergleichen Argumenten auseinanderzusetzen. Dies gilt für beide Lager, für die Schmerztöne einiger Kombattantinnen ebenso wie für die kindischen Lustschreie jener Yuppies, die sich für die legitimen Söhne de Sades und Batailles halten. Vollends absurd erschiene es mir, im Namen ALLER Frauen zum Kadi zu rennen, um ein Plakat, ein Poster, einen Video-Clip, ein Photo verbieten zu lassen. Woher weiß ich, was ALLE Frauen denken, was Alle beleidigt und woran Alle Anstoß nehmen? Und woher wissen andere Frauen, was mir – wenn's um Bilder geht – gefällt und was mich verletzt? Welche ominöse und nebulöse Vorstellung von Weiblichkeit, Geschlecht und Geschmack überhaupt steckt hinter der Idee, jede könne jede andere in Sachen Pornographie stellvertreten!

Ich denke nicht daran, mich »als Besitzerin eines weiblichen Körpers« automatisch schämen oder ärgern zu müssen, wenn ich, auf der Straße, im Kino oder sonstwo, mit den neueren Phantasien der Wienerbubis und taz-Rotznasen zusammenstoße, die von sich annehmen, sie handelten als Agenten eines endlich zurückschlagenden, wehrhaft gewordenen und wahrhaft lüsternen Patriarchats.

Was überhaupt gehen mich die Phantasien dieser Leute an? So einfach ist es natürlich nicht, ich weiß.

Selbstverständlich ist Pornographie (fast) immer mit Machtgelüsten und mit Phantasien über den unterworfenen und gedemütigten weiblichen Körper verbunden. Und ebenso selbstverständlich geht es um das extreme Ungleichgewicht zwischen männlicher und weiblicher Souveräni-

tät, das als obszönes Schauspiel ständig neu inszeniert wird. So gesehen ist (männliche) Pornographie notwendig frauenfeindlich, weil sie einseitig das eine, das eigene Geschlecht privilegiert. Fast immer ist SIE Sklavin und Masochistin und ER ist ihr Gebieter, abgesehen mal von einigen Jugendstilphantasien über die bekannte Dame im Pelz und sans merci, die sich als Domina aufführt und IHN verhaut, weil er sich das so wünscht: Trotzdem: Es kann nicht darum gehen, Bilder, Imaginationen, Obsessionen zu verbieten, sondern vielmehr Handlungen und Aktionen, die mit Gewalt verbunden sind. Beide Ebenen, die Phantasie und die Realität, dürfen und können nicht miteinander vermengt und vermantscht werden. Außerdem sind diese Bilder nicht einfach »da«, sie sind nicht (zu verbietender) Privatbesitz einiger perverser männlicher Monster, sie sind vielmehr Abfall und Abbild unserer Geschichte; der Geschichte der O. und der Geschichte des christlichen Abendlandes. In pornographischen Phantasien ging und geht es (fast) nur um das EINE: um eine äußerst schlichte aber direkte Umsetzung dessen, was Moralisten, Philosophen, Kirchenväter, Ehemänner, Pädagogen und Poeten seit mindestens 2000 Jahren in Wort und Schrift übers weibliche Geschlecht zusammenphantasiert haben. Alle diese Botschaften meinten nichts anderes als weibliche Unterwerfung in Permanenz, nur eben im Namen des Sittengesetzes und des gestirnten Himmels.

In der Pornographie wiederum ging es von Anfang an um die Rückübersetzung der hehren philosophischen Botschaft ins Körperbild, um Entsublimierung.

Die identisch eine Botschaft, die in (fast) allen anständigen, moralischen und sauberen Texten und Bildern der europäischen Tradition gemeint ist, der Apell an die freiwillig-unfreiwillige Unterwerfung des einen Geschlechtes *unters* andere, – diese immer gleiche Botschaft wird in der Pornographie entschlossen und radikal ins Körperliche verschoben und durch diese Verschiebung aufeinmal anstößig. Die pornographischen Bilder nämlich zeigen das, was *auch* gemeint oder zumindest *mit*gemeint ist, aber niemals offen gesagt oder gezeigt werden darf. Die schmutzigen Bilder, die obszönen Texte legen die Finger auf die Wunden der feinen Kultur. Sie legen offen, daß es (fast) immer um sadomasochistische Arrangements geht, bei denen das geheime Einverständnis des masochistischen und schwachen Geschlechts als gegeben vorausgesetzt wird. Jene raren Frauen, die mit diesem Ritual nicht einverstanden waren, die widersprachen oder sich entzogen, denen allerdings wurde stets erklärt, daß mit »ihrer Geschlechtlichkeit« eben etwas nicht in Ordnung sei. Von der »Geschlechtlichkeit« der anderen, der vielen Einverstandenen, hingegen war niemals die Rede. Sie glänzte durch Abwesenheit. Wer in die Denkbilder des deutschen Idealismus verstrickt war, wer wie Fichte und Hegel, unsere Geistesfürsten, vom weiblichen »Nicht-Ich«, oder von der Frau als dem »körperlosen Schatten« des Mannes sprach, der zeigte nur die andere Seite der Medaille.

Im Zweifelsfall ärgert der hohe philosophische Ton, die Doziererei übers Ewig-Weibliche, mich immer noch mehr als der schlichte Pornograph, der sich aus seinen Hurenphantasien ein Frauenbild zusammenzimmert. Jedenfals, die Wahl fällt schwer: Auf der einen Seite pures Lust-Objekt ohne Kopf und Geist, auf der anderen Seite körperloser Schatten ohne Geschlecht, Charakter und Ich.

Beide Bilder sind Fremdbilder, Machtphantasien, Denunziationen, die in eine unheilige Allianz verstrickt sind und dies auch insgeheim wissen.

Aber genug des Lamentos über eine Kultur und eine Geschichte, die vom Machtgefälle zwischen Männern und Frauen lebte und zehrte. Ihre Vertröstungen, Versprechungen und Zurichtungen sind inzwischen weitgehend aufgedeckt: im psychischen Untergrund aber leben und zehren wir immer noch von den tristen Relikten, im Leben, im Denken, im Handeln, im Leiden. Die Pornos decken nur auf, wie's mit den männlichen Wunschbildern über Sexualität immer noch aussieht.

Die eigentlich interessante Frage aber lautet: Wie steht's denn mit den neuen weiblichen Lust- und Körperbildern, mit dem dark continent einer möglichen pornographischen Frauenphantasie? Was wäre, wären die Verhältnisse endlich so unübersichtlich geworden, daß die weibliche Phantasie in Bewegung kommt und sich was traut, was ihr Jahrhunderte lang vorenthalten blieb: die Aneignung des eigenen und des fremden Körpers, die Offenlegung und Bearbeitung eigener sexueller Wünsche und Obsessionen. Was wäre, wenn Frauen anfingen, sich als Herrinnen, als Besitzerinnen ihres Körpers zu verstehen und nicht mehr als Sklavinnen, Haremsdamen oder Krankenschwestern, die auf IHN, – den Herrlichsten von Allen, in einer endlosen Warteschlange verharren.

Die patriarchalische These, Frauen interessierten sich eben nicht für Pornographie, sie hätten dazu keinen Bezug und kein Verhältnis, erscheint überaus anfechtbar; ein ziemlich durchsichtiges Abwehrmanöver. Auch diese Form des Verneinens und Wegredens ist eine Männerphantasie, ein versteinerter Wunsch, nichts anderes.

Was wäre, wenn einige Frauen, Frauen die dazu Lust haben, es sich trotzdem trauten? Was es im Moment gibt, ist (fast immer) die einfache Umdrehung von Macht und Ohnmacht oder auch der schlichte Gegenentwurf: die »gute« weibliche und sanfte Sexualität, die der von Grund auf »bösen« männlichen Sexualität als erotische Waffe entgegengehalten

wird. Der berüchtigte Kuschel- und Waldeslustsex also, außerdem die neu-weibliche softe Pornopoesie, [in der die Nacht den Tag umarmt oder der Tag die Nacht] oder der Davidoff-Mann als mögliches Lustobjekt for women only. Frau kauft sich sein Räkel-Poster, hängt sichs übers Bett und stellt sich vor, seine grausame Göttin oder seine strenge Domina zu sein. Auf die Dauer sind alle diese Ansätze ein wenig dürftig; auch die Experimente mit Sado und Maso, mit Leder und Peitsche, reichen wahrscheinlich nicht aus, den möglichen Freiraum der möglichen Phantasie zu füllen.

Oder sollten sich im Lauf der Zeit neue Bilder einstellen, Bilder, die nicht mehr an die ewig gleichen Rituale in der Nachfolge des göttlichen Marquis gebunden sind; Bilder, die – vielleicht – ohne das Stimulans Gewalt und Verfügbarkeit auskommen? Denkbar wäre das schon, wenn auch vorerst als Luftschloß, als utopische und etwas voreilige, etwas blauäugige Vorstellung einer anderen Leidenschaft ohne Hierarchie und Ritual.

Warten wirs ab, verzichten wir einstweilen auf die Bilderstürmerei und auf die selbstdestruktive Pose der Erniedrigten und Beleidigten. Sie nämlich ist, scheint mir, die eigentliche und tiefste weibliche Pornophantasie, die ewige Geschichte der ins Leiden Verliebten; Madame O. und kein Ende.

Gerburg Treusch-Dieter
Das neue Sex-Geheimnis

Pornographie, Aids, Gentechnologie

PorNO und sexuelle Befreiung

Hier heißt es, »gut, daß wieder über Sex geredet wird«. Dort, daß »die Pornographisierung des Alltags« ein Effekt der sexuellen Befreiung sei. Um die Legitimität und Illegitimität des Sex wuchert seit Ende 87 / Anfang 88 ein Diskurs, der sich vernetzt und expandiert. Dunkel ist, worauf er sich bezieht. Da »Pornographisches« sich nicht definieren läßt: »obzön ist, was so bezeichnet wird«.[1] Dem entspricht, daß die Diskursivierung des Sex an »Dunkles« gebunden ist.[2] Damit es »aufgehellt« werdenk kann. Untersucht, positiviert, verwertet. Ob es als Pathologisches, Unbewußtes, Verdrängtes oder – kurz – als »Sex-Geheimnis« fungiert. Immer haben wir es zu gestehen, zu thematisieren, zu klassifizieren – um uns dann entsprechend zu definieren. Zwecks »Einkörperung« der Norm. Zwecks Normierung und Normalisierung. Da unser Selbstwert vom »Begehrenswert« Sex abhängt.

Diese Diskursivierung gehorcht zwei Machtstrategien. Einmal ist der Sex noch immer unter Verbot gestellt: ein Erbe des »sündigen Fleisches«. Zum zweiten wird er produziert: er wird per Diskursivierung »befreit«. Die eine dieser Machtstrategien wird durch den Rechtsstaat repräsentiert. Während die andere sich durch das Wissen vom Menschen über den Menschen konstituiert. Auf den Sex bezogen heißt das, daß wir es sind, die diese Wissensmacht produzieren. Während sie uns ihre Verhaltenszwänge, -regeln und -kontrollen »einkörpert«. Während sie als Disziplinarmacht wirkt.

Eben darum konnte die sexuelle Befreiung nicht mehr – aber auch nicht weniger – als eine Verschiebung innerhalb dieser beiden Machtstrategien bedeuten. Denn was aus unserer Sicht – aus der Sicht der Gestehenden –

Befreiung war, rief gleichzeitig neue Disziplinarmechanismen hervor, die sich diese Befreiung integrierten. Sex wurde legitim. Er normierte und normalisierte sich. Bis hin zu seiner Teil-Legalisierung (Sexualstrafrechtsreform, vor allem § 175 und § 218). Das Verbot jedoch, dem er von seiten des Rechtsstaats unterstellt ist, wurde davon nicht berührt.

Dennoch behauptet die Antipornokampagne, die sich als Alternative zur sexuellen Befreiung versteht, daß deren Effekt eine »Pornographisierung des Alltags« sei. Von der Bademode, bis zur Form der Colaflasche, bis zum »Snuff«-Film undsoweiter. Sie folgt damit dem, was sie verneint. Nur in sich verkehrt. Denn, wenn 68 und folgende verkündet wurde, der Sex sei unterdrückt, weshalb seine »Sprengkraft« zu befreien sei, Kulturerneuerung und bessere Gesellschaft inclusive, dann sagt die Antipornokampagne heute nichts weiter, als daß diese Sprengkraft befreit worden sei, jedoch nur Schmutz und Schund hervorbrachte, Kulturzerfall und eine Pornographisierung des Alltags inclusive. Man habe die Büchse der Pandora geöffnet, doch nicht die Hoffnung, nur die Übel hätten sich eingelöst.[3] Das Nein-Ja-Schema von Unterdrückung und Befreiung bleibt unbefragt. Wenn das Ja zur Befreiung nicht funktioniert, wird einfach das PorNO aufgeklebt. Dabei wird das Ja zur sexuellen Befreiung im Sinne weiterer Erneuerung durchaus fortgeschrieben in der Weise, daß man sich von ihr, die nicht hielt, was sie versprach, wiederum befreien müsse. PorNO und Ja zur Befreiung vom Sex decken sich.

Der veränderte Stellenwert des Sexes

Von hier aus ist der veränderte gesellschaftliche Stellenwert des Sex zu befragen, der etwa ab 86 – sozusagen in Umkehrung zu 68 – greifbar wird.[4] Er wird von der Antipornokampagne in keiner Weise einbezogen. Was nicht zuletzt damit zu tun hat, daß sie zwischen Sex und Sexualität nicht unterscheidet. Doch nicht die Sexualität, der Sex wird »befreit«: unser von seinem imaginären Punkt aus abrufbares Verhalten. Der Sex ist es, der von der Sexualität abhängt. Er wird durch sie – je nach seinem veränderten gesellschaftlichen Stellenwert – definiert. Die Sexualität ist die institutionelle und institutionalisierte Seite.

Die zwei mit ihr verbundenen Machtstrategien bilden ein »Sexualitätsdispositiv«, dessen Instanzen die Gesellschaft durchdringen. Sie zielen auf den Sex. Von ihm aus – dessen gesellschaftlicher Stellenwert abhängig ist – von ihm aus wird das Leben verwaltet und bewirtschaftet. Sei es bezogen auf die Bevölkerungspolitik, sei es bezogen auf die Disziplinierung der Körper. Heute allerdings geht es nicht mehr nur um die Verwaltung und Bewirtschaftung von geborenem oder ungeborenem Leben. Es geht um Lebensproduktion. Es geht um den Eingriff in seine Entstehung. Ob es der Eingriff in das gesunde oder kranke Leben ist. Ob die IVF oder der HIV die Zielscheibe sind.[5] Die Gen- und Reproduktionstechnologie soll durchgesetzt werden, die auch die ultima ratio der Aids-Strategien ist.

Während die Gesellschaftspolitik, auf der Basis des Sexualitätsdispositivs, mehr und mehr »Krankheitsverwaltung« wird, hat sich der gesellschaftliche Stellenwert des Sex grundlegend verändert. Denn, wenn die sexuelle Befreiung die Normierung und Normalisierung des Sex im Kontext seiner Teil-Legalisierung brachte, dann ist er heute zum »Risikofaktor« geworden. Sein gesellschaftlicher Stellenwert tendiert zum Illegitimen. Sowohl hinsichtlich der Fortpflanzung, wie hinsichtlich der Lust. Während sich die Gen- und Reproduktionstechnologie und die Aids-Strategien damit legitimieren, daß er – was die Entstehung von Leben angeht – mit höchster Vorsicht zu genießen sei (6). Daß er in neue Disziplinarmechanismen, in neue Verhaltenszwänge, -regeln und -kontrollen eingespannt werden müsse: hier durch Eugenisierung, dort durch Prävention.

Von seiten des Rechtsstaates heißt das, daß die Teil-Legalisierung des Sex Stück um Stück rückgängig gemacht wird. Weil er die Ergebnisse der Wissensmacht, die inzwischen die Form eines expandierenden, wissenschaftlich/industriellen Komplexes angenommen hat, zumindest einer nachträglichen »Verrechtlichung« unterwirft. Sie könnten sonst – nimmt man die Lebensproduktion im Umfang ihrer Möglichkeiten – nicht nur die Gesellschaft, sie könnten die genetische Struktur selbst auflösen.[7] Für den Sex heißt das, daß er nicht nur hinsichtlich Technisierung der Fortpflanzung und Safe Sex Programm der Tendenz nach illegitim geworden ist. Sondern, daß er hinsichtlich des Rechtsstaates auch aufs Neue seine Legitimität zu beweisen hat. Denn nicht befreiter, gesunder Sex ist angesagt. Verhaltensänderung.

Doch Gesundheitspolitik ist nicht sexy. Unter den Bedingungen der gen- und reproduktionstechnologischen »Krankheitsverwaltung« wird der Sex entmythisiert und entmystifiziert. Vom Sex-Geheimnis der sexuellen Befreiung – von seiner Sprengkraft zwecks Kulturerneuerung und Gesellschaftsverbesserung – ist nichts geblieben. Es ist verbraucht. Per Normierung und Normalisierung bis hin zur Geschlechterindifferenz. Von welchem imaginären Punkt in uns soll aber dann der Sex – der Schlüssel zu jeder Verhaltensänderung – von seiten der Macht/Wissensmechanismen noch abzurufen sein? So, daß wir sie vor- und mitproduzieren,

indem wir an seinem Dunkel etwas aufzuhellen, etwas zu diskursivieren haben? Ohne, daß es sich verbraucht. Von wo aus könnte der gesunde Sex – sein instrumenteller Vollzug – sich wieder mythisieren und mystifizieren? Denn der Bezug zu Krankheit, Seuche, Tod, wie er immerhin durch Aids angeboten wird, genügt nicht. Auch wenn allenthalben betont wird, daß Aids auch sein Gutes habe. Von wo aus könnte der gesellschaftliche Stellenwert des Sex – der zum Risikofaktor und zum Gesundheitsbeweis geworden ist – zum Begehrenswert einer Verhaltensänderung werden, die unseren Selbstwert bestimmt?

Das Porno-Geheimnis

Hier kommt die Antipornokampagne gerade recht. Nicht nur wird durch sie das verbrauchte Geheimnis der sexuellen Befreiung umgewertet und entwertet zu einem Zeitpunkt, da es gesellschaftlich in jeder Hinsicht dysfunktional geworden ist; Technisierung der Fortpflanzung und Safe Sex Programm sind an der Sprengkraft Sex nicht interessiert. Sondern es wird durch sie auch ein neues Sex-Geheimnis initiiert. Das »Porno-Geheimnis«. Mit dem Porno-Geheimnis wird ein antipornographischer Diskurs – auf der Basis eines zivilrechtlichen Gesetzentwurfs – etabliert, der sich jedoch permanent auf das Pornographische bezieht. Dieser imaginäre Punkt des Pornographischen lädt uns mit dem Dunkel des Obszönen auf. Der Sex wird neu besetzt.

Für diese Neubesetzung sind zwei, durch den Gesetzentwurf gegebene Relationen, ausschlaggebend, die das Obszöne erstens mit seinem Gegenteil konfrontieren: mit der Legalität des Rechtsstaats, die auf Gesetz und Verbot bezogen ist; zweitens mit der Illegalität, der das Obszöne selbst angehört. In beide Relationen kann die Legitimität des Sex als Gesundheitsbeweis, und seine Illegitimität als Risikofaktor eingetragen werden. Schwerpunkt ist der Risikofaktor. Dem entspricht, daß das Obszöne für die Antipornokampagne »Schmutz« (Dworkin) ist. Sex-Schmutz, von dem man sich zu befreien hat. Allerdings schließt jede Befreiung ein Gefangensein ein. Selbst Dworkin gibt zu, sie sei »fasziniert und besessen vom Schmutz«.[8] Ein »Telefon wurde zum Dildo... Ein Haarfön wurde zum Dildo«.[9] Durch diesen Sex-Schmutz, der anziehend und abstoßend ist – abstoßen soll – wird der neue Begehrenswert Sex konstituiert. Er soll, was unseren Selbstwert angeht, zu einer Verhaltensänderung führen, die beides affirmiert: die repressiven Interessen des Rechtsstaats, der den Sex juridisch in der Hand behalten will; und die produktiven Interessen des wissenschaftlich/industriellen Komplexes, der uns vom Sex – durch seine technische Ersetzung – befreit. PorNO als Ja zur Befreiung vom Sex.

Das Obszöne, der imaginäre Punkt des Porno-Geheimnisses, machts möglich. Weil es ambivalent, anziehend und abstoßend ist, kann seine Diskursivierung repressiv-produktiv funktionieren. Indem sie hier das rechtsstaatliche Verbot effektiviert, ruft sie dort neue Disziplinarmechanismen hervor, für die wir die produktive Voraussetzung sind. Wir, die den Sex-Schmutz gestehen: Im Frauenzentrum. In der Schule. An der Uni. In der Gewerkschaft. In der Partei. Im Stadtviertel. Im Jugendclub. Unter Freundinnen undsoweiter – wie EMMA vorschlägt. Wenn obszön das ist, was – durch unsere »hinzugefügten Phantasien«[10] – so bezeichnet wird, dann kann diese Diskursivierung unendlich expandieren. Sie kann sich in dem Maß reproduzieren – In der Müttergruppe. Im Senioren-Heim. Im Motorradclub. Im Sportverein. In der Strickgruppe. Beim Punktreff – wie das Obszöne undefinierbar und darum überall, in uns und um uns, aufzuspüren ist. Selbst Dworkin gesteht, daß »jeder Gegenstand des Alltags... in einen sexualisierten Gegenstand verwandelt werden (kann)«.[11]

Sobald aber das Obszöne aufgespürt ist, tritt ein Verhaltensumschlag ein, der zugleich auf das Legale und Illegale bezogen ist. Eben dadurch wird – in direkter Verkehrung des antirepressiven Diskurses ab 68 – eine Repression eingeführt, die die Verhaltensänderung nicht mehr durch Aufhebung von Verdrängung – wo Es ist soll Ich werden – induziert. Sondern durch ein Nein-Ja-Schema: wo Schmutz ist muß Sauberkeit her. Durch Unterdrückung und Wegsäuberung zugleich, da der Sex-Schmutz anziehend und abstoßend ist. Aufgrund seiner Ambivalenz wird der imaginäre Punkt des Porno-Geheimnisses beide Aspekte der Verhaltensänderung initiieren. Den der Wegsäuberung, zugunsten unseres Selbstwertes und neuer gesellschaftlicher Werte. Und den der Remythisierung und Remystifizierung, zugunsten des Begehrenswerts Sex.

Ausgehend davon, daß diese Verhaltensänderung eher techno- als psychologisch funktioniert, wird es am besten sein, man setzt gleich technische Mittel des Wegsäuberns ein. Seien es die der Hygienisierung durch die Aids-Strategien, seien es die der Eugenisierung durch die Gen- und Reproduktionstechnologie. Da die effektivste Befreiung vom Sex-Schmutz seine technische Ersetzung ist. Erst sie garantiert den gesunden Sex, der endgültig vom Erbe des »sündigen Fleisches« befreit sein wird. Sofern aber der gesunde Sex als instrumenteller Vollzug – noch – kein Begehrenswert ist, kann eben dieses »sündige Fleisch« oder sein »erotisches Risiko« des Obszönen, sich mit dem Risikofaktor Sex verbinden. Zwecks Remythisierung und Remystifizierung. Etwa so: nicht obwohl, sondern

weil er genetisch durchgecheckt ist, ist der Sex wieder »gefährlich«. Ob im Sinne »neuer Leidenschaft«.[12] Ob im Sinne dessen, daß auch die IVF und das Safe Sex Programm zum »Abenteuer« werden kann.[13] Weil sie verneint, was sie produziert, ist die Antipornokampagne der Weg dahin. Denkt man an die flächendeckenden Telefon-Sex-Einrichtungen in den USA, die präventionswillige Partner zur Diskursivierung des Porno-Geheimnisses auf Kreditkarte, über weiteste Strecken bis hin zum »leidenschaftlichen Höhepunkt« verbinden.[14]

Zweifelsohne glaubt sich die Antipornokampagne »im Recht«. Sie ist es. Im doppelten Sinne. Denn nicht nur basiert ihre Strategie und Taktik auf dem – in zwei Versionen – vorliegenden zivilrechtlichen Gesetzentwurf.[15] Schon wird er mit Frauen- und Gesundheitsministerin Süssmuth diskutiert.[16] Wozu stimmt, daß der Umschlag des EMMA-Sonderbandes 5, »Die Kampagne, Das Gesetz, Die Debatte«, in den Regierungsfarben schwarz, rot, gold gehalten ist. Die Antipornokampagne ist nicht nur in diesem Sinne »im Recht«, sondern auch in jenem, daß sie sich auf die Machtstrategie von Gesetz und Verbot fixiert, die verdeckt, daß die Macht heute gleichzeitig als Befreiung funktioniert. Indem wir für die Befreiung von etwas Klage führen – mit welchem vorausgesetzten »Anti-« auch immer – bleiben wir in dem Maß auf Gesetz und Verbot fixiert, wie uns entgeht, daß die Anklage dessen, was wir negieren, die Wissensmacht der Lebensproduktion auf den Plan ruft. Noch während wir uns befreien, werden wir von ihren Disziplinarmechanismen besetzt. Daß wir selbst es sind, die sie produzieren, bleibt aufgrund des Ineinandergreifens beider Machtstrategien verdeckt. Während wir diese Verdeckung affirmieren. Und zwar, aufgrund unserer Fixierung auf Gesetz und Verbot, mittels einer Machtfiktion.

Pornotheologie

In Dworkins »Pornographie« – der Programmschrift der Antipornokampagne, die zusammen mit dem EMMA-Gesetzentwurf gestartet wurde – ist diese affirmative Machtfiktion perfekt. Sie funktioniert als Monosexismus à la Monotheismus, »in der die Biologie an die Stelle Gottes getreten ist (und ... dazu verwendet wird, diese ... Theologie zu stützen)«.[17] Die »Lehrsätze« dieser Bio-theologie drücken »Männer in der Pornographie aus«.[18] Sie »ist die heilige Festung des Mannes«. Eine »Bibel, die seit Jahrhunderten ihren Codex erweitert«.[19] Weil ihre Ausbreitung einer Kreuzzugsbewegung gleicht: »der Konsument« kommt »als Glaubender ... zur Pornographie, als Missionar geht er«.[20] In der Hand »eines Jedermanns ... enthüllt (sie) die ... Gleichung: die Macht des Pornographen ist die Macht des Vergewaltigers/Schlägers, ist die Macht des Mannes«.[21]

Diese Macht begründet sich – wie alle Theologie – metaphysisch: »Die Metaphysik der männlichen Sexualherrschaft sieht in allen Frauen Huren. Diese grundlegende Wahrheit transzendiert alle untergeordneten Wahrheiten im männlichen System«,[22] in dem »rechts wie links gleich (ist)«.[23] Mit einer Differenz: »die linke Ideologie behauptet, daß sexuelle Freiheit die schrankenlose Benützung von Frauen sei«, während die Rechte »die Trennung zwischen Mutter und Hure« aufrechterhält.[24] Wenn auch um den Preis, daß »die Jungfrau potentielle Mutter (ist)«.[25] Nur Jungfrau wäre besser. Denn im »System männlicher Sexualherrschaft gibt es keinen Ausweg, keine Rettung: weder durch Lust noch durch Reproduktion ... Die Macht der Männer ... ist ... die Macht von Alleinherrschern ... die nehmen ... aus Lust an der Macht und mit der Macht der Lust«.[26]

Diese Macht-Lust oder Lust-Macht funktioniert als »ein einfacher Zirkelschluß: das Wesen des männlichen Selbst liegt im Nehmen ... (es) reduziert sich ... auf ... Parasitentum ... Als Kind beginnt er damit, das Selbst der Mutter auszusaugen«.[27] Innerhalb der »Unentrinnbarkeit dieses Sexualsystems« bleibt für Frauen nichts. Selbst wenn Männer »das Gegenteil (behaupten): es seien die Frauen, die über diese Macht (der Sexualität) verfügen ... wird Sexualität nur durch jene Handlungen definiert, die der Mann mit seinem Penis vollzieht«.[28] Denn: »alle sexuelle Macht geht vom Penis aus«.[29]

Pornomagie

Spätestens mit diesem letzten Postulat wird die Nichtunterscheidung von Phallus und Penis, von Begriff- und Realität, explizit. Ausgehend von diesem Begriffs- und Realitätsverlust kippt Dworkins Metaphysik in Magie. Nicht nur das männliche Selbst und die männliche Macht des Benennens ist »etwas Magisches«,[30] sondern vor allem das, was »üblicherweise als ›es‹ bezeichnet wird«.[31] Wobei nach Dworkin diese »magische, versteckte Bedeutung von ›es‹ (das) Ficken – das Zustoßen des Penis – (ist)«.[32]

Metaphysik und Magie verbinden sich zu einer Machtfiktion, in der die Pornographie das Frauen-Bild präsentiert, die »die Betrachterin vor Angst erstarren läßt«. Denn »es ist deutlich, daß die gefesselte Frau Schmerzen ertragen muß«.[33] Durch die Bild-Frau wird der Betrachterin ihr Frauen-Bild zurückgespiegelt, indem jene gleichzeitig als Bildzauber wirkt: als

Magie, mittels derer die Betrachterin weggespiegelt wird, während das Bild an ihre Stelle tritt. Weil das Sein der Frau im Bild, das Bild der Frau im Sein bestimmt. Woraus ein weiterer Zirkelschluß resultiert: »die in der Pornographie benützten Frauen werden in der Pornographie benützt«.[34] Sie werden per Macht-Lust des Alleinherrschers Mann und per Lust-Macht des Manns als Parasiten benützt.

Wenn aber die Pornographie das Frauen-Bild in dem Maß beherrscht, wie sie die beherrschte Bild-Frau präsentiert, dann funktioniert diese Machtfiktion als Ein-Bildung im Sinne von Widerspiegelung. Über den Bildzauber vermittelt produziert und re-produziert sie sich als Verblendungszusammenhang. Auch Schwarzer stimmt dem in ihrem Vorwort zu Dworkin zu: »Mit denselben Augen, mit denen... Jungen und Männer die erniedrigten, benutzten, gefesselten und verstümmelten Akteurinnen der Pornos betrachten, mit denselben Augen sehen sie ihre Schwestern, Freundinnen und Ehefrauen«.[35] Diese sind ihrerseits – weil ihr Sein als solches ausgeblendet wird – verblendet durch ein Bild, das an ihre Stelle tritt. Da die Pornographie nicht nur den Blick von Männern auf Frauen vergiftet, sondern auch die Bedürfnisse und Phantasien von Frauen«.[36]

Es scheinen blinde Bedürfnisse und Phantasien zu sein. Da kein Blick auf Männer, ein Blick von Frauen auf Frauen jedoch nur in der Weise vorgesehen ist, daß die Betrachterin der Spiegel für die Bild-Frau ist. Sie wird von ihr angeblickt, nicht umgekehrt. Die Bild-Frau im Blick hat sie starr vor Angst und blind vor Schreck eben dann zu sein, wenn der Bildzauber wirkt und die Bild-Frau an ihre Stelle tritt. »Es sei denn« – Dworkin schiebt einmal und nie wieder diese Stelle ein – »sie... weigert sich, die gefesselte Person als eine Frau wie sie selbst wahrzunehmen«.[37] Eine Betrachterin, die sich weigert, Spiegel einer Ein-Bildung zu sein, ist nicht vorgesehen. Denn durch eine solche Weigerung wäre die Antipornokampagne in Frage gestellt. Weil sie auf diesem Identifikationsimperativ der Frau mit sich selbst als Opfer basiert.

Täter – Opfer

Nach Schwarzer »(lernen wir) mit... Dworkin endlich eine der bedeutendsten Theoretikerinnen... kennen«, die sie einem spezifischen Feminismus zurechnet. Sie nennt ihn »neue(n) Feminismus«, der »mit zwei wesentlichen Erkenntnissen über den historischen Feminismus und Simone de Beauvoir hinausgegangen« sei: »mit der Analyse der Gewalt und der Sexualität« (Vorwort). Da der Effekt dieser Analyse die Identifikation der Frau mit sich selbst als Opfer ist, drängt sich die Frage auf, was es mit diesem Hinausgehen des neuen Feminismus über Simone de Beauvoir auf sich hat. Wurde doch ihre These, daß die Frau »bestimmt und unterschieden (wird) mit Bezug auf den Mann, dieser aber nicht mit Bezug auf sie«,[38] letztendlich zur Initialzündung der Frauenbewegung ab 68. Deren Initiative und Intention waren allerdings dem, was der Identifikationsimperativ der Antipornokampagne propagiert, diametral entgegengesetzt. Nicht die Frau, die sich mit sich selbst als Opfer identifiziert, war die Perspektive. Sondern eine Frau, die nicht nur – oder garnicht mehr – über den Mann bestimmt und unterschieden wird.

Voraussetzung war: »sich vom Status des Opfers und Objekts in den des Subjekts … zu versetzen«.[39] Das heißt in erster Linie, sich selbst als Opfer zu reflektieren. Es hieß zwischen objektiver Realität und subjektivem Begriff eine Differenz einzuführen. Die Differenz der Kritik. Einer Reflexion, die auf Entidentifizierung mit sich selbst als Opfer zielt. Während für die Antipornokampagne die Frau nur als Reflex eines »objektiven und realen Sexualsystems« existiert, in dem alle Frauen – suggeriert durch den Blick der Pronografie – Huren sind. Weil ihr Bewußtsein von sich selbst als Spiegel fehlt. Weil an dessen Stelle die Ein-Bildung tritt, kann sie sich nur reflexhaft oder widerspiegelnd verhalten. Verblendet. Gleichzeitig wird – sozusagen hinter dem Spiegel – ein ausgeblendetes weibliches Sein als solches projektiert: das Andere schlechthin. Sobald man aber – nach Beauvoir – »die Frau als das absolut Andere … betrachtet, ist es ganz unmöglich, sie als ein anderes Subjekt anzusehen«.[40] Da sie entweder nicht oder aber als »Spiegel des anderen Geschlechts«[41] vorhanden ist.

Sich selbst setzendes Subjekt kann sie nur dadurch werden, daß sie den Mann in dem Maß auf sich selbst bezieht, wie sie über ihn vermittelt ist. Dadurch, daß sie – sich selbst als Opfer reflektierend – realisiert, wie weit sie es ist, die ihn zum Täter macht. Wie weit sie ihn als »Unterdrükker« produziert, weil »sie die Gewalt verinnerlicht hat, die auf sie ausgeübt worden ist«.[42] Ein wechselseitig vermitteltes Täter-Opfer-Verhältnis in diesem Sinn, schließt sowohl ein dualistisches Täter-Opfer-Schema aus wie das, welches die Strategie und Taktik der Antipornokampagne bestimmt. Denn hier ist das dualistische Täter-Opfer-Schema in die Hierarchie Opfer-Täter-Mächt übersetzt.

Zwar scheint Dworkins »Analyse der Gewalt und der Sexualität«, auf der die Antipornokampagne basiert am dualistischen Täter-Opfer-Schema festzuhalten, insofern Macht und Täter – Alleinherrscher Mann und Mann als Parasit – derselbe sind. Doch hat diese monosexistische-monotheistische Zuspitzung nur eine zusätzliche verdeckende Funktion: als ob die Macht, indem sie den Täter verurteilt, sich selbst abschaffe.

In dem Maß, wie sich das Opfer nur über die Macht vermittelt zum Täter verhält, ist seine Subjektwerdung in wechselseitiger Auseinandersetzung mit diesem ebenso ausgeschlossen, wie umgekehrt eingeschlossen ist, daß sein reflexhafter Objektstatus festgeschrieben wird.

Doch wo und wann kommt jener »neue Feminismus« ins Spiel, dessen Analyse über Simone de Beauvoir und ihre Forderung einer Subjektwerdung der Frau hinausgeführt haben soll? Diese Frage verweist auf das, was man die drei Anfänge der neuen Frauenbewegung nennen könnte.[43] Sie sind durch drei Parolen repräsentiert. »Befreit die sozialistischen Eminenzen von ihren bürgerlichen Schwänzen«: 68 wird das Autoritäre im antiautoritären Protest aufgedeckt. »Mein Bauch gehört mir«: 71 wird die Verfügung über den eigenen Körper gefordert. »Feminismus ist die Theorie, Lesbisch sein die Praxis«: 73 wird weibliche Autonomie mittels Frauenidentifiziertheit propagiert. Zweifelsohne ist allen drei Anfängen das Täter-Opfer-Verhältnis immanent. Doch, wenn ab 68 – im Kontext der Kapitalismuskritik – von einer beginnenden Selbstreflexion des Opfers und damit von einer wechselseitigen Vermittlung zwischen ihm und dem Täter die Rede sein kann, dann zeichnet sich ab 71 – mit der Verbindung von Kapitalismus- und Patriachatskritik – mehr und mehr ein dualistisches Täter-Opfer-Schema ab: mehr und mehr soll es das Patriachat als solches gewesen sein, das den Frauen die Verfügung über den eigenen Körper nahm, das sie zum Objekt oder Opfer machte. Doch erst 73 – mit der Parole »Feminismus ist die Theorie, Lesbischsein die Praxis« – wird dieses Täter-Opfer-Schema Manifest.

Voraussetzung dafür ist, daß Feminismus als Theorie – wie sie von Simone de Beauvoir ihren Anfang nahm – der Seite des Täters zugeschlagen wird. Das heißt, sie wird im Zuge dessen, daß die Kapitalismuskritik der Patriachatskritik subsumiert wird, abgedankt. Begründung: Männeridentifiziertheit. Denn Lesbischsein als Praxis hieß Frauenidentifiziertheit. Täter und Opfer, Patriachat und Frauenidentifiziertheit, stehen sich ab jetzt ohne jede wechselseitige Vermittlung gegenüber. Doch so, daß das Lesbischsein als Praxis zugleich eine Alternative zum Opfer- und Objektstatus im Sinne weiblicher Autonomie sein sollte. Im Sinne eines weiblichen Seins als solches. Es – das absolut Andere – sollte vor dem Spiegel erscheinen. Die geschlechtliche Verabsolutierung der Frau schloß ebenso die des Täters ein. Das Patriachat wurde zur Männerherrschaft, der eine auf Frauen als Rasse basierend weibliche Kultur entgegenzusetzen war. Was eine rassistische Auffassung vom Täter implizierte: das Patriachat als Herrschaft der weißen Rasse Mann. Nicht obwohl, sondern weil die

Schwarzen als Paradigma für das weibliche Opfer fungierten.[44] Unter dem von Schwarzer annoncierten »neuen Feminismus« ist eben dieser Kulturfeminismus der 70er Jahre und seine Weiterführung durch die Antipornokampagne zu verstehen. Starting point beider: die USA.

Evident wird diese Weiterführung durch die Transformation der kulturfeministischen Parole: »Feminismus ist die Theorie, Lesbischsein die Praxis«. Insofern die Antipornokampagne propagiert: »Pronographie ist die Theorie, Vergewaltigung die Praxis«. Indem die Pronographie als Ersatz der einst mit der Kapitalismuskritik abgedankten feministischen Theorie auftritt, wird der Kulturfeminismus einerseits fortgeführt. Andererseits ergibt sich eine Differenz ums Ganze. Denn zwar wird hier das Patriarchat als Herrschaft der weißen Rasse Mann zu einem System männlicher Sexualherrschaft umdefiniert, indem die Biologie an die Stelle Gottes getreten und also der Rassismus zur Biologie geworden ist; die Pornographie als Biobibel inclusive.

Gleichzeitig aber wird dort die Frauenidentifiziertheit, die sich als Alternative zum Opfer- und Objektstatus verstand, durch die Antipornokampagne in die Identifikation der Frau mit sich selbst als Opfer verkehrt. Wie es scheint, ist das Andere vor dem Spiegel aufgebraucht. Da dieses Opfer nur noch Reflex seines pornographischen Spiegelbildes ist. Dem entspricht, daß nicht mehr Lesbischsein oder die geschlechtliche Verabsolutierung der Frau, sondern Vergewaltigung die Praxis ist: die geschlechtliche Vernichtung der Frau. Nach Dworkin/Schwarzer wird ihre »körperliche und seelische Integrität … von Männern solange herabgesetzt … bis sie nur noch das Eindringen des Penis bedeutet«.[45] Eine weibliche O-Position, in deren Kontext sich das dualistische Täter-Opfer-Schema in dem Maß, wie sie das Ende der Frauenbewegung anzeigt, zur Hierarchie Oper-Täter-Macht umstrukturiert.

Dabei treten an die Stelle der Schwarzen, die als Opferparadigma für die Rasse Frau fungieren, die Juden: Sowohl in den USA wie in der BRD. Sie werden mit der geschlechtlichen Vernichtung der Frau gleichgesetzt, die jedoch nur die Umkehrung ihrer geschlechtlichen Verabsolutierung ist. Nicht nur darum disqualifiziert sich diese Gleichsetzung selbst, deren negativ rassistische Implikationen auf die Verweiblichung der Juden rekurrieren, wie sie im faschistischen Sprachgebrauch üblich ist, sondern auch darum, weil innerhalb der Hierarchie Oper-Täter-Macht das Opfer mit der Macht verbunden ist: bei ihr reicht es seine Klage ein. Wann aber hätten die Juden im Faschismus je die Möglichkeit gehabt, gegen ihre Vernichtung Klage einzureichen? Ganz im Gegensatz dazu wird die Klage der Antipornokampagne bereits auf Regierungsebene diskutiert.

Würde als Restauration

Wenn aber diese weibliche O-Position das Ende der Frauenbewegung anzeigt, soweit sie sich vom Status des Opfers in den des Subjekts versetzen, soweit sie die Verfügung über den eigenen Körper wollte, soweit sie weibliche Autonomie als Praxis sein sollte: von wo aus konstituiert sich dann die Antipornokampagne als neueste Frauenbewegung? Da sie die sexuelle Befreiung mit der Pornographisierung des Alltags, bis hin zu allen Übeln des Kulturzerfalls gleichsetzt, ist klar: sie konstituiert sich als Kultur-Erneuerungsbewegung unter dem Aspekt, daß die Frauenbewegung seit 68 immer schon Antipornokampagne war, daß sie mit sexueller Befreiung nie etwas zu tun gehabt hatte. Denn, eben deshalb »antwortet(e) die Pornographie«.[46] Ihr, die uns »am Anfang... ›nur‹ ausgezogen, dann... ›nur‹ vergewaltigt, dann... ›nur‹ gefoltert« hat, jetzt aber – als Bild-Frau zerstückelt,[47] ihr ist ein unzerstückeltes, ein ganzheitliches Frauen-Bild entgegenzusetzen: nicht obwohl, sondern weil wir uns mit uns selbst als pornographisierte Opfer zu identifizieren haben.[48] So Dworkin: »Die Pornographie hat mich infiziert«.[49] Eben darum »will (sie) es einer anderen Generation von Frauen ermöglichen, die Träume von Freiheit wieder aufzunehmen, die (ihr) die Pornographie genommen hat«.[50]

Es geht um Rettung vom Sex-Schmutz, »mit dem sie (die Pornographen) nun auch noch das Innerste von uns beherrschen«.[51] Es geht um Träume der Freiheit von Infiziertheit, Krankheit, Seuche. Es geht um Reinigung, »denn die herrschenden Sexualnormen sind ja nicht nur um uns, sie sind auch in uns selbst«.[52] Es geht um Selbst-Reinigung. Weil das Andere der Frau vor dem Spiegel offensichtlich ebenso verbraucht ist, wie die Sprengkraft der sexuellen Befreiung. Dworkin: »früher war ich eine hoffnungsvolle Radikale. Das ist jetzt vorbei«.[53] Es geht um Restauration.

Doch auch dann, wenn die Antipornokampagne auf Kultur-Erneuerung, -Rettung, -Reinigung und -Restauration abzielt, stellt sich die Frage, von wo aus und wie sich jenes unzerstückelte, ganzheitliche Frauen-Bild konstituieren soll, das dem »System männlicher Sexualherrschaft« entgegengesetzt ist. Gibt es in ihm doch »keinen Ausweg, keine Rettung: weder durch Lust noch durch Reproduktion«.[54] Soll es trotzdem einen Ausweg geben, dann kann dieses Frauen-Bild nicht auf Lust oder Reproduktion bezogen sein. Dann muß es einen unantastbaren, unverletzlichen Wert darstellen, der in dem Maß weder an Mutter noch Hure gebunden ist, wie diese dem Sex-Schmutz verbunden sind. Mit ihm in Berührung stehen. Nur ein unberührbarer Wert kann ein Ausweg aus diesem System von Infiziertheit, Krankheit, Seuche sein. Nur er macht die Träume möglich, die kein Ausweg sind: die Träume der Befreiung vom Sex, soweit er noch immer an das »sündige Fleisch« gebunden ist. Ein solcher Wert ist die Würde. Die Würde des weiblichen Menschen – und erst in diesem Sinne die Würde der Frau. Angesichts dessen, daß sich die Antipornokampagne als neueste Frauenbewegung versteht, hat diese Würde Subjektwerdung der Frau, Verfügung über den eigenen Körper und weibliche Autonomie zu ersetzen. Sie ist die neueste Alternative einer Bewegung, die keine mehr ist.

Selbstredend kann sich die Frau diese Würde nicht selbst verleihen, die ihr zwar als weiblichem Menschen im Allgemeinen, doch nicht im Besonderen als Hure oder Mutter zukommt. Als Hure oder Mutter ist sie auf jene weibliche O-Position bezogen, die nur noch das Eindringen des Penis und also die geschlechtliche Vernichtung der Frau bedeutet: ihre verletzte Würde schlechthin. Die mit sich selbst als Opfer identifizierte Frau aber kann sich auf nichts – auf kein Anderes mehr – als diese Verletzung beziehen. Die unverletzliche, die unantastbare Würde muß ihr von jemand verliehen werden – Entwürdigung vorausgesetzt.

Wie diese Würde verliehen wird, das soll durch den Gesetzentwurf der Antipornokampagne geregelt werden, der prinzipiell nichts anderes intendiert, als die Übersetzung von GG Art. 1 (»Die Würde des Menschen ist unantastbar«) in »Rechtsbeziehungen des einzelnen im Verhältnis zu seinen Mitmenschen«.[55] Das heißt, er sieht die Übersetzung eines Grundrechts in zivilrechtliche Norm vor, die sich auf der Grenze von Gesetzes- und Disziplinarmacht, von Rechtsstaat und Gesellschaft bewegt. Sie ist hier durch das Strafrecht – durch Gesetz und Verbot – determiniert. Dort aber ist sie – da das Antipornogesetz erst im Entwurf vorliegt – auf sogenannte rechtsfreie Räume des einzelnen im Verhältnis zu seinen Mitmenschen bezogen. Was EMMA anzupreisen weiß: »Der vorliegende Gesetzentwurf ... stellt den § 184 StGB[56] nicht in Frage, sondern präzisiert und ergänzt ihn. Allerdings durch ein zivilrechtliches Gesetz, das die Ahndung eines Verstoßes nicht in die Hand des Staatsanwaltes, sondern in die der betroffenen Bürgerin selbst legt«.[57] Ist beides gegeben – Bürgerin oder vollgerechtigtes Mitglied eines Staates, unbd Betroffenheit und Identifikation mit sich selbst als Opfer – dann gilt die Generalklausel § 1: »Wer Frauen ... durch Pornographie in ihrem Recht auf Würde ... verletzt, ist zum Ersatz des daraus entstehenden Schadens und zur Unterlassung verpflichtet«.[58] Begründung: »Frauen fallen der Pronographie aufgrund ihres Geschlechts zum Opfer. Pornographie ... verletzt die ... Menschenrechte von Frauen und ist damit verfassungswidrig«.[59]

Bezieht man ein, daß nach Schwarzer »Pornographie ja soviel mehr (ist), als das, was wir juristisch in unserem Gesetzesvorschlag zu erfassen suchen«;[60] nimmt man hinzu, daß ihre Macht bei Dworkin als Ein-Bildung, suggeriert über die versteckte, magische Bedeutung von »es« – das Ficken und Zustoßen des Penis – funktioniert; geht man weiter davon aus, daß obszön das ist, was – durch unsere Phantasien – so bezeichnet wird; dann stünde nicht nur die Frage, ob die Verfassung überhaupt zur Erfassung der Würde des weiblichen Menschen imstande ist, sondern es wäre

auch – im Besonderen und Allgemeinen – ihre Verletzung und Ahndung unbeschränkt. Träte nicht die für den Gesetzesentwurf konstitutive Funktionsweise des Rechts – auf der Grenze von Gesetzes- und Disziplinarmacht – selbst als »Rettung« auf: das Zivilrecht.

Denn während das Opfer – innerhalb der Hierarchie Opfer-Täter-Macht – Klage einreicht, um nun seine Entwürdigung zu beweisen, sind beide Machtstrategien im Spiel: die auf Gesetz und Verbot bezogene, und die Disziplinarmechanismen der Wissensmacht. Fiel doch die Klägerin der Pornographie aufgrund ihres Geschlechts zum Opfer, aufgrund ihres Sex – auf den beide Machtstrategien gerichtet sind. Hier wird per rechtlichem Verfahren das Grundrecht der Würde – durch Urteil – in eine Norm übersetzt, nach der sich die Höhe der Verletzung ebenso bemißt, wie der Ersatz für den Schaden, den sie genommen hat. Doch indem diese Norm als Wert fungiert, der den Gegenwert (Schadensersatz) für die Entwertung (Verletzung) bewertet, kommt das Zivile der Disziplinarmechanismen ins Spiel. Weil für diese Bewertung der Selbstwert der Klägerin ausschlaggebend ist, der wiederum vom Begehrenswert Sex abhängt. Davon, wie sie ihn gesteht, thematisiert, klassifiziert, um sich über ihn – vor Gericht – zu definieren. Fazit: sie erhält ihre unverletzliche, unantastbare Würde zurück als Wert, der nichts weiter als die Bewertung oder das rechtsstaatliche Urteil über den gesellschaftlichen Stellenwert ihres Sexes ist.

Würde als Prävention

Die Würde – intendiert als unzerstückeltes, ganzheitliches Frauenbild – funktioniert als Norm. Als Verhaltensnorm. Ob sie bereits – durch Urteil – rechtsstaatlich verliehen, oder aber der Ahndung von Verstößen vorausgesetzt ist, die illegal, illegitim, abstoßend – kurz, unter der Würde von Jederfrau sind. Da wir die Macht/Wissensmechanismen produzieren, die – zwecks Disziplinierung und Verrechtlichung des einzelnen im Verhältnis zu seinen Mitmenschen – zivil und rechtlich abzurufen sind. Denn Jedefrau als Klägerin ist beides – für Jedermann: Opfer und Anklägerin. Beides – nach EMMA – im Sinne eines »Luxus von Sensibilität und Konsequenz«. Von Betroffenheit und Treffsicherheit. Hier »den Pornographen eine Kleben, wo frau sie erwischt ... aber auch Bekannten, Freunden, Ehemännern ... offen oder heimlich ... ins Gesicht oder hinterrücks ... (Vorsicht: nichts unnötig riskieren – Männer schlagen schnell zu)«. Dort »die Gerichte mit Beschwerden und Anzeigen überhäufen«, ebenso Presserat, Werberat, Jugendämter, Geschäfts- und Schulleitung Undundund.[61]

Bevor jedoch die Betroffene, ob treffsicher oder nicht, einschlägig werden kann, muß sie sich selbst das PorNO aufkleben. Zugunsten ihrer Würde, die unberührbarer Wert an sich, oder aber die Alternative zu einer weiblichen 0-Position sein soll, die im System männlicher Sexualherrschaft ohne Alternative ist. Sowohl Lust wie Reproduktion scheiden aus. Geht man davon aus, daß Lust und Reproduktion zunehmend über die Aids-Strategien und die Gen- und Reproduktionstechnologie vermittelt sind, dann hat diese Würde gesellschaftliche Konsequenzen, denen gegenüber die Antipornokampagne jede Sensibilität vermissen läßt. Stattdessen bietet sie mit dem von ihr initiierten Porno-Geheimnis einen Diskutiermechanismus, samt verhaltenstechnischem Umschlag zwischen Sex-Schmutz und Sauberkeit an, der sich desto funktionaler zu den anstehenden gesellschaftspolitischen Perspektiven verhält, je mehr sich die Antipornokampagne als Kulturerneuerungs-, rettungs-, reinigungs-, und -restaurationsbewegung versteht, deren Kulturzerfallsprognose austauschbar ist. Denn für das, »was da lebensbedrohlich auf uns zukommt . . . die Pornographisierung der ganzen Sexualität, ja der gesamten Geschlechterbeziehungen«,[62] kann ebenso Aids-Angst oder Angst vor genetischen Schäden eingesetzt werden.

Dementsprechend laufen der Antipornokampagne zwei Kampagnen parallel, deren Ziel ebenfalls der Schutz vor Lebensbedrohlichem ist. Schon gestartet ist die Kampagne für das »ungeborene Leben«.[63] Starten wird Rita Süssmuths »feuerrotes Aids-Mobil« ab Mai.[64] Ob der Rechtsstaat als Anwalt des PorNO, der Fortpflanzung oder der Lust auftritt: Prävention, wohin man blickt. Sie, die vor bedrohlichem Leben schützt, schützt ihrerseits die Lebensproduktion, deren Programm der Technisierung des Sexes unaufhaltsam ist. Die Befreiung vom Sex steht an. Sofern sein Gesundheitsbeweis jedoch – noch – an Verhaltensänderung gebunden ist, hat die Antipornokampagne den beiden sie flankierenden Kampagnen eines voraus: den »Basisfaktor« der weiblichen 0-Position, die »nur noch das Eindringen des Penis bedeutet«. Was in der Umkehrung per se Prävention oder aber die unverletzliche, unantastbare Würde des weiblichen Mitmenschen einschließt.

Ausgehend von ihr, die prinzipiell das Nichteindringen des Penis bedeutet, kann die Prävention auf zweierlei Weise funktionieren. Erstens als IVF-Programm: der Penis ist aus-, Lebensschutz und -produktion sind eingeschaltet. Der unberührten weiblichen 0-Position wird – Sterilisation vorausgesetzt, zwecks Vermeidung jedes Risikos – vermittelt über IVF, ein Embryo eingepflanzt. Zweitens als Safe Sex Programm: der Penis tritt

als Vergewaltiger und/oder Virusträger auf. Nicht so Lebensschutz und -produktion. Für die unberührbare weibliche 0-Position heißt das einerseits: »angesichts der großen Gefahr der Sperma-Sexualität wäre breiteste Propaganda für weibliche Homosexualität (angemessen)«;[65] andererseits: »muß das Ding überhaupt irgendwohin? ... Wieso kann das Ding nicht einfach da bleiben, wo es ist, statt in anderen Körpern tödliche Schäden anzurichten«.[66]

Entsprechend dem, daß die ultima ratio der Aids-Strategien die Gen- und Reproduktionstechnologie ist, führt der Zirkelschluß der Prävention zum IVF-Programm zurück: »die Samenbanken ... sie werden nicht da (eingesetzt), wo es jetzt angemessen wäre. (Denn) der Fortbestand der Menschheit ist gesichert, auch wenn ›das Ding‹ nie mehr in einen anderen Körper gesteckt wird. Er ist, in Umkehrung alles bisher Dagewesenen, gefährdet, wenn es da hineingesteckt wird".[67] Dieser Umkehrung alles bisher Dagewesenen hat das Kulturerneuerungs-, -rettungs-, -reinigungs- und -restaurationsprogramm der Antipornokampagne nichts als eine Würde entgegenzusetzen, deren »Träume von Freiheit« auf ein Femidon[68] zu reduzieren sind. Auf eine Präventionstechnik, in der sich die Frau – spiegelbildlich – selbst aufhebt. Fazit: die Würde, eine weibliche 0-Position mit Gummischutz.

Von hier aus stellt sich die Frage nach dem Verhältnis von Frauen und Pornographie noch einmal so, wie sie sich zu Beginn der neuen Frauenbewegung gestellt hat – und doch unter der Bedingung einer Umkehrung alles bisher Dagewesenen. Die Frage, in welcher Weise die »praktische Negation der Scham ... für die Frau ... ein Ansatzpunkt für die Befreiung von jenen Mechanismen (sein könnte), die ein Selbstbewußtsein der Frau bis heute erfolgreich verhindert haben«.[69]

Anmerkungen

1 Rüdiger Lautmann, Das pornographische Dilemma, in: A. Schuller, N. Heim (Hrsg.), Vermessene Sexualität, Berlin/Heidelberg 1987.
2 Michel Foucault, Sexualität und Wahrheit, Frankfurt 1977.
3 Der Spiegel, Nr. 1, 42. Jg., 4. 1. 88, S. 122ff.
4 Gerburg Treusch-Dieter, Fragen an das Befreiungskonzept der neuen Frauenbewegung, in: Frauen – Intellektualität – Wissenschaft, Dokumentation der Veranstaltungsreihe, Universität Göttingen 1986.
5 In-vitro-Fertilisation = Reagenzglas-Befruchtung
HIV = Human Immunmodeficiency Virus
6 Gerburg Treusch-Dieter, Torte und Retorte, Das Müttermanifest in Relation zur Gen- und Reproduktionstechnologie, in: Niemandsland, Zeitschrift zwischen den Kulturen, hrsg. v. W. Dreßen / Eckhart Gillen, Heft 4, Berlin 1987.
7 Gerburg Treusch-Dieter, La femme n'existe plus Fragen feministischer Politik aus der Perspektive der Gen- und Reproduktionstechnologie, in: Ästhetik und Kommunikation, »Zukunft des Politischen«, Heft 65/66, Berlin 1987.
8 Andrea Dworkin, Pornographie, Männer beherrschen Frauen, Vorwort Alice Schwarzer, Köln 1987 (New York 1979), S. 18.
9 ebda., S. 17
10 Lautmann, a.a.O., S. 101
11 Dworkin, a.a.O., S. 17
12 Stern, Nr. 6, 4. 2. 88 (Titelgeschichte)
13 Vgl. Alexa Franke, Gesundheitsversorgung und die Frauen, in: Ach, wär's doch nur ein böser Traum! Frauen und Aids, hrsg. v. M. Walter, Freiburg 1987, S. 75.
14 Vgl. dazu Christine Woessler de Panafieu, SIDA – made in France, in: Ach, wär's doch nur etc., a.a.O., S. 290–291 zur Entwicklung einer »mentalen Sexualität« in Frankreich, die mit Computer operiert.
15 EMMA, Nr. 12, Dez. 87, S. 20–21 und
Susanne Baer / Vera Slupik, Entwurf eines Gesetzes gegen Pornographie (unveröff. Manuskript)
16 taz, 21. 3. 88 (S. 8)
17 Dworkin, a.a.O., S. 25
18 ebda., S. 85
19 ebda., S. 86
20 ebda., S. 243
21 ebda., S. 123
22 ebda., S. 244–245
23 ebda., S. 249
24 ebda.
25 ebda.
26 ebda., S. 267–268
27 ebda., S. 22
28 ebda., S. 32
29 ebda., S. 34
30 ebda., S. 22 und S. 26
31 ebda., S. 32–33
32 ebda., S. 33
33 ebda., S. 37
34 ebda., S. 242
35 ebda., S. 10
36 ebda.

37 ebda., S. 38
38 Simone de Beauvoir, Das andere Geschlecht, Hamburg 1968, S. 11
39 Karin Schrader-Klebert, Die kulturelle Revolution der Frau, in: Kursbuch 17, 1969, S. 1–2.
40 Beauvoir, a.a.O., S. 77
41 Vgl. Luce Irigaray, Speculum, Spiegel des anderen Geschlechts, Frankfurt 1980
42 Schrader-Klebert, a.a.O., S. 7
43 Gerburg Treusch-Dieter, weiberdämmerung oder der Tag danach. Neuere Perspektiven weiblicher Sexualität, in: Lust und Liebe, hrsg. Ch. Wulf, München 1985
44 Vgl. Alice Echols, der neue Yin-Yang-Feminismus, S. 153ff und Ellen Willies, Feminismus, Moralismus und Pornographie, S. 179ff in: Politik des Begehrens, Sexualität, Pornographie und neuer Puritanismus in den USA, Berlin 1985; dazu: Ti-Grace Atkinson, In der Falle der eigenen Phantasien, Weiblicher Nationalismus – lesbischer Separatismus, in: Courage 8, Berlin 1982; außerdem Gerburg Treusch-Dieter, Weiberdämmerung etc.
45 Dworkin, a.a.O., S. 10
46 ebda.
49 Dworkin, a.a.O., S. 18
50 ebda., S. 19
51 ebda., S. 10
52 ebda.
53 ebda., S. 18
54 ebda., S. 267 (A. 26)
55 Brockhaus, Definition von Zivilrecht
56 § 184 Strafgesetzbuch = Gesetzliche Bestimmungen zur Verbreitung pornographischer Schriften
57 EMMA, Dez. 87, S. 21
58 ebda., S. 20
59 ebda., S. 22
60 ebda., S. 19
61 ebda., 17
62 ebda., 19
63 In Baden-Württemberg gestartete Kampagne mit einem Zwei-Millionen-Etat
64 taz, 5.3.88
65 Luise F. Pusch, Sprachgebrauch als Vorspiel zum Hauptakt, in: Ach, wär's doch nur etc., a.a.O., S. 61
66 ebda., S. 66
67 ebda.
68 Umgekehrtes, in die Scheide einzuhängendes Kondom, das in den nächsten Wochen auf den Markt kommen wird
69 Schrader-Klebert, a.a.O., S. 41

Bibliografie

Literatur

Vorbemerkung:

Texte von Frauen, in denen Abbildung des Sexuellen einen mehr oder weniger großen Raum einnimmt, gibt es viele. »Erotische Erzählungen« von alternativen, feministischen, lesbischen, linken Frauen. Oder literarische Pornos von Frauen in diversen Erotica-Reihen größerer Verlage. Und dazu gibt es das Sexuelle durchaus deutlich auch in ganz »normaler« Literatur, die sich nicht den Namen »erotisch« zulegt, es sei hier nur Doris Lessing's Goldenes Notizbuch erwähnt, oder viele Texte der Marguerete Duras. Und dann gibt es »Klassiker« unter den erotisch-pornografischen Texten von Frauen, Texte aus der Geschichte und nicht nur Gegenwartsliteratur.

Es gab Frauen, die schrieben unter männlichem Pseudonym, es gibt sie noch. Und es gibt natürlich viele Männer, die unter weiblichen Pseudonym schreiben. In diese Bibliografie wurden nur die Texte »wirklicher« Frauen aufgenommen. Falls die geschlechtliche Herkunft eines Textes irgendwie in Frage steht, wurde dies angemerkt. Das Wissen um das Geschlecht der Autorinnen stammt natürlich nicht immer aus erster Hand, sondern ist zum großen Teil den Auskünften der zuständigen LektorInnen zu verdanken (insbesondere beim Rowohlt Verlag der Lektorin Meike Behrend), denen an dieser Stelle für die Auskünfte gedankt sei.

Die Frage stellt sich natürlich, ob sich beim Lesen literarischer Texte wirklich vom Text her entscheiden läßt, welchen Geschlechts die UrheberInnen sind. Die im Eingangstext ausgesprochenen Vermutungen mögen ein Mythos sein. Es mag diese Art »weiblichen« Schreibens bei Männern geben und umgekehrt jene Texte mit der Perspektive des voyeuristisch-außenstehenden Blickes von Frauen. Es geht dabei nicht um die klassische Konstellation des Zuschauers aus dem Dunkel, der die Fäden bewegt, um diesen Blick und diese Macht zu genießen sondern um die Perspektive:

auch wenn er sichtbar an der Handlung teilnimmt, existiert diese einseitige Distanz. Die besonders deutlich eben in jenen Pornofilmen ist, wo sich alles nur für das unsichtbare Auge der Kamera (bzw. des potentiellen Zuschauers) inszeniert, und sei es auch in noch so komischen Verrenkungen. Es geht selbstverständlich auch nicht darum, den Frauen jede Lust an der puren Distanz abzusprechen, oder ihnen grundsätzliche Distanzlosigkeit zu unterstellen – das wäre Unsinn, der Akt des Schreibens allein bedeutet schon Distanz. »Weiblichkeit« als Methode jenseits des biologischen Geschlechts ist eine vielbeschriebene Idee französischer »Poststrukturalistinnen«. Dennoch sind historisch begründbare Unterschiede, die sich auch in erotisch-pornografischer Literatur zeigen, möglich, ohne daß sie gleich wieder mystifiziert werden. Die Geschichte der Frauen ist durchaus eine andere als die der Männer, das bezweifelt sicher niemand. Vielleicht ist ja »gute« Literatur eine Literatur jenseits des Geschlechts. Darüber läßt sich streiten.

Ein Beispiel der Geschlechterverwirrung und -eindeutigkeit sei genannt: Auf der Suche nach Titeln für diese Bibliografie findet sich in einem Frauenbuchladen ein Roman von Celeste Arden, der also durchaus als Text einer Frau zu lesen begonnen wird.

Der Text schildert aus der Perspektive eines (äußerst eitlen) Mannes – die ja eine Frau als literarisches Konstrukt durchaus einnehmen kann – dessen Aufenthalt in einem eigentümlichen Frauenhaus. Zunächst wird oberflächlich mit umgekehrter Perspektive gearbeitet, die Frauen beobachten den Mann unentwegt durch Kameras, ob er unter der Dusche onaniert oder was immer er macht. Er weiß davon. Und dann begegnet er den Frauen. Die Art wie er sie beschreibt und wie er seine Begegnungen erzählt, lassen mich immer mehr daran zweifeln, daß die Autorin eine Frau ist. Alles, was angeblich die Frauen zu ihrer Freude mit dem Mann inszenierten, inszenierte von der Struktur des Textes her deutlich der Mann. Obwohl er *seinen* Körper irgendwo mal mit drei Sätzen beschreibt, inszeniert er die Frauen um sich herum immer so, daß *sie* alles Sichtbare in die Kamera, bzw. *sein* Auge recken. Und er bleibt sozusagen der dunkle Mittelpunkt, auch wenn er deutlich beschreibt, was er selbst und insbesondere sein Geschlechtsteil tut. Diese stilistische Einseitigkeit trotz aller offensichtlichen Zweiseitigkeit macht den Text eigentlich unerotisch – obwohl allerhand Aufregendes passiert. Wie sich einige Zeit nach der Lektüre herausstellte – dank der Rowohlt-Erotik-Lektorin – ist die Autorin tatsächlich ein Mann.

Andererseits Texte von Frauen aus dem gleichen Verlag, z. B. Ane Schmidt, »Jalousien«, in denen es auch nicht um viel mehr geht, als daß der Schwanz in ihr, in ihrer Möse ist. Aber in diesem Beispiel, »Jalousien«, läßt er sich sozusagen in der Möse spüren, und vor allem eben auch die Möse – das heißt nicht, daß das nun *die* gute erotische Literatur sei (obwohl diese »Jalousien« durchaus zu empfehlen sind). Der Text hat nicht diesen dunklen trotz aller Lebensaktivitäten leblosen Mittelpunkt, der hauptsächlich darin sichtbar ist, daß alles andere um ihn kreist, sondern alle Figuren haben eine irgendwie gleiche ineinander verquickte Lebendigkeit – was selbstverständlich nicht unbedingt heißt, daß ihre Rollen gleichwertig sind. Die Wirkung beispielsweise dieses Textes ist größer. Eine Andeutung Lust überkommt beim Lesen. Und zwischen den »Stellen« viele wunderbare kleine Beobachtungen. Bei der Lektüre ergeben niemals Zweifel, trotz ähnlicher Ingredienzien wie in oben erwähntem Text, daß es sich um eine Frau handelt. Irgendwie herrscht in »weiblichen« gelungenen Texten eine große Klarheit. Und dieser Text war wirklich von einer Frau. Wenn es in solchen Erkenntniszusammenhängen heißt: »ich hatte das Gefühl, daß dieser Text von einer Frau / einem Mann stammt«, dann steckt darin vielleicht ein wenig Wahrheit: es lassen sich gerade solch komplizierten Differenzen wie die Geschlechterdifferenz vielleicht nicht bis ins Letzte analytisch erfassen – trotz aller sinnfälligen Biologie und Geschichte.

Auch in der »Geschichte der O« gibt es viele Kleinigkeiten, die dafür sprechen, daß die Autorin wirklich eine Frau ist – nicht nur die berühmten Hausschuhe vor dem Bett. Inzwischen ist ihr Pseudonym so gut wie sicher aufgelöst, und sie ist eine Frau.

Die Aufteilung dieser Bibliografie ist nicht einfach, vieles vermischt sich. Eine Unterscheidung z. B. nach »Herkunft« der Autorinnen – also etwa aus der Frauenbewegung oder nicht – ist schwierig. Es ist weder sicher, ob alle Autorinnen aus Gudula Lorez' Lesebüchern Feministinnen sind, noch umgekehrt, ob alle Autorinnen der Erotica in größeren Verlagen keine sind. Etc. Auch gibt es Texte, die zwischen Lesbenlust und Heterolust hin- und herschwanken. Und außerdem können sich Lesben durchaus an guten nicht explizit lesbischen Texten erfreuen – sofern keine Bewegungsvorbehalte dagegen sprechen – und umgekehrt.

So wurden zwar entschiedene Lesbentexte extra aufgeführt, aber »lesbisches« findet sich z. B. auch in vielen anderen Texten. So daß eher literarische oder zeitliche Grenzen gezogen werden können, und es durchaus vergleichbares in verschiedenen Veröffentlichungszusammenhängen gibt.

Die Bibliografie erhebt keinen Anspruch auf Vollständigkeit. Sie führt Beispiele für bestimmte Typen weiblicher erotisch-pornografischer Produktionen an, ist aber ebenso auch als Empfehlungsliste zu verstehen.

Für eventuelle weitere Auflagen des Buches werden Hinweise auf wichtige Titel, die hier fehlen mögen, gerne angenommen.

Literatur

»KLASSIKERINNEN«

Autorinnen erotischer Literatur, (sexualwissenschaftliche Literatur, bei der Seriosität und »Wissenschaftlichkeit« fraglich ist, wurde mit aufgenommen)

Marianne Alvin, Das Weib als Verbrecherin, in: Eszterhazy, Gräfin Agnes, Das lasterhafte Weib (1930)

Jean de Berg, L'image (Paris 1956; dt. Hamburg 1969). – Lt. Verlagsangabe soll Pauline Réage die Verfasserin sein, es wird jedoch auch Alain Robbe-Grillet als Autor vermutet. Die Verwirrung um Jean de Berg wurde erneut ins Leben gerufen, als 1985 in Paris (Grasset) ein Buch erschien von: Jeanne de Berg, Cérèmonies de femmes. Es geht um die »Fastschlachtung« eines Mannes, also durchaus blutige Phantasie. Über die Autorin gehen die gleichen Vermutungen um wie über Jean de Berg.

Bengta Bischoff, Das gelbe Haus am Pinnasberg oder Die 36 Eros-Brüder von St. Pauli / Das verliebte Lenchen (1970)

Margarete Böhme, [1869–] Tagebuch einer Verlorenen (1905)

Max Braunstein, Die Freundin (1921). Ilona, die Elfenkönigin (1921). Liebesopfer einer Künstlerin (1921). – »Hinter dem männlichen Decknamen verbarg sich eine sehr fruchtbare, wennschon oberflächliche, auch heute noch produktive Roman-Schriftstellerin aus dem Courths-Mahler-Kreis« (Scott, Das lesbische Weib, 136)

Brigid Brophy, The finishing touch (1963). Flesh (1964). In transit (1969). The king of a rainy country (1957)

Madame de C+++, [= Félicité Ctesse de Choiseul-Meusel], Amélie de Saint-Far ou La fatale erreur [. . .] (1882/1886). Julie ou J'ai sauvé ma rose (1882/1886). Die Orig.-Ausgaben erschienen um 1800–1820; einer dieser Titel wurde 1927 wegen Obszönität gerichtlich zur Vernichtung freigegeben.

Edith Cadivec, Eros – der Sinn meines Lebens (ca. 1930). Bekenntnisse und Erlebnisse (1931)

Maryse Choisy, Die Frau als Klientin des Männerbordells, in: Eszterhazy, Gräfin Agnes, Das lasterhafte Weib (1930). A month among the girl (1960). A month among the man (1962)

Cronel [genannt] Fredillion, [= Claire-Josephine Leyris de la Tude Clairon, 1724–1803], Die Begebenheiten der Mad. Cronel [. . .] Frankfurt/Leipzig 1745

Harriet Daimler, [= Iris Owens], Darling (1956). Innocence (1957). The organisation (1957). The woman thing (1958)

Dolorosa, [= Marie Eichhorn-Fischer, 1879–], Fräulein Don Juan (1903). Unfruchtbarkeit (1905). Confirmo te chrismate (1902). Da sang die Fraue Troubadour (1905). Rafaëla (1919). Korsettgeschichten (ca. 1910). Ihr Herr 1904. – Übersetzte auch Werke über Sadismus und Masochismus

Draginja Dorpat, [= Ruth Knaak, [1933–], Ellenbogenspiele (1966)

Gräfin Agnes Eszterházy, (Hrsg.), Das lasterhafte Weib. Bekenntnisse und Bilddokumente zu den Steigerungen und Aberrationen im weiblichen Triebleben. Psychologie und Pathologie der sexuellen Ab- und Irrwege des Weibes [. . .] (1930). – Enthält zahlreiche Beiträge weiblicher Autoren

Leonor Fini, [1908–], Rogomelec. (Paris 1979; dt. 1983). – Von den vielen ausschließlich illustrierten Werken sei genannt: Schöne Liebe der Hexen (1971)

Dr. Johanna Fürstauer, Dolly und die Peitsche ». . . brennende Hiebe auf meinem nackten Popo . . . « (1969). . . . wenn scharf der Rohrstock klatscht . . . Memoiren einer russischen Tänzerin (1970). – Neben zahlreichen, auch unter Pseudonym erschienen Werken der spekulativen erotisch/pornographischen/flagellantistischen Literatur jedoch auch renom-

mierte Werke wie: Mirabeus ausgewählte Schriften in 2 Bänden, ausgewählt u. übers. v. J. F. (1971). Neue illustrierte Sittengeschichte des bürgerlichen Zeitalters (1967)
Radclyffe Hall, Quell der Einsamkeit (1929). The forgotten island (1915). Miss Ogilvy finds herself (1924). Poems of the past and present (1910)
Iris Ira, Lesbos (1930). – Pseudonym, nicht aufzulösen. Der Verfasser soll ein Deutsch-Amerikaner sein, der damals in den USA lebte (Scott, Das lesbische Weib, S. 101)
Hans von Kahlenberg, [= Helene Keßler, geb. v. Montbart, 1870–], Das Nixchen (1901)
Ninon de Lenclos, [1616–1706], Leben und Briefe, zahlreiche Ausgaben bis zur Gegenwart
Violette Leduc, [1907–1972], La bâtarde (1964; dt. 1965)
Lettres de Julie à Eulalie, ou Tableau du libertinage de Paris, Londres (= Paris] 1784. – Verfasser unbekannt. »Es sind äußerst obszöne Briefe mehrerer Pariser Kurtisanen, Schilderungen aller möglichen perversen Bordellpassionen« (Bilder-Lexikon II, 625)
Margarete von Navarra, [1492–1549], Das Heptameron. (1558; dt. 1909)
Rosa Maria, [Pseudonym], Pervers, die Geschichte eines Lebens und andere Novellen. [um 1895?]. Die Liebesbeichte einer modernen Sappho [um 1895?]
Marie-Madeleine, [M.-M. von Puttkamer, geb. Günther, 1881–], Auf Kypros (1900; eine wunderbare Jugendstil-Luxusausgabe erschien 1910). An der Liebe Narrenseil (8. Aufl. 1904). Taumel (1920)
Valentine Penrose, Die blutige Gräfin. Ärsche. Ein Erzebet Bathory. Bonn 1965, Verlag der europ. Bücherei H. M. Hieronimi (höchstwahrscheinlich ist die Autorin eine Frau)
Elula Perrin, Nur Frauen können Frauen lieben. Der erotische Lebensroman einer Pariserin. (1979)
Lola Plesz, Fetischismus. Voyeurtum. Exhibitionismus. Triolismus/Cherchez la femme! Das Weib als Intrigantin. Anstifterin zum Verbrechen durch planmäßig bewirkte Hörigkeit. Sämtliche in: Eszterhazy, Gräfin Agnes, Das lasterhafte Weib (1930)
Ada v. Potenstein, Kupplerin u. Gelegenheitsmacherin. Neigungs- u. Gewerbeprostitution. Das Weib als Käuferin des Mannes. Sämtlich in: Eszterhazy, Gräfin Agnes, Das lasterhafte Weib (1930)
Pauline Réage, [= Dominique Aury], Geschichte der O mit einem Vorwort von Jean Paulhan [. . .] (1967). Rückkehr nach Roissy [. . .] (1969). – Es wurde auch Paulhan als Verfasser vermutet. D. Aury lebt mit Paulhan zusammen
Régine Deforges und Pauline Reage, Die »O« hat mir erzählt. Paris 1975, Berlin – München 1976. In diesem Gespräch der viel jüngeren Verlegerin und Filmemacherin mit Pauline Reage wird nochmal deutlich, daß Pauline Reage eine Frau (Dominique Aury) ist.
Ruth Margarete Roellig, [1878–], Berlins lesbische Frauen. (1928)
Wally Rossow, Inzest, in: Eszterhazy, Gräfin Agnes, Das lasterhafte Weib (1930)
Wanda von Sacher-Masoch, Meine Lebensbeichte (1906). Masochismus und Masochisten (1908)
Maud de Belleroche Sacquard, [1924–], Bekenntnisse (1970). Geständnisse (1969)
Anna Salomon, [= Aurelia Koch], Die Tanzmaus (1969)
George Sand, [= Amandine-Lucie-Aurore Dupin, verh. Dudevant; 1804–1876], Nonne und Schauspielerin [. . .] (1836). Rose und Blanche (1836). Gabriel-Gabrielle (1843). Die Beichte eines jungen Mädchens (1909). Es wird auch vermutet, daß George Sand den größten Teil des unter dem Namen von Alfred de Musset erschienen Buches: Die Gräfin Gamiani oder Zwei Nächte der Exzesse verfaßt hat, sie soll es selbst 1835 auch bestätigt haben, daß sie zumindest den zweiten Teil, wo es fast ausschließlich um lesbische Liebesakte geht, geschrieben habe.
Julie Schrader, Ich bin deine Pusteblume (1971). – Erotische Erinnerungen »eines wilhelminischen Fräuleins«, des »welfischen Schwans«; Verfasser soll jedoch der Herausgeber Berndt W. Wessling sein
Wilhelmine von Schröder-Devrient, [1804–1860], Aus den Memoiren einer Sängerin (ca. 1868 bis zur Gegenwart in diversen Ausgaben erschienen). – Es steht längst fest, daß die berühmte Sängerin nicht die Verfasserin dieses gekonnt pornographischen Werkes ist

Susan Sky und Louise Woolf, The x-rated cookbook. (50 bedroom tested recipes). [nach 1974, vor 1980]
Hermine Stahl, Sexuelle Frühreife. Minderjährige Sirenen. Gedankenunzucht. Masturbation. Nymphomanie. Zoophilie. Sämtlich in: Eszterhazy, Gräfin Agnes, Das lasterhafte Weib (1930)
Gina Varese, Der Prinz, die Tänzerin und Leile. (1934). – Vermutlich pseudonym erschienen, bibliographisch sonst nicht nachweisbar (GV 137, 76)
Selena Warfield, [= Diane Bataille], Die Peitschengel (1969)
Anna Elisabet Weirauch, [1887–1970], The outcast (1933). The scorpion (1932)
Christa Winsloe, Mädchen in Uniform (Liz.-Ausg. 1959)
Regina von Wladizek, [= Richard Fuhrmann], Die Fieberschule der Amalgamisten (1907)

Bei der Beschäftigung mit diesen historischen Texten wird deutlich, daß Frauen eine ungeheure sexuelle Phantasie hatten. Die sich gerade nicht, wie immer wieder gerne vermutet wird, in erbaulicher Sanftheit erschöpft.

So sind z. B. sadomasochistische Phantasien und sexuellen Spiele bei lesbischen Frauen keineswegs als bloße Modeerscheinung unsrer allerjüngsten Zeit zu interpretieren. Und den Schritt zur Realität gab es auch in der Vergangenheit. So hatte z. B. Edit Cadivec flagellantische Liebesbeziehungen mit Frauen. Daß sie auch mit ihrer halberwachsenen Tochter eine lesbisch-sexuelle Liebesbeziehung unterhielt, die dazu noch flagellantisch war, brachte sie für eine Zeitlang ins Gefängnis.

Dennoch: die Tochter, die ihr natürlich weggenommen und in ein Heim gesteckt wurde, muß ihre Mutter wirklich geliebt haben, wie aus entsprechenden Dokumenten hervorgeht. Flagellantismus und zärtliche Liebe, Flagellantismus als Liebe, wie das zusammenhängt, darüber geben die Texte der Cadivec intensiv Auskunft.

Überhaupt hatten die meisten Frauen, die obszöne Texte schrieben, und auch dann, wenn sie die Sexualität mit Stärke und Gewalt verknüpften, politisch freiheitskämpferische Ansichten – auch unter streng feministischen Gesichtspunkten.

Und die Frauen, über deren Leben etwas bekannt ist, lebten in einem Kampf für ihre Freiheit als Frau. Und für die Freiheit ihrer Sexualität.

Und, das sei hier nur noch mal nebenher bemerkt, mit Nazitum hatte keine diese Frauen auch nur andeutungsweise zu tun.

Im »privaten« sexuellen Leben all dieser Naziknechte und -knechtinnen dürfte äußerste Verklemmung, ein eben absolut »sauberes« sexuelles Dasein, zu vermuten sein.

Gegenwartsliteratur

Sammelbände

Lonnie Barbach, (Hrsg.), Welche Farbe hat die Lust, Ullstein Verlag, Frankfurt – Berlin 1987 aus dem Amerikanischen). Viele der Geschichten lassen, obwohl alles passiert, und es meist auch einigermaßen gekonnt erzählt ist, eigenartig unberührt. Vielleicht liegts am Amerikanisch-Technischen, Kitsch gibts auch, und viele »Glieder«, ein »hart erprobtes« eins »wie Felsen«, etc. etc. Vielleicht liegt die Unberührtheit auch daran, daß oft alles so reibungslos einfach klappt. Zu empfehlen: eine lesbische Geschichte, *Schnitzeljagd*, und alle die, wo's etwas diffiziler zugeht, und eine andere als die bloß sexuelle Spannung versucht wird zu erzeugen, so besonders *Autoerotik*, oder auch *japanisches Spiel* ...
Barbara Bronnen, (Hrsg.), Mein erotisches Lesebuch, dtv Verlag, München, 1. Auflage 1983. Eine persönliche und gelungene Auswahl mehr oder weniger deutlicher, aber immer phantasievoller, erotischer Geschichten aus der »normalen« Literatur von Frauen, von Ilse Aichinger über Marlen Haushofer bis Virginia Woolf.

Nancy Friday, Die sexuellen Phantasien der Frauen, rororo-Taschenbuch, erste Auflage Reinbek 1978. Die bekannten gesammelten Masturbationsphantasien, haben zwar keinen literarischen Wert, aber manche Phantasien machen doch Spaß zu lesen.

Gudula Lorez, (Hrsg.), Wo die Nacht den Tag umarmt – Hautfunkeln – Sandgeflüster (Erotische Reisegeschichten) – Ich hab' sie auf den Mund geküßt (Über Frauenfreundschaften) – das andere Gefühl. Eifersucht – Herzzeitlos. (Geschichten über Treue), erschienen im Verlag Gudula Lorez, Berlin 1978–1986.

Auch wenn es, besonders in den ersten zwei Bänden, viel Kitsch gibt, oder angestrengte Erklärung des Erotischen, für das frau keine Worte findet (à la: Die Atmosphäre, die mir verspricht Grenzen zu überschreiben – von der »Atmosphäre« ist ansonsten nicht viel zu spüren), war diese Buchreihe ein wichtiges Unternehmen, Frauen zum Schreiben von Erotik zu animieren. Und in allen Bänden gibt es durchaus gelungene Erzählungen, so z. B. in: Wenn die Nacht . . . , Cat Stieglitz. Hier gibts zwar auch unendlich viel Kitsch, aber gleichzeitig ist der Text von einer Geilheit durchzogen, die trotz oder aufgrund alles literarischen Dilettantismus mitreißt. Und eine gute story in Hautfunkeln z. B. Monica, Scherenschnitt. Die Geschichten in den späteren Bänden werden perfekter, es machen auch immer mehr »geübte« Autorinnen mit. Was nicht unbedingt heißt, daß die Geschichten dadurch erotischer werden. Möglicherweise von allen Bänden insgesamt gesehen der beste: Sandgeflüster. Und da besonders schön: die Niveaflecken am Ende des Abenteuers im Zugabteil, von Elisabeth Alexander.

Anne Tüne, (Hrsg.), Körper, Liebe, Sprache. Über die weibliche Kunst, Erotik darzustellen. Elefantenpress, Berlin 1982. Viel Kitsch und Schwulst. Svende Merian zerschneidet Männerkörper, einmal um zu kritisieren (Schwanz & Marlboroman), das zweite Mal, um anzumachen (Po & Boot). Auch eine schöne Geschichte. Narzissen in der Vagina bleiben in Erinnerung: Christine Binder-Gasper, Flora. Außerdem eine Sammlung von Künstlerinnen, die Erotisches machen, gut z. B. Barbara Quandt und Charlotte March.

Meike Wolff, (Hrsg.), Passionsspieler, rororo-Taschenbuch, Reinbek 1987. Frauen über heiße Männer . . .

Venus wildert, geschrieben von der Gruppe: Frauen schreiben, im Selbstverlag, 1985 Dortmund. Schön gestaltetes Buch mit sanften Fotos von Sabine Sauer und sanften storys und Gedichten. »Wasserspiele« und »Löwenmäulchen« haben einen gewissen Witz.

Domino mit Domina, Erotische Geschichten von Frauen, Wiener Frauenverlag, Wien 1988 – Wirklich aufregend: der Text von Gabriele Borowski – und auch von Karin Rick.

Romane & Erzählungen

Elisabeth Ambras, Heiß & Kalt, Greno-Verlag Nördlingen 1987. Witzige, perfekt geschriebene Geschichten, in denen durchaus alles vorkommt – mit einer kalt kalkulierten Pointe am Schluß. Gute *literarische* Unterhaltung, aber jene Distanz . . . Hans-Magnus Enzensberger, vielleicht schreibt er unter Pseudonym. Der Greno-Verlag konnte mir keine eindeutige Auskunft geben: es würde nur über einen österreichischen Anwalt verkehrt, und der Verlag wisse selber nicht, wer die Autorin sei (oder, das sei hinzugefügt: der Autor).

Emmanuelle Arsan, Emmanuelle 1–3, Néa, Laura, Vanna, Auf dem Gipfel der Nacht, etc., alles rororo-Taschenbücher. Locker geschriebene Trivialpornos. Wer's mag . . . Mit vielen Dialogen: »darf ich Ihr Haar berühren« fragt der schüchterne Mann . . . Die Texte sind jedenfalls besser als die Filme.

Ulrike Bock, Die denkende Schrift, konkursbuchVerlag, Tübingen 1985, Fleischlich-surrealistische Phantasie, die Grenzen der Ästhetik werden überschritten, eine Frau, einer Dichterin ähnlich, wandert . . . mit fotografischen Selbstbildern der Autorin und brünstiger Phantasie . . .

Inga Buhmann, Geschichten um Herrn Vonderwand, Nautilus Verlag, Hamburg 1986. Soll eine Satire sein, daher die Konstruktion, daß die Geschichte aus der Perspektive des Herrn Vonderwand erzählt wird: soll die Identifikation verhindern. Durch diesen Satireansatz wird die Saftigkeit mancher Szenen etwas zurückgenommen, aber ansonsten mangelt es nicht an sexuellen Variationen und Deutlichkeit.

Régine Deforges, Der schwarze Milan, Erotische Erzählungen, und: Zärtliches Tagebuch, und: Lola, rororo-Taschenbücher. Die französische Verlegerin erotischer Literatur kann auch selber spannend erzählen... Abenteuergeschichten mit Sex... und nicht gerade sanfter Phantasie...

Gael Greene, Blauer Himmel und kein Nachtisch, rororo 1983. Dame mit diversen Liebhabern verliebt sich... Softporno, nicht der aufregendste...

Brigitte Heidebrecht, Komm doch, Verlag kleine Schritte, Mai 1983. Alternative Liebesgeschichte, die mit Telefonsex beginnt, scenig-einfach geschrieben...

Rosemary Heinkel, Rosy-Rosy, Erotische Autobiografie aus den späten 60er Jahren, März Verlag, Frankfurt 1971. Im selben Band ist ein Text enthalten mit der Beschreibung prickelnder öffentlicher Schamverletzungen, von einer Catherine de Premonville, die sind sehr schön. Diese Catherine aber ist ein Mann...

Lisbet Hilde, Rotkäppchen oben ohne, rororo-Taschenbuch, Reinbek 1987. Phantasievolle knapp erzählte Traum-Geschichten, auch nicht gerade immer sanft...

Jo Imog, die Wurliblume, rororo-Taschenbuch, erste Auflage 1972. Böses kleines Mädchen – endet blutig – gut geschrieben.

Joy Laurey, Joy, Joy und Joan, rororo-Taschenbücher, noch ungelesen, durchaus deutlich.

Gigi Martin, Liebe, gläsernen Früchten gleich, Olympia-Press 1983, lesbischer Trivialporno, Liebes- und Reisegeschichte, durchaus unterhaltsam...

Maria Marcus, Das Himmelbett, rororo-Taschenbuch, Hamburg 1982, erotische Geschichten für Jugendliche, entsprechend kindlich geschrieben, aber gut zu lesen.

Ingeborg Middendorf, Etwas zwischen ihm und mir, Maroverlag Augsburg 1985. Gut, etwas atemlos geschriebene Geschichten. Panic in Detroit ist schon einige Male erschienen, aber auch eine der aufregendsten. Und dann noch reizvoll: Das neue Gefühl...

Susanna von Moellendorff, Erinnerung an eine gewisse Nacht, konkursbuchVerlag 1987. Eine Frau taumelt mit zwei anderen Frauen durch die Nacht und bewegt sich dabei weg von der Männerliebe zur Frauenliebe. »Ein wunderschön gestalteter sinnlicher Genuß. Die Frauen sind schön, die Nacht lang, im Hintergrund ein paar unwichtige Männer, alles verheißungsvoll und verrückt«. Wiener Frauenzeitung.

Floriana Nikolei, Ekeljeans, Olympia-Press 1973. Trivialporno.

Anaïs Nin, Das Delta der Venus, Scherz Verlag 1977, inzwischen auch als Knaurtaschenbuch. Zuletzt von Anaïs Nin erschienen: Henry, June und ich. Intimes Tagebuch, Scherz Verlag 1987. Wer sie mag... Anaïs Nin ist ja schon fast ein »Klassiker«. Wenn schon, dann lieber »richtige« triviale Unterhaltungsliteratur – bei Anaïs Nin stört der psychologisierende Kitsch.

Molly Parkin, Ein Bissen vom Apfel, rororo, 1986. Das wäre die Sparte wirklich witzige Unterhaltungsliteratur mit triefnassem Schamhaar...

Barbara Sheen, Biester, Verlag Gudula Lorez, Berlin 1984. Bissig-freche Erzählungen, nicht alle mit Erotik verknüpft, aber z. B. die »Zwillinge« und die einäugige »Tramperin«.

Ane Schmidt, Jalousien, rororo, Reinbek 1984, »Seltsam, wie sehr ich an die Ästhetik glaube. Ich kann über einem Stück Packpapier sitzen und schreibe dann nur mit Schwarz.« Es ist nicht nur dem einen ausschließlichen Zweck der Erregung usf usf gewidmet – eines der bessren Erotica aus dem Rowohlt-Verlag, vgl. Vorbemerkung.

Lynne Tillmann, Tagebuch einer Masochistin, Erzählungen, Verlag Stroemfeld/Roter Stern, Frankfurt 1986. Klare Sprache, atemberaubende *Momente* der Erotik inmitten einer spröde dahineilenden Geschichte – nichts manieriertes, was in vielen Texten noch schnell auftaucht wenn die Erotik auftauchen soll.

Anne-Marie Villefranche, Folies d'Amour; rororo-Taschenbuch. Durchaus als Porno zu bezeichnen . . .

Orlando: Pornos von Frauen für Frauen. Bei Olympia-Press gab es mal eine Reihe, in der die Bände wirklich ausschließlich von Frauen geschrieben wurden, an Manuskripten herrschte kein Mangel, es sind allerdings nur einige Titel erschienen – wohl wegen mangelnder Käuferinnen. Die Reihe lief 1971/72. Titel: Jenny Fabien, Chemische Romanze; Lola Seftali, Rastlos; H. B. Randolph, Das Kloster der schönen Frauen; u. a.

Lesben

Annette Berr, Mein lieber Schwan, in Anette Berr, Nachts sind alle Katzen breit, GalgenbergVerlag Hamburg 1986. Ungewöhnliche, aufregende, freche Beschreibung einer sexuellen Begegnung – mit einer dicken Frau. Auch in den anderen Erzählungen kommt Sexuelles vor, aber eher angedeutet.

Katherine V. Forrest, Seltsamer Wein, Daphne Verlag, Göttingen 1985. 7 Frauen in einem Haus, zwischen zweien entspinnt sich eine Liebesgeschichte, mit starken sexuellen Szenen. Und happy-end. Der Roman hat etwas von guter Trivialliteratur, der klassische Liebesroman unsrer Mädchenjahre, modern, feministisch, schön.

Rita Mae Brown, Rubinroter Dschungel, Rowohlt, 1. Auflage 1978. Schamlos-einfallsreiche sexuelle Lebensgeschichte einer lesbischen Frau: von der ersten Erinnerung an, mit 7: He Molly, ich muß mal pieseln, willst du zuschauen . . .

Kate Millet, Sita, Kiepenheuer und Witsch, Köln 1978. Auch schon fast ein »Klassiker«.

Gerda Meijerink, Die Frau aus New York, Amman Verlag, Zürich 1986. Vielleicht eine der besten der neueren erotischen Geschichten. Klassische Konstellation, die Fremde, deutlich und nicht manieriert geschilderte sexuelle Szenen, Spannung, Besessenheit, nur das Ende ist an den Haaren herbeigezogen, gewaltsam, als ließe sich eine Geschichte nicht beenden, ohne daß die Hauptpersonen heiraten oder sterben . . . Vielleicht ist's nur der Moment, in dem die Ich-Erzählerin mit dem Zimmermädchen tanzt . . . vielleicht ist's nur das, was die erotische Attraktion dieses Textes ausmacht . . .

Elula Perrin, Gefährtinnen, Heyne-Verlag, München 1980. Auch ein Dreieck, etwas trivialer geschrieben, aber als gute erotische Unterhaltung durchaus lesbar.

Victoria Ramstetter, Die Marquise und die Novizin, Daphne Verlag, Göttingen 1984. Altmodisch geschriebene Geschichte mit zauberhaften Verführungsszenen, und am Schluß sind die Novizin die Marquise zusammen: »Zum ersten Mal seit ich sie kannte, hatte ich das göttliche Vergnügen, die Marquise erröten zu sehen . . . « Der Daphne-Verlag hat noch weitere Bücher zur Frauenliebe im Programm, z. B. zuletzt erschienen: Brenda Weathers, Das Haus in Perlham Falls. Hier kommt zur Liebesgeschichte noch Übersinnliches hinzu, laut Prospekt – es handelt sich wohl in all diesen Texten um *gute* lesbische Trivialliteratur. Wobei ja die Grenze zwischen E- und U-Literatur wohl nur in der BRD so streng gezogen wird und nicht in Amerika, woher diese Texte kommen . . .

Marlene Stenten, Puppe Else, Berlin 1977

Lisa Wilcke / Claudia Pütz, (Hrsg.), Liebe Tod und Teufelin. Eine Lesbenanthologie, Goldmann-Taschenbuch, München 1988. Von sanft bis Flagellationsgeschichten, mit Bildern und Fotografien, ebenfalls nicht nur sanft . . .

Direkte Abbildung des Sexuellen in »normaler Literatur
(Hier nur einige wenige Beispiele – es gibt sehr, sehr viele mehr . . .)

Mary MacCarthy, Die Clique, Droemersche Verlagsanstalt 1962.

Gisela Dischner, Tagebuch, konkursbuch, Tübingen 1981. Gisela Dischner läßt nichts aus – ein Dokument aus dem Leben in einer Landkommune Ende der 70er Jahre.

Margaruete Duras, Der Mann im Flur, Brinkmann und Bose, Berlin 1984, und: Der Liebhaber, Suhrkamp, Frankfurt 1985. Duras ist eine Meisterin in der Darstellung auch des Sexuellen.

Lilian Faschinger, Die neue Scheherazade, List, München 1986. Hier gibt es, wenn man sich durch das endlose Reden hindurchwagt, einige zauberhafte erotische Momente, einen schon am Anfang, mit den weißen Häuten der Schwestern.

Jane Lazarre, Eine Art Unschuld, Rowohlt 1982. Ein Dreieck aus 3 Perspektiven.

Doris Lessing, Das goldene Notizbuch, Fischer-Verlag, Frankfurt 1978.

Jayne Anne Philipps, Das himmlische Tier, Fischer Taschenbuch 1981. Zauberhaft: die Geschichten »Unzucht« und »Sklave«.

Renée Vivian, Die Dame mit der Wölfin, Verlag Micheline Poli, Berlin 1981. Hier kommt in fast jeder Geschichte eigenartig das Sexuelle vor, und Männer bleiben meist außen vor: Die Dame mit dem Wolf geht lieber mit ihrem Wolf auf ein Boot als mit einem Mann, und ein anderer wird fast erstochen als er eine Dame zu küssen versucht, die eine ungeheure Verlockung ausstrahlt; blutig sind diese dezenten Phantasien durchaus... auch ein »Klassiker«

Satirisches & Comics

Schwarze Botin Nr. 13, Berlin 1979, Pornographie

Sex Tips für girls, von Cythia Heimel, Sympathieverlag, Berlin 1985

Brigitte Classen (Hrsg.), Pornopathia sexualis, erscheint im Herbst 88, Texte sollen, so die Einladung: intelligent sein – saftig sein – satirisch sein und alle so, daß sie nicht übertroffen werden können.

Zum Schluß noch einige richtig böse gewalttätige scharfe Comics von Frauen:

Ah! Nana Nr. 1, Trimestriel edité par le humanoides Associés, Paris o. J.

Wolinski / G. Pichard, Paulette, edition du square, Bd. 1, Paris 1971; Bd. 2, Paris 1972

The adventures of Phoebe-Zeitgeist, New York, o. J.

Bilder

Krista Beinstein, Obszöne Frauen, Promedia, Wien 1986, mit einem Essay von Monika Treut

Renate Bertlmann, Diskorso. Erotik und Askese, Klagenfurt 1984. Da werden z. B. Dildos zu Schmetterlingen gemacht...

Irina Ionesco, Verlag Bernard Letu, Genf 1979

Femmes sans tain – Irina Ionesco, Regine Deforges, Bilder zu Gedichten von Renée Viven, Verlag Bernard Letu, Genf 1975

Außerdem gibt es viele Bilder beispielsweise in den Heimlichen Augen oder als Illustration in anderen Büchern zum Thema. Hier seien abschließend nur noch einige Namen genannt, von Fotografinnen oder Künsterinnen, die explizit Erotisches machen:
Petra Gall, Sybille Ruppert, Elisa Fuksa, Karin Szegessy, Herlinde Köbl (Männer) usf.

Gedichte

Eisfeuer, Erotische Gedichte von Frauen, Wiener Frauenverlag 1986

Aldona Gustas, (Hrsg.), Erotische Gedichte von Frauen, dtv, München 1986

Guy St. Louis, Gedichte einer schönen Frau, Verlag Gudula Lorez, Berlin 1982

Zeitungen für die sexuelle Phantasie

Kallipygos-Briefe, Herausgeberin: Lina Ganowski. Die Herausgeberin bezeichnet sich als entschiedene 68erin, die auch der damals proklamierten sexuellen Freiheit anhängt. Im Impressum werden ihre sexuellen Vorlieben ein wenig angedeutet: Erotik und Emanzipation – Fachblatt für Pygophilie und Flagellantismus. Erscheinen unregelmäßig, zuletzt Nr. 16, Frühjahr 1988, in der Situationspresse, Finkenstraße 56, 4100 Duisburg 1. Obwohl die Herausgeberin auch in der Lesbenanthologie geschrieben hat, ist diese Zeitschrift keine Lesbenzeitschrift, sondern querdurch-sexuell ... mit Zeichnungen und Fotos.

Leather-News, Die Zeitschrift für Sex und Leder liebende Frauen, herausgegeben D. Hartmann. Englisch und deutsch. In der Selbstvorstellung in der ersten Nummer heißt es: Zeitschrift für Lederlesben, SM-Lesben, Novizinnen, Stiefelfrauen, Dominas und Sklavinnen, für Lesben aller Hautfarben. Mit Fotos u. a. von Krista Beinstein, Inka Petersen, Vivian Teth in der ersten Nummer. Erscheint bei D. Hartmann, postlagernd, 2000 Hamburg 50.

Außerdem gibt es natürlich in Amerika und Holland Entsprechendes:

On Our Backs, Entertainment for the Adventurous Lesbian, P.O. Box 42 1916, San Franzisco, CA 94142

Outrageous Women, (A Journal Of Women To Women SM), P.O. Box 23, Somerville, MA 02143

Slechte Meiden, Postbus 201, 1110 AE Diemen, Niederlande

Filme & Videos

Die ausgesuchten Filme und Videos von Frauen sind aus den verschiedensten Gesichtspunkten fruchtbar für eine Diskussion über die »weibliche« Abbildung des Sexuellen, über die verschiedenen mehr oder weniger avangardistischen Entwicklungen »weiblicher« Filmsprache in diesem Bereich.

Near the big Chacra, Anna Severson, USA 1972, 17 min., Verleih über: Freunde der deutschen Kinematik, Berlin.

mann, frau, animal, Valie Export, Wien, 1972, 16 mm, 10 min.

remote, remote, Valie Export, Wien 1973, 16 mm, 12 min., beide Verleih über Freunde der deutschen Kinematek, Berlin.

Nachtportier, Liliana Caviani, Italien 1974, Spielfilm.

Je, tu, il, elle, Chantal Akerman, Belgien 1974, Verleih über Freunde der deutschen Kinematek, Berlin.

Madame X, eine absolute Herrscherin, Ulrike Ottinger, BRD 1977, 140 min. Spielfilm, Farbe, Verleih: Filmwelt. Das Drehbuch ist als Faksimile-Edition 1979 im Verlag Stroemfeld/Roter Stern, Basel/Frankfurt erschienen.

Toilette, Friederike Petzold, BRD 1977

Love stinks, Birgit & Wilhelm Hein, BRD 1982, und

Verbotene Bilder, 1985, beide 16 mm Farbe, Verleih direkt bei Birgit Hein, Köln.

Das Frühstück der Hyäne, Elfie Mikesch, BRD 1983, schwarzweiß, 16 mm, 22 min., Verleih: Basis, Berlin.

Bondage, Monika Treut, 16 mm, Farbe, 20 min., Verleih direkt bei Monika Treut, Hamburg.

Verführung. Die grausame Frau, Elfie Mikesch und Monika Treut, BRD 1985, 84 min., Farbe, Kinokopie Verleih: Endfilm München. Videokopie gibt es in Videotheken.
Die Jungfrauenmaschine, Buch & Regie: Monika Treut, Kamera: Elfie Mikesch, ca. 85 min., schwarzweiß, Kinostart voraussichtlich Herbst 1988.
free fucking, Ulrike Zimmermann, BRD 1985, Video 16 min., Verleih: »bildwechsel« Hamburg.
Mano Destra, Cléo Uebelmann, Schweiz 1985, 60 min., 16 mm.
Make me wet, Marion Kellner, BRD 1985, Video 5 min., Verleih »bildwechsel«, Hamburg.
Sieben Schönheiten, Lina Werthmüller, Italien 1985, Kinofilm.
Faszination, Irene Stages, Dänemark 1986, 20 min.
Dreams of a virgin, Claudia Schillinger, BRD 1985, 11 min., 16 mm Farbe, Verleih: Claudia Schillinger, Bremen.
Nacht ohne Mars und Venus, Anja Telscher, BRD 1986, 16 mm, 5min., Verleih: Anja Telscher, Bremen.
Nr. 5. Aus Bericht der Wach- und Patrouillendienste, BRD 1987, Helke Sander, 15 min., 16 mm.
Shadows, Fatale Film, (vgl. Beitrag v. **Ulrike Zimmermann**).
The Penthouse, Fatale Film, Pornovideos von Frauen für Frauen, zu beziehen über: blush productions, PO Box 421916, San Francisco, California 94142.
Macht und Sexualität. Erotik-Trick, Christa Biedermann, Super 8, Wien
Die Schule der Ausschweifung. Le Miserable, Mara Matussek, Super 8, Wien
Angela Scheirn, Ursula Pürrer: Super-8 Filme, Wien 1985–1987: **Maria meistern mit Karl. Und Anna arbeitet anständig – Gezacktes Rinnsal schleicht sich schamlos schenkelmessend an – Super 8 Girl Games – Ostern**

Eine Auflistung über jeweils neue Frauenfilme findet sich immer in der Zeitschrift »Frauen und Film«, Stroemfeld/Roter Stern. Noch gibt es keine Filmografie erotischer oder pornografischer Filme von Frauen, vorliegende Liste möge als erster Anstoß verstanden werden. Eine Lesbenfilmografie gibt es dafür schon: materialreiche Pionierarbeit zur lesbischen Filmgeschichtsschreibung: Stefanie Hetze, Happy-End für wen? Kino und lesbische Frauen, tende Verlag Frankfurt 1986.

Theorie

Schaulust & Kreativität

Die aufgeführten Texte bilden zusammengenommen das Fragment einer Theorie weiblicher Schaulust. Und, auf der anderen Seite sozusagen, spüren sie der »Zeigelust« nach, der weiblichen Produktion eigener Bilder. Zwei der aufgeführten Texte sind schon fast Klassiker feministischer Theorie, sie gehen der alten Frage nach, ob Frauen eine eigene Ästhetik entwickeln. Nicht alle Texte beschäftigen sich direkt mit der Abbildung des Sexuellen oder der Schaulust an Bildern des Sexuellen, wiewohl das Sexuelle implizit in allen Texten auftaucht. Und auf jeden Fall lassen sich die Gedankenstränge in diese Richtung weiterdenken.

Simone de Beauvoir, Narzißmus, in: S. Beauvoir, Das andere Geschlecht, rororo-Taschenbuch, erste Auflage Hamburg 1968.
Gisela Breitling, Über die Abwesenheit der Männer in der erotischen Kunst von Frauen, in: Körper, Liebe, Sprache (Hrsg. Anna Tüne), Elefantenpress Berlin 1982; und: Sprechen und Stummsein, in konkursbuch 13, Reiz, Auge, Phantasie, Tübingen 1984.

Silvia Bovenschen, Über die Frage: Gibt es eine weibliche Ästhetik, u. a. in Ästhetik und Kommunikation 25, Frauen, Kunst, Kulturgeschichte, Berlin 1976; und: Die imaginierte Weiblichkeit, Suhrkamp 1985.

Jutta Brückner: Abschnitt III in ihrem Text: Sexualität als Arbeit im Pornofilm, in: Der sexuelle Körper – Ausgeträumt (Hrsg. Thomas Ziehe, Eberhard Knödler-Bunte), Verlag Ästhetik und Kommunikation, Berlin 1984.

Mary-Ann Doane, Zur Theorie des weiblichen Zuschauers, in: Frauen und Film, Heft 38: Maskerade, Stroemfeld/Roter Stern, Frankfurt 1985.

Marina Fischer-Kowalski, Spiegellust, Mutterliebe, Empathie, weiblicher Orgasmus, in: Der sexuelle Körper, a.a.O.

Claudia Gehrke, Pornografie und weibliche Schaulust. Über die »Kommerzialisierung« weiblicher Körper. In: Lust und Liebe (Hrsg. Christoph Wulf), Serie Piper, München 1985 und: Über weibliche Schaulust, in: Sexualität heute (Hrsg. Klaus Pacharzina u. Michael Heuer), Goldmanntaschenbuch, München 1986.

Gertrud Koch, Von der weiblichen Sinnlichkeit und ihrer Lust und Unlust am Kino, Mutmaßungen über vergangene Freuden und neue Hoffnungen, in: Die Überwindung der Sprachlosigkeit. Texte aus der neuen Frauenbewegung (Hrsg. Gabriele Dietze), Luchterhand Darmstadt 1979; Warum Frauen ins Männerkino gehen, in: Frauen in der Kunst Bd. 1, (Hrsg. Gislind Nabakowski, Helke Sander, Peter Gorsen), edition suhrkamp Frankfurt 1980; »Was ich erbeute, sind Bilder«, Stoemfeld/Roter Stern, Frankfurt 1988 – aus dem Inhalt: Aspekte feministischer Kinotheorie – Der erkennende Blick und die Lust am Schauen – Über das weibliche Publikum – Schattenreich der Körper: zum pornografischen Kino – Psychoanalyse des Vorsprachlichen u.v.a.

Elisabeth Lenk, Die sich selbst verdoppelnde Frau, erschienen u. a. in: E. Lenk, Kritische Phantasie, Matthes & Seitz, München 1986.

Laura Mulvey, Visuelle Lust und narratives Kino, in: Frauen in der Kunst Bd. 1, a.a.O.

Sigrid Schade, Zur Genese des voyeuristischen Blicks, in: Frauen – Kunst-Geschichte (Hrsg. Cordula Bischoff u. a.), Anabas, Gießen 1984; und: Der Mythos des ganzen Körpers, in: Frauen/Bilder/Männer/Mythen (Hrsg. Ilsebill Barta u. a.), Reinerverlag Berlin 1987; und: Cindy Sherman oder die Kunst der Verkleidung, in: Weiblichkeit in der Moderne (Hrsg. Ursula Konnertz), edition diskord, Tübingen 1986.

Béatrice Slama, Anna, Anne und die anderen. Weibliche Sexualität und Identität Frau in der Literatur von Frauen, in: Das Sexuelle, die Frauen und die Kunst (Hrsg. Karin Rick), konkursbuch 20, Tübingen 1988.

Frauenbilder im Patriarchat

Margrit Brückner, Die Liebe der Frauen. Über Weiblichkeit und Mißhandlung, Verlag Neue Kritik, Frankfurt 1983 – m. E. die beste und differenzierteste Untersuchung über Wirkungen von Weiblichkeitsbildern – als Selbstbild und Fremdbild, im Zusammenspiel von gesellschaftlichen und individuellen Phänomenen.

Christiane Schmerl, Die Gewalt der Bilder. Frauenfotografie im Patriarchat, in: Feminismus. Inspektion der Herrenkultur (Hrsg. Luise Pusch), suhrkamp-taschenbuch, Frankfurt 1983.

Silke Wenk, Der öffentliche weibliche Akt. Eine Allegorie des Sozialstaats. Frauen/Bilder/Männer/Mythen. Reinerverlag, Berlin 1987; und: Aufgerichtete weibliche Körper. Zur allegorischen Skulptur im deutschen Faschismus. Katalog zur Ausstellung: Inszenierung der Macht. Ästhetische Faszination im Faschismus. (Hrsg. Neue Gesellschaft für bildende Kunst), Dirk Nishen Verlag, Berlin 1987.

Pornografie

Diese Texte tragen auf jeweils unterschiedliche Weise viel bei zur Entmystifizierung des Komplexes Pornografie und des Verhältnisses der Frauen zur Pornografie.

Halina Brendkowski, Irene Rotalski (Hrsg.), Gewalt, Pornografie, Feminismus, Elefantenpress Berlin 1984.
Jutta Brückner, Sexualität als Arbeit im Pornofilm, in: Der sexuelle Körper – Ausgeträumt, a.a.O.
Brigitte Classen, Pronografie als Verherrlichung patriarchaler Gewalt, in: Die schwarze Botin 3, Berlin 1977.
Marie-Francoise Hans und Gilles Lapouge (Hrsg.), Die Frauen – Pornografie und Erotik, Luchterhand, Darmstadt 1979. – Vielschichtige Gespräche mit Frauen aus den verschiedensten Bereichen: Schriftstellerinnen – auch eine, die Pornografie schreibt, Theoretikerinnen – z. B. Luce Irigaray –, eine Lehrerin, Krankenschwester, Sexshopverkäuferin, Modezeichnerin, Stripteasetänzerin, Hausfrau, Bibliothekarin, Büroangestellte, Fabrikarbeiterin usf.
Susan Sontag, Die pornografische Phantasie, in Susan Sontag, Kunst und Antikunst, Fischertaschenbuch, Frankfurt 1982. – Geschrieben bereits 1967, noch immer einer der wichtigsten Texte zum Thema.

Prostitution

Die geteilte Frau, Autobiografie von Barbara und Dokumentation über den Streik der Lyoner Prostituierten, Verlag Gudula Lorez, Berlin 1980.
Kathleen Barry, Sexuelle Versklavung der Frauen, sub rosa Frauenverlag, Berlin 1981.
Rose-Marie Giesen u. Gunda Schumann, An der Front des Patriarchats, Päd. extra Verlag, Bensheim 1980.
Gespräch mit Gunda, Gespräch mit Sandra, beide 1969, in: Hubert Fichte, Wolli Indienfahrer, Fischer-Taschenbuch, Frankfurt 1983 – Diese Gespräche – obwohl fast 20 Jahre alt – gehen am weitesten von allen Selbstzeugnissen, die ich kenne, auch was die Sexualität betrifft, vielleicht weil diese Gespräche weder in der Gesprächsführung noch im Zusammenhang in irgendeinen Interpretationsrahmen gestellt sind.
Elisabeth B., Das ist ja zum Peepen, Eichborn, Frankfurt 1984 – Elisabeth B. hat in einer Peepshow gearbeitet und dabei heimlich ihre Kunden fotografiert. Nicht gerade schmeichelhafte Bilder vom »anderen Geschlecht«.
Berichte der Dominas Simone, Gaby, Astrid aus der Herbertstraße, in: Tomi Ungerer, Schutzengel der Hölle, Diogenes Zürich 1986.
Martina de Ridder, »Dat ist ja wat wert, dat Mädchen«. Ökonomie und Interaktion in einem Nachtlokal, in: Kursbuch 47, Frauen, Berlin 1977; und: Über die weibliche Lustlosigkeit an der männlichen Lust, in: Der sexuelle Körper – Ausgeträumt?, a.a.O.
Regina Schulte, Sperrbezirke. Tugendhaftigkeit und Prostitution in der bürgerlichen Welt, Syndikat-Verlag, Frankfurt 1979.

Sexualität, Sexualitätspolitik

Die Bilder des Sexuellen haben immer auch mit der Realität, der gewünschten oder gelebten Sexualität zu tun – selbstverständlich nicht, darüber wurde ja ausführlich nachgedacht in diesem Buch, in dem einfachen Sinne, daß das eine ein direktes Abbild des anderen ist. Und Politik wird immer auch mit Sexualität oder Bildern von Sexualität gemacht, ob nun die EMMA-Kampagne, Frau Süßmuth & Herr Gauweiler, oder unser Buch, alle versuchen irgendwie und auf unterschiedliche Weise Politik zu machen. Und Politik der Frauenbewegung war es durchaus auch, Aufklärung für die sexuelle Selbstbefreiung der Frau zu leisten. Besonders aus Amerika kamen viele Bücher mit mehr oder weniger technischen Anleitungen für Frauen, mit ihrem Körper (Gesundheit, Krankheit, Alter etc.) und ihrer Sexualität (wie komme ich zum Orgasmus etc.) umzugehen. Einige dieser durchaus sinnvollen »Aufklärungsbücher« seien hier genannt.

Frau, Körper, Sexualität

Frau. Ein Handbuch über Sexualität, Verhütung, Abtreibung, Schwangerschaft, Geburt, Körper und Krankheit, Klimakterium und Alter. Frauenbuchverlag, München, 1. Auflage 1978 (aus dem Dänischen). Sachlich und klar geschrieben, informativ und durchaus feministisch-politisch, aber nicht psychotherapeutisch.

Lonnie Garfield Barbach, For yourself, Ullstein Verlag, Frankfurt-Berlin, 1. Auflage 1977 (aus dem Amerikanischen): Das neueste Buch von Lonnie Barbach: Mehr Lust, rororo-Taschenbuch, Reinbek 1988.

Julia Heimann u. a., Gelöst im Orgasmus, Verlag für humanistische Psychologie, Frankfurt 1978 (aus dem Amerikanischen). Die Bücher von Lonnie Barbach und Julia Heimann gingen aus praktischen Erfahrungen mit Sexualtherapien hervor, sind sozusagen »Selbst-Hilfe-Versionen« von Sexualtherapie. Praktische Anleitungen für den Umgang mit sexuellen Problemen aller Art, Übungen, um allein (mit Hilfsmitteln, amerikanisch-praktisch durchaus auch Vibratoren – oder ohne, durch »manuelle« Reizung) oder mit »Partner« zum Orgasmus zu kommen, etc. etc. Heterosexuell orientierte Bücher. »Gelöst im Orgasmus« ist naiver geschrieben, andererseits aber auch »praktischer«.

Pat Califia, Sapphistrie. Das Buch der lesbischen Sexualität, sub rosa Frauenverlag München, 1. Auflage 1981. Ebenfalls amerikanisch praktisch-sachlich. Geht sehr weit, alle Spielarten der Sexualität kommen vor, alle in jenem sachlichen Ton, ob es ums »Faustficken« geht, oder um die Hauskatze. So sehr der Ton (als erotisches Stimulans) abgelehnt werden kann, so sinnvoll sind doch durchaus manch praktische Hinweise. Weil Sadomasochismus als sexuelle Technik in diesem Buch vorkommt, wird es gerne als das SM-Buch hingestellt. Es sei hier nur erwähnt, daß alle anderen sexuellen Techniken ebenso ausführlich in diesem Buch behandelt werden, außerdem z. B. die Themen Phantasie, Erotica, sexuell übertragbare Krankheiten (außer Aids), Alter, Behinderte Lesben etc.

Anja Meulenbelt, Für uns selbst, Frauenoffensive, München 1981 (aus dem Holländischen). Recht naiv geschrieben: im Sinne von »Entdeckungsreisen zu deiner Möse«, aber auch vielfältig/praktisch. Mit Interviews, Fotos, einem ausführlichen Teil über Lesben und Bisexualität. Sanft. Außerdem, ebenfalls ein wenig naiv-moralisch formuliert, Texte über Vergewaltigung, Männer, Pornos. Anja Meulenbelt hat inzwischen ein neues Buch über Frauensexualität geschrieben: bittersüß. Frauensexualität, Frauenoffensive, München 1988. Laut Verlagsankündigung zeigt Meulenbelt, »wie unendlich viele Spielarten weiblicher Sexualität es gibt und welche, auch gesellschaftspolitischen, Grundhaltungen die einen für besser halten als die anderen... eine völlig neue Bearbeitung des gleichen Themas... im Zeitalter von Aids«.

Unser Körper, unser Leben, 2 Bände, rororo-Taschenbücher, erste Auflage 1980 (aus dem Amerikanischen) – Genau und sachlich, übersichtlich aufgebaut, gut als »Ratgeber« in allen körperbezogenen Fragen zu benutzen, von der Ernährung über Lesbenleben zu Sexualität, Alter, Krankheiten, mit ausführlicher Bibliografie, Register und Adressenlisten.

Theorie weiblicher Sexualität

Janine Chasseguet-Smirgel (Hrsg.), Psychoanalyse der weiblichen Sexualität, edition suhrkamp, Frankfurt, 1. Aufl. 1974

Lilli Fleck, Weiblicher Orgasmus, Kindler Verlag, München 1977

Elisabeth Gugel, Sexualität und Identität der Frau. Zur Kritik der psychoanalytischen Auffassung der weiblichen Sexualentwicklung, Focus Verlag, Gießen 1981

Shere Hite, Hite-Report. Das sexuelle Erleben der Frau, Bertelsmann, Gütersloh 1977

Luce Irigaray, Das Geschlecht, das nicht eins ist, Merve Verlag, Berlin 1979 und: Speculum, Spiegel des anderen Geschlechts, edition suhrkamp, Frankfurt 1982 (wobei die Theorien Luce Irigarays z. B. auch beim Thema: Schaulust und Kreativität hätten aufgeführt werden können, d. h. die Texte lassen sich auch in diesem Zusammenhang lesen)

Eva Podula-Korte, Frauen und Sexualität. Dieses Buch ist vorerst noch ein Plan, erscheint voraussichtlich 1989 im Verlag Claudia Gehrke, Tübingen und enthält einen Text über »lesbische Lebenswelt«, über die »Bedeutung des eigenen Geschlechtes in der sexuellen Entwicklung von Frauen«, einen Text über »Geschlechterverhältnisse und Geschlechterspannung«, sowie den Text aus diesem Buch, sprachlich überarbeitet.

Ursula Linnhoff, Weibliche Homosexualität, Kiepenheuer & Witsch, Köln 1976

Charlotte Wolff, Bisexualität, Fischer-Taschenbuch, Frankfurt, 1. Auflage 1981, und: Psychologie der lesbischen Liebe, rororo-Taschenbuch, Reinbek 1973

Sexualitätspolitik

Sexualität. Ein Emma-Buch, rororo-Taschenbuch, 1. Auflage 1984 – Vielschichtiges Buch, eine »Zwischenbilanz, erotisch und analytisch, phantasievoll und kritisch... Uns hat diese Arbeit wieder ein Stück die Augen geöffnet für die Freuden und die Gefahren der Erotik« schreibt der Klappentext, und das stimmt für dieses Buch durchaus. Sogar de Sade darf in einem fiktiven »Telefongespräch« zu Wort kommen, mit durchaus »feministischen« Zitaten. Autorinnen: Simone de Beauvoir, Angela Carter, Maria Marcus, Robin Morgan, Christa Reinig, Ursula Scheu, Alice Schwarzer, Ingrid Strobl u.v.a.

Marlis Gerhardt, Dorian Gray vor den Spiegeln, in: konkursbuch 6, Erotik, Tübingen 1981 – Über die Reaktion der Männer auf weibliche Befreiungen.

Marina Möller-Gambaroff, Emanzipation macht Angst, in: konkursbuch 47, Frauen, 1977.

Ulrike Heider (Hrsg.), Sadomasochisten, Keusche und Romantiker, rororotaschenbuch 1986. Die Herausgeberin kritisiert in etwa alles, was es derzeit an kulturellen Regungen der Sexualität gibt – im Sinne, daß alles nur Ausdruck eines neuen Konservatismus sei – aber auch diese Haltung, der sich nicht entnehmen läßt, was für die Herausgeberin nun eigentlich die »richtige« Sexualität ist, ist Sexualpolitik. Polemik ist schnell zu machen und lustvoll zu lesen und ein wenig Wahrhiet steckt in jeder Polemik; allerdings in der Lust, mit Mitteln der Polemik gegen alles & jedes zu Felde zu ziehen, eine Menge »vergewaltigende« Vereinfachung: alles paßt so schön zu *einem* Negativbild, zu dem es kein Positiv gibt.

Ursula Konnertz (Hrsg.), Zeiten der Keuschheit. Ansätze feministischer Vernunftkritik, edition diskord, Tübingen 1988. Über die Verquickung von moralischen, sexuellen und hygienischen Normen in Vergangenheit und Gegenwart.

Marie-Louise Janssen-Jurreit, Frauen und Sexualmoral, Fischer-Taschenbuch, Frankfurt 1986 – Eine Sammlung kämpferischer Texte von Frauen für die Veränderung der bürgerlichen Sexualmoral, vom Anfang des 20ten Jahrhunderts an bis 1985.

Jane Rule, Outlander, Daphne Verlag Göttingen 1987. Mit Essays z. B. über: »Geschlechterkrieg« und »Homosexualitätsphobie und romantische Liebe«.

Barbara Sichtermann, Wer ist wie, Wagenbach Verlag, Berlin 1987 – Dieses Buch stellt alle möglichen Mythen vom Geschlechterunterschied in Frage, stellt aber mit der alten Frage nach der »Natur« der Geschlechter tendenziell auch wieder neue Mythen auf. Als Diskussionsanstoß ein kluges Buch.

Anita Snitow u. a. (Hrsg.), Die Politik des Begehrens, Rotbuch Verlag Berlin 1985. Texte aus Amerika über Frauen und Pornografie. Aufschlußreich für die hiesige Debatte, von der sich zur Zeit zumindest noch hoffen läßt, daß sie die Frauen nicht derart radikal in eine »Pro« und eine »Antifraktion« spaltet. Die verschiedensten Aspekte werden behandelt, von den politischen Implikationen der amerikanischen Antipornobewegung über Sadomasochismus bis zum »Liebesroman aus der Retorte« – vorwiegend aus der Sicht der Profraktion.

Cora Stephan, Ganz entspannt im Supermarkt. Lieben und Leben im ausgehenden 20ten Jahrhundert, Rotbuch Verlag Berlin 1985. Schön zu lesende Bestandaufnahme des Sex und des Geredes über Sex im Zeitalter der »Großen Vielfalt, kurz bevor wir endgültig ganz andere Probleme haben werden«

Zum Schluß noch zwei Titel zu einem »anderen Problem«, das »sexualpolitisch« zur Zeit von großer Bedeutung ist:

Diane Richardson, Frauen und die AIDS-Krise. Das Handbuch, Orlanda-Frauenverlag, Berlin 1987 – Nützlicher Ratgeber mit klaren praktischen Informationen, für betroffene Frauen, Frauen, die mit AIDS-Kranken zusammenleben und zur Vorbeugung

Melitta Walter (Hrsg.), Ach wär's doch nur ein böser Traum. Frauen und Aids, Kore Verlag Freiburg 1987 – Hintergründige Essays, aus verschiedenen Ländern, politische und soziale Zusammenhänge, Aids im Alltag, im Frauenknast, in der Drogenszene, im Prostituiertenmilieu.

Sexualität und Gewalt, Sadomachismus

Simone de Beauvoir, Soll man de Sade verbrennen?, in: S. de Beauvoir, Soll man de Sade verbrennen, 3 Essays zur Moral des Existenzialismus, rororo-Taschenbuch, zuerst in deutsch bereits 1964 erschienen – Die Antwort ist natürlich: nein.

Jessica Benjamins, Herrschaft-Knechtschaft: die Phantasie von der erotischen Unterwerfung, in: Die Politik des Begehrens, a.a.O. Beschreibt den gegenwärtig auch in Amerika sehr aktuellen Sadomasochismus als durchaus gesellschaftlich und nicht allein psychologisch-individuell erklärbares Phänomen – jenseits von pro und contra.

Angela Carter, Die Frau bei de Sade, rororo-Taschenbuch, erste Auflage 1983. Wichtige Auseinandersetzung mit der kulturell gemachten »Natur« der Frauen anhand de Sade'scher Frauenfiguren.

Maria Marcus, Die furchtbare Wahrheit. Frauen und Masochismus, rororo-Taschenbuch, erste Auflage 1987 (aus dem Dänischen) – Selbstbekenntnis & vorwiegend anhand kritisch dargestellter psychologischer Theorien entwickelte Theorie des sexuellen Masochismus, den die Autorin vom sogenannt autoritären, also dem rein gesellschaftlich bedingten, unterscheidet.

Terence Sellers, Der korrekte Sadismus. Die Memoiren der Angel Stern, ikoo-Buchverlag, Berlin 1985. – Genaue Beschreibung des Lebenslaufs und der Tätigkeiten einer »professionellen« Sadistin, mit philosophischen Einschüben. Die Autorin arbeitete in diesem Metier, laut Nachwort eine der berühmtesten Dominas New Yorks.

Monika Treut, Die grausame Frau. Verlag Roter Stern, Frankfurt 1984 – Kluge »werkimmanente« theoretische Interpretation Sade'scher Figuren und Theorie und natürlich des Pendants, der »Venus im Pelz« von Sacher-Masoch.

Masochismus, Heft 39 der Zeitschrift Frauen & Film; Stroemfeld / Roter Stern, Frankfurt 1985.

Zur PorNO-Debatte

PorNO, Emma-Sonderband 5. Dokumentiert alle in Emma erschienen Texte zur Kampagne, sowie die Stern-Aktion

Andrea Dworkin, Pornografie. Männer beherrschen Frauen, Köln 1988

Außerdem eine Auswahl empfehlenswerter Texte aus den massenweise in Zeitungen erschienenen Texten von Frauen zur Debatte:

Silvia Bovenschen, Auf falsche Fragen gibt es keine richtigen Antworten, FAZ, 23. 1. 88

Eva Demski, Dem Eros ist die Gewalt nicht auszutreiben, Pflasterstrand 281, 4. 2. 88. Eva Demski beginnt mit einer Umfrage: wann die Mädchen denn das erste Lese- oder Seherlebnis hatten, bei dem sich »die Ohren erwärmten und ein Gefühl sich im Magen ausbreitet, » . . . Das Entdeckungsalter lag immer kurz nach Erwerb der Lesefähigkeit, und das Gefühl stellte sich her durch« die Bibel, Hesekiel 23/24; oder eine Geschichte von Schwarzen, die einen Missionar im Topf kochten . . . «

Elisabeth Kiderlen, MehrFrust als Lust, und: Der neue Sexorzismus Nr. 283, 3. 3. 88; darin auch: Heidi Renk (Juristin), Emma beim Wort genommen, und: Verena Lueken: Als Fremde in einer fremden Welt. Sie besichtigte das Frankfurter Pornokinoprogramm.

Gertrud Koch, Die neue Sittlichkeit, Frankfurter Rundschau am 23. 1. 88

Susanne Mayer, Der alte Krieg. Zum Geschlechterkampf am Beispiel der Pornodebatte, Die Zeit, 26. 2. 88

Marcia Pally, Interview in der taz, 27. 2. 88: »Ein Klima, das Sex zu etwas Ekligem macht, bringt Frauen zum Schweigen«.

Hedemarie Strauch, Porno warum nicht, in zitty, 2/88 – Außerdem in dieser zitty Äußerungen von 6 Berliner Prostituierten.

Ingrid Strobl, Justine und Justiz. Zum Sade-Mythos, in Kölner Stadtrevue, auch abgedruckt in der EMMA-Dokumentation

Und zuletzt sei noch ein Text besonders empfohlen, es war zuerst geplant, ihn in diesem Buch noch abzudrucken, was nun aber aus Seitenzahlengründen nicht mehr klappte. Es ist dies ein Text einer amerikanischen Philosophin über die Frage: Kann Pornografie Frauen erniedrigen. Sie untersucht den Komplex Pornografie sachlich-nüchtern aus den verschiedensten Gesichtspunkten: dem philosophisch-rationalistischen, dem bürgerrechtlichen. Was diesen Text auszeichnet ist die sozialwissenschaftlich-philosophische Gedankenführung, die das Problem klug entemotionalisiert.

Melinda Vadas, Could Pornography subordinate Women?, A first look at the Pornography/ Civil Rights Ordinance: Could Pornography be the Subordination of Women? in: The Journal of Philosophy (im Jahrgang ab S. 487), Lancaster 1987. (Erhältlich in Unibibliotheken, wie im Übrigen auch die anderen ausgegebenen Zeitungen)

Das Thema Frauen und Pornografie ist nur ambivalent zu behandeln, und Melinda Vadas dröselt das philosophisch auf. Es ist möglich, daß ihr Text in einer der nächsten Nummern der Zeitschrift konkursbuch veröffentlicht wird, wenn es einen thematischen Anknüpfungspunkt gibt.

Autorinnen

Cornelia Arnhold, * 1943, schreibt Lyrik, Prosa, Liedertexte. Begann mit Pferdegeschichten in der Reiterrevue. Später Artikel in verschiedenen Zeitungen, u. a. DIE ZEIT. Mitherausgeberin des Frankfurter Frauenblattes. Veröffentlichungen in Anthologien, z. B.: Ansprüche, suhrkamp Frankfurt 1983 und: Alltagslyrik, Eichborn Frankfurt 1982. Mitwirkend bei den LiteratHuren, einer literarischen Bühnenshow. Lebt als freie Autorin in Frankfurt.

Jutta Bahr-Jendges, * 1943 am Niederrhein bei Krefeld, Studium der Rechtswissenschaft und Philosophie in Tübingen und Berlin, Rechtsanwältin in Bremen, anwaltliche Tätigkeit nur für Frauen, insbesondere im Gebiet des Familienrechts und des Strafrechts, dort mit Schwerpunkt Kriminalität von und an Frauen. Lehraufträge an der Universität Bremen, Mitherausgeberin und Redakteurin der feministischen Rechtszeitschrift STREIT. Veröffentlichungen in STREIT seit 1983 fortlaufend, diverse andere Veröffentlichungen, u. a. in: Konkursbuch Nr. 2, Tübingen 1978; Diskurs »Bremer Beiträge zu Wissenschaft und Gesellschaft«; Weiblichkeit in der Moderne, Tübingen 1986.

Neda Bei, * 1952 in Wien. Studium der Rechtswissenschaften und der Kunstgeschichte in Wien. 1978–1986 universitäre Tätigkeit im Bereich des öffentlichen Rechts. Mitherausgeberin folgender Anthologien: Autorinnengruppe Uni Wien, Das ewige Klischee. Zum Rollenbild und Selbstverständnis bei Männern und Frauen (Wien/Böhlau 1981); Projektgruppe Kritische Universitätsgeschichte, Vernunft als Institution? Geschichte und Zukunft der Universität (Wien, Edition österr. Hochschülerschaft 1986); mit Wolfgang Förster, Hanna Hacker, Manfred Lang, Das lila Wien um 1900. Zur Ästhetik der Homosexualitäten (Wien/promedia 1986). Gebrauchstexte u. a.: Frauenzimmer und Pornografiegesetz (Falter 9/1982); Katalogtexte zu Arbeiten von Edith Lechtharpe (Fotografie; Museum Bochum 1986), Ursula Pürrer/Angela Scheirl (Avantgardefilm, Museum 20. Jhdt. Wien 1987) und Heidemarie Seblatnig (Malerei; Niederösterr. Dokumentationszentrum für Moderne Kunst 1987). Mit Liesl Ujvary: Fotoessay: Sehen und Gesehen werden / Mythen Frauenakt (Schwarze Botin 23); Hörspiel: Fleisch. 2 Frauen befragen 4 Männer (ORF Wien 1985). Experimentelle Texte: Intertexte (Schwarze Botin 22); mit Magdalena Sadlon: Alzbeta Báthory, Cachtika pani/Erzébet Báthory, die Herrin von Cachtice (Schwarze Botin 24); GOTT & TOT (in: Blauer Streusand, hersg. von Barbara Alms, suhrkamp taschenbuch 1432).

Christel Dormagen, Berlin, freie Journalistin, vorher Lehrerin, dann Courageredakteurin, Veröffentlichungen u. a. in: text und Kritik, taz. Spiegel, Radio, konkret, literatur-konkret.

Frederike Frei, * als der Krieg aufhörte, gezeugt auf einer Wiese oder empfangen, Vater Uniform, Mutter Schürze, fremdgegangen in die Uni, Germanistik & Theologie, Seitensprünge auf Bühne, treu geblieben der Literatur. Made im Speckmantel oder schlicht Liebestöterin. Ich nehme auch bei Tschibo Liebeserklärungen an. Ich liebe das Meer. Es hat nichts zu verbergen, es zeigt sich um Überallhinschauen. Das Wasser ist mein Element bis hin zur kalten Dusche. Meine Maße sind 60 im Quadrat. Buchpublikationen: Losgelegt, Dölling & Galitz Verlag; Ich dich auch, Eichbornverlag.

Claudia Gehrke, * 1953 in Frankfurt, Studium Germanistik, Philosophie, Mathematik, 1. u. 2. Staatsexamen in Deutsch & Mathematik, seit 1978 Verlegerin. Bis 1986 nebenher noch Arbeit in Krankenhäusern als Lehrerin für schwerkranke Jugendliche, seit 1986 »vollberuflich« Verlegerin. Veröffentlichungen neben Vorworten u. ä. Kurztexten im eigenen Verlag u. a. in: Lust und Liebe. Wandlungen der Sexualität (über weibliche Schaulust) München 85; in: Sexualität heute, München 86.

Marlis Gerhardt, Redakteurin beim Südfunk Stuttgart, wichtige Buchveröffentlichungen: Kein bürgerlicher Stern, nichts, nichts konnte mich je beschwichtigen, Darmstadt Luchterhand 1982; Stimmen und Rhythmen, Luchterhand 1986; Herausgeberin von: Deutsche Essays, Suhrkamp Frankfurt 1987. Viele Aufsätze, u. a. in konkursbuch 1: Der weiße Fleck auf der feministischen Landkarte, und konkursbuch 6: Dorian Gray vor den Spiegeln.

Helga Ginevra, * 1938 in Weißenfels, Saale, 1077–79 Meisterschülerin an der Akademie der Künste, Berlin Ost, lebt jetzt in Berlin West. Einzelausstellungen u. a. 1975: Albrechtsburg Meißen; 1980 Neue Galerie Berlin; 1983: Terra Ferma, München Berlin; Kleine Orangerie des Schlosses Charlottenburg Berlin; 1986: Kunstverein Villa Streccius Landau Pfalz; 1987: Ladengalerie Berlin. Ausstellungsbeteiligungen: 1977: Akademie der Künste, Berlin Ost; 1978: Staatliche Galerie Junge Kunst Frankfurt/Oder; Kulturzentrum Warschau und Prag; 1979: Gemäldegalerie Neue Meister, Albertinum Dresden; 1982: Kunst im Widerspruch, Bonn; 1984: Internationaler Kunstmarkt Dortmund; 1985 Von dort hierher.

Kunstverein Villa Steccius, Landau; 1986: ibid. Europ. Kulturzentrum IGNES Köln; 1985/86: Galerie Ludwig Lange, Berlin; 1986: ai Berlin Festspielgalerie; 1986/87: Intern. Kunstmarkt Bremen; 1987: Art Basel

Adrienne Goehler, * 1955, Alemannin, Diplompsychologin, Initiatorin der Frauenliste, Abgeordnete der ersten Frauenfraktion einer männerdominierten Partei in Hamburg. Wunsch: Bezahlte Ansteckende für Frauenlist(en) weltweit. Diverse Veröffentlichungen in diversen Zeitschriften und Jahrbüchern.

Margret Hauch, * 1950 Diplompsychologin, seit 1975 Mitarbeiterin der Abteilung für Sexualforschung der Universitätsklinik Hamburg. Mitglied der Frauenliste. Veröff. u. a.: Perversion als Straftat, Springer Verlag Heidelberg 1985 (zus. mit dem Autorenkollektiv: Eberhard Tschorsch, Gerlinde Galedary, Antje Haag, Margret Hauch, Hartwig Lose)

Eva Podula Korte, * 1943, Studium der Germanistik, Theaterwissenschaft, Psychologie, Ausbildung zur Psychoanalytikerin am Gießener Psychoanalytischen Institut. Zum zweiten Mal verheiratet, 3 Kinder, als Psychoanalytikerin tätig in eigener Praxis in Gießen und Kassel. Wissenschaftliche Beschäftigung vor allem mit der psychosexuellen Entwicklung der Frau und auch des Mannes.

Elfriede Jelinke, * 1946 in Mürzzuschlag, Studium der Theaterwissenschaft, Kunstgeschichte und Musik, lebt in Wien und München. Buchveröffentlichungen u. a.: Wir sind Lockvögel, Baby, 1970; Die Liebhaberinnen; Die Ausgesperrten; Die Klavierspielerin; Oh Wildnis, oh Schutz vor ihr; Michael. Ein Jugendbuch für die Infantilgesellschaft. Bühnenstücke: Was geschah, nachdem Nora ihren Mann verlassen hatte; Clara S.; Burgtheater u. a. In konkursbuch 12: Schamgrenzen. 1986 Heinrich-Böll-Preis.

Karin Rick, * 1955 in Wien. Studium der Germanistik, Philosophie, Kunstgeschichte. Dolmetscher- und Übersetzerausbildung in Wien. 1980–1985 Lehrauftrag für moderne Literatur an der Universität Nancy, Frankreich. Lebt als freie Autorin in Wien. Diverse Veröffentlichungen zur historischen Frauenforschung, weiblichen Ästhetik, u. a. »Zu Luce Irigaray« in: Luce Irigaray, Zur Geschlechterdifferenz, Wien 1987. Literarische Texte u. a. in: Domino mit Domina. Erotische Geschichten von Frauen, Wiener Frauenverlag 1988. Herausgeberin von konkursbuch 20, Das Sexuelle, die Frauen und die Kunst. Arbeitet derzeit an dem Projekt »Rezeption französischer feministischer Philosophie im deutschen Sprachraum« und an »Bewegung des Begehrens«, Roman.

Cora Stephan, * 1951 in Osnabrück, studierte Politikwissenschaften, Geschichte und Volkswirtschaftslehre. Promotion 1976. Danach Lehrbeauftrage, Lektorin, Übersetzerin, Rundfunkmoderatorin, Schreibkraft und Schreiberin, Mitglied des sogenannten linksradikalen Blasorchesters, Redakteurin beim Pflasterstrand, Kulturredakteurin beim Hessischen Rundfunk und nunmehr freiberuflich tätig. Veröffentlichungen u. a. in Kursbuch, Spiegel, Pflasterstrand, Frankfurter Rundschau. Wichtigste Buchpublikationen: »Genossen, wir dürfen uns nicht von der Geduld hinreißen lassen« Zur Theoriebildung deutscher Sozialdemokratie, Frankfurt 1977 und 1981; Ganz entspannt im Supermarkt. Liebe und Leben im ausgehenden 20. Jahrhundert, Berlin 1985; Weiterhin unbeständig und kühl. Nachrichten über die Deutschen, Reinbek 1988.

Gerburg Treusch-Dieter, * 1939, Dr. phil., Studium der Soziologie, Literaturwissenschaft, Psychologie. Freie Schriftstellerin und Wissenschaftlerin. Wichtigste Veröffentlichungen: Wie den Frauen der Faden aus der Hand genommen wurde. Die Spindel der Notwendigkeit, Berlin 1983; Analyse des Demeter-Kore-Mythos. Zur Dramaturgie des bewilligten Raubs, in: Mythos Frau, Berlin 1984; Ferner als die Antike. Machtform und Mythisierung der Frau im Nationalsozialismus und Faschismus, in FRAUENMACHT, konkursbuch 12, Tübingen 1984; Das Märchen von Amor und Psyche, in: manuskripte 83/84; Weiberdämmerung oder der Tag danach. Neuere Perspektiven der weiblichen Sexualität, in: Lust und Liebe. Wandlungen der Sexualität, München 1985; »Cherchez la femme« bei Foucault?, in: Anschlüsse (Hrsg. Christa Karpenstein-Eßbach u. a.), Tübingen 1985; La femme n'existe plus. Fragen feministischer Politik aus der Perspektive der Gen- und Reprotechnologie, in: Ästhetik und Kommunikation, Heft 65/66, Berlin 1987; Fragen an das Befreiungskonzept der neuen Frauenbewegung, in: Frauen, Intellektualität, Wissenschaft, Hrsg. Uni Göttingen; Torte und Retorte. Das Müttermanifest in Relation zur Gen- und Reprotechnologie, in: Niemandsland 4, 1987.

Ulrike Zimmermann, * 1960 in Hamburg, Studium an der Hochschule für bildende Künste 1980–1986 Mitarbeiterin beim Frauenmedienladen »bildwechsel« Hamburg, Videofilmmacherin, z. B. 1985 free fucking, 1986 Touristinnen.

Daumenkino

Doris Lerche, *1945, aufgewachsen in Münster, Studium Psychologie, Kunstpädagogik, in Münster, Frankfurt, Wiesbaden. Seit 1975 freiberuflich. Auf Tramptouren in der Welt herumvagabundiert. Buchveröffentlichungen: Karikaturen: Du streichelst mich nie, Krüger Verlag, Frankfurt 1980, und Fischertaschenbuch; Kinder brauchen Liebe, Krüger Verlag, Frankfurt 1982 und Fischertaschenbuch; Keiner versteht mich, Krüger Verlag Frankfurt 1984 und Fischertaschenbuch; Ich mach's dir mexikanisch. Bunte Bilder aus dem Puff, Eichborn Verlag Frankfurt 1987
Erzählungen: Die Unschuld verlieren, Rowohlt, Reinbek 1984; Erdbeermund, Heyne, München Juni 1988; Kinderbücher: Mix will schlafen, Ali Baba/Büchergilde 1982; Katzenkind, Ali Baba, Frankfurt 1983. Cartoons und Illustrationen in diversen Büchern.

Bilder

Helga Ginevra 1, 34, 214
Elisa Fuksa 4
Fotografin in Paris. Weitere Bilder von ihr in: Mein heimliches Auge III
Standfotos aus dem Video: Extrem abartige Züchtigung 138–140
Standfotos aus den Videos: The Shadow; The Penthpuse 141 und 144

Technische Nachbemerkung

DAUMENKINO
Wenn Sie das Daumenkino in größer, bunter & pur haben möchten: dann gibt es das. Wir haben es gedruckt, Sie können es bestellen oder in Ihrer Buchhandlung anfordern, es kostet DM 6,–

MEIN HEIMLICHES AUGE III
Die Autorinnen (auch die Bildautorinnen, Elisa Fuksa, Helga Ginevra, Doris Lerche) aus diesem Buch haben versprochen, dem »Porno im eigenen Kopf« weiternachzuspüren und etwas daraus im Auge zu veröffentlichen. So wird sich also vielleicht Adrinne Goehlers Salonrunde fortsetzen, Christel Dormagen hat bereits in ihrem Kopf das passende Möbel gefunden und Karin Rick bastelt weiter am Begehren und Fortsetzung folgt bei Friederike Frei... Mehr Frauen als Männer in diesem dritten Band, das Buch mit vielen und farbigen Bildern kostet DM 29,80, im Abo DM 24,–... und erscheint im Herbst

Cleo Uebelmann
dokumentiert ihre Bildarbeit in einem großformatigen Buch, es soll ebenfalls im Herbst erscheinen, der Subskriptionpreis bis zum 1. 10. 88 ist DM 50,–

Falls Sie unser Programm insgesamt interessiert und kein Gesamtverzeichnis in diesem Buch liegt, einfach anfordern: Postfach 1621, 7400 Tübingen.
Oder anrufen, Verlagsnummer: 07071/66551

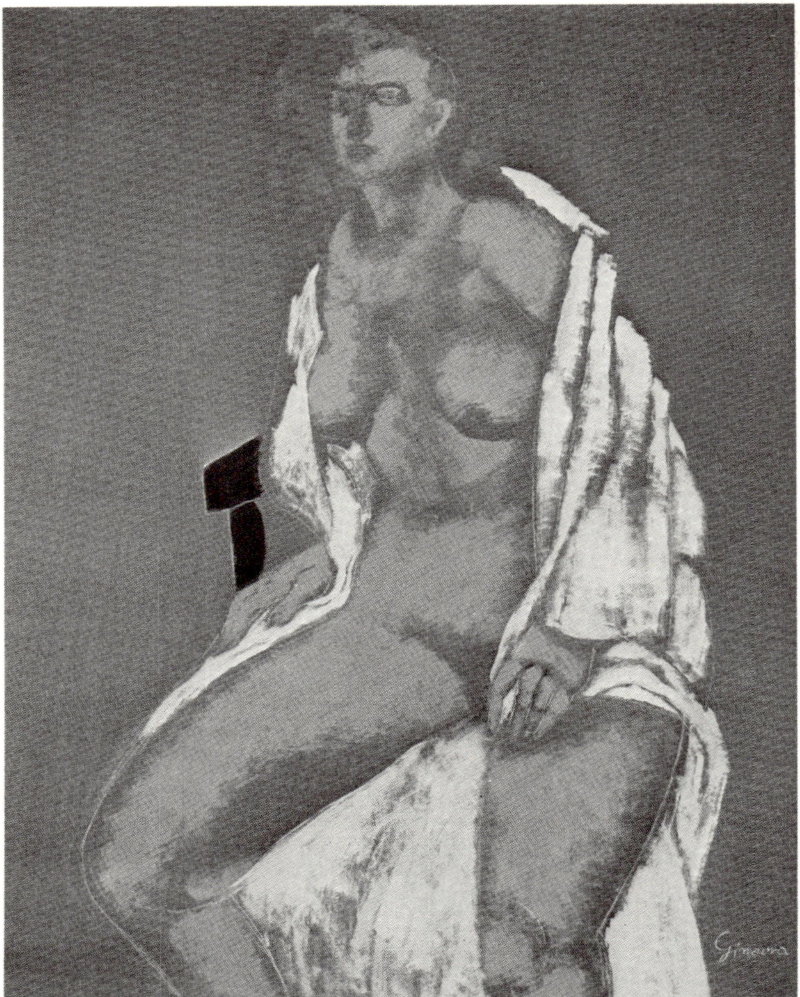
Gimeno